Evelyn Stierle

MAGIC IS REAL

Die Magie des Lebens

Phänomen-Verlag

Bibliografische Information Der Deutschen Bibliothek:

Die Deutsche Bibliothek verzeichnet diese Publikation in der Deutschen Nationalbibliografie; detaillierte bibliografische Daten sind im Internet über http://dnb.ddb.de abrufbar.

Evelyn Stierle
Magic is real - Die Magie des Lebens
EAN 978-3973194-27-2

Phänomen-Verlag Norina Ebele Hamburg
Web: www.phaenomen-verlag.de
E-Mail: kontakt@phaenomen-verlag.de

INHALT

Einleitung 9

1. Höre auf Deine innere Stimme
   und folge Deiner Intuition 13
   Der Segen des Dalai Lama 19
   Darshan bei Amma 25
   Das Seitental 30
   Go West! 33
   Der Altar 40
   Das Versäumnis 43

2. Widme Dich Deinen Träumen 47
   Sai Baba – eine traumhafte Einladung 52
   Die Begegnung am Kailash 57
   Der Herzenswunsch 62
   Die Seelenverbindung 66
   Dream big! 70
   Find Oliver! 76

3. Stelle Dich Deinen Dämonen 83
   Himmel und Hölle 88
   Der Marathonlauf 92
   Die Fiebernacht 96
   Die heiligen Schriften 100
   Bedingungslose Liebe 106
   Das Ausweichmanöver 108
   Der Überfall 114

4. Kläre Deine Intention und achte auf Omen   117
  Das verlorene Gepäck   122
  Staub aufwirbeln   128
  Die Lehre der Maus   131
  Das Zeichen des Swami   134
  Schuhe ohne Sohlen   138
  Die Kurskorrektur   144
  Das Armband vom Broadway   148

**5. Öffne Dich für magische Phänomene
und lasse Dich inspirieren**   153
  Im Ashram von Anandamayi   159
  Vom Ganges getragen   164
  Der Tanz mit dem Schatten   171
  Ein geheimnisvoller Auftrag   175
  Der Würfel   180
  Die Zeit steht still   184
  The magic wonderland   187

6. Vertraue und lass los   193
  Der Reisepass   197
  Der Wunsch des Buddha   201
  Der rote Teppich   206
  Der Baum der Erkenntnis   210
  Das Verbot   213
  Die Umleitung   218
  Die Prophezeiung   223

Ausklang   225
Glossar   226
Zum Weiterlesen   235
Über die Autorin   238

Der Diamant ging im Schlamm verloren;
Alle begeben sich auf die Suche nach ihm.
Einige gehen in den Orient, andere in den Okzident,
in der Hoffnung, ihn zu finden.
Ist er in den Fluss gefallen?
Oder gar zwischen Felsen versteckt?
Kabir, Dein Diener, erkennt seinen wahren Wert.
Geschützt und warm, trägt er ihn
in einem Teil seines Herzens.

- Kabir

EINLEITUNG

Dieses Buch ist eine Einladung, sich der Magie des Lebens zu öffnen. Sie wahrzunehmen, zu erfahren und sich von ihr inspirieren und leiten zu lassen. Unter Magie verstehe ich dabei nicht mechanistisch anmutende Wunschorakel oder den Gebrauch ominöser Zauberformeln. Auch nicht eine Art seltsamer Zauberkraft, die scheinbar undurchsichtig das Leben zu beeinflussen vermag. Diese Einladung ist adressiert an die Art von Magie, die zum Lachen und zum Weinen bringt – und beides manchmal fast gleichzeitig – einfach aus einer tiefen Berührung des Herzens und der Seele heraus.

Gemeint ist die Art von Magie, die Dich verzaubert und die Dich Hoffnung schöpfen, Mut fassen und tiefes Vertrauen spüren lässt. Die Deine Kreativität und Dein ganzes Potenzial an Freude, Inspiration und Liebe zum Vorschein bringt. Die Dich fühlen lässt, dass Du ganz wunderbar bist – genauso wie Du bist, dass Du zur richtigen Zeit am richtigen Ort und damit Teil einer höheren Ordnung bist, die es absolut gut mit Dir meint. Die Art von Magie, die sich Dir ganz natürlich offenbart und wie von selbst geschieht. Weil sie immer da ist und sich Dir immer mehr zu erkennen gibt, je mehr Du Dich ihr öffnest und zuwendest.

Gemeint ist die Art von Magie, die sich einfach, scheinbar zufällig, ereignet. Sie ist nicht vorhersehbar, kontrollierbar oder machbar. Sie umfasst Phänomene, die wir uns mit unserem begrenzten rationalen Verstand nicht erklären können und die uns wie Wunder erscheinen. In solch magisch erscheinenden Momenten können wir uns selbst, den Anderen und das Göttliche erkennen, denn sie sind ein Türöffner in eine andere Ebene.

Magie bringt uns wieder in Kontakt mit etwas wahrhaft Mächtigem. Sie erinnert uns an eine andere Dimension. Sie berührt uns mit einem Hauch des Himmels und lässt uns Vertrauen und Kraft spüren, unseren Herausforderungen zu begegnen. Magie inspiriert uns, immer tiefer zu erforschen, wer wir wirklich sind und immer mehr unserer wahren Bestimmung zu folgen.

Magie ist allgegenwärtig. Sie zeigt sich uns, wenn wir sie zulassen. Wenn wir unserer inneren Stimme Gehör schenken. Wenn wir unserem Höheren Selbst immer mehr die Führung überlassen und dem Willen unseres Herzens folgen. Oder einfacher gesagt: Wenn wir aufhören, uns selbst im Weg zu stehen. Mit unseren Ängsten und Zweifeln, mit unseren geistigen und emotionalen Blockaden, mit unserem begrenzten Blick auf uns selbst und auf die Welt. Mit unserer falschen Identifikation mit unserer Geschichte und unserem Ego.

Wenn sich magische Momente in unserem Leben ereignen, sind wir wie verzaubert. Berührung, Gänsehaut und intuitives Wissen strömen durch uns hindurch. Wir sind tief berührt von Liebe, Sinnhaftigkeit und dem Gefühl von Eingebundensein in ein Großes Ganzes.

Manche nennen es Gott, Christusbewusstsein, Buddhanatur oder kosmisches Bewusstsein. Egal wie wir ‚es' benennen – die Magie einer solchen Erfahrung ist zutiefst bewegend und stärkt unser Vertrauen in eine höhere Macht und Gesetzmäßigkeit. Ein tiefes Erkennen von uns selbst und der Einheit allen Seins schafft sich für eine kurze kostbare Weile innerlich Raum. Wir erfahren so etwas wie Gnade. Alles passt, alles fügt sich, alles macht Sinn. Alles ist gut.

Für einen Moment erhaschen wir einen Blick durch die Tür zu diesem inneren Raum. Wir wollen durch diese Tür hindurchgehen und empfinden eine tiefe Sehnsucht, in ihm zu verweilen, denn in magischen Momenten fühlen wir uns verbunden mit einer höheren Schwingung. Wir fühlen uns bei uns selbst und in unserer spirituellen Heimat angekommen. Wir sind glücklich, innerlich ruhig und vertrauensvoll, im Einklang mit uns selbst und der Schöpfung. Es ist, als ob Gott oder Buddha oder der Kosmos ganz persönlich zu uns sprechen würde. Liebe durchströmt uns und zaubert ein Lächeln in der Stille.

Ein neues Bewusstsein schafft sich Raum und unsere Sicht von uns selbst und der Welt verändert sich rapide und tiefgreifend. Geistige und kosmische Gesetzmäßigkeiten verankern sich allmählich in unserem Alltagsbewusstsein und wir erfahren immer deutlicher, dass wir durch unsere Gedanken und Gefühle fortwährend unsere materielle und geistige Realität mit erschaffen. Wir erfahren uns zunehmend als Mit-Schöpfer und erkennen in unserer Erfahrung im Außen die Antwort und Resonanz auf unsere inneren Welten.

Magie ist allgegenwärtig und offenbart sich uns, je tiefer wir uns auf sie und uns selbst einlassen. Sie lebt und wirkt in einer quirligen westlichen Metropole ebenso wie in einem entlegenen Kloster in den Höhen des Himalaya. Sie umweht uns mit einem Hauch von Wunder und versetzt uns in Staunen. Sie ist nicht kontrollierbar und gleicht eher einem Erleben von Gnade.

Wir können also im Grunde nichts tun, um sie zu erleben – und doch können wir uns mit den spirituellen Gesetzen vertraut machen, die sie nähren. Wir können uns ihr annähern und uns für sie öffnen.

Letztlich bleibt es in gewisser Weise ein recht paradoxes Unternehmen und eine abenteuerliche Reise, uns der Magie des Lebens zu widmen. Denn im Grunde ist das Erleben von magischen Momenten kein unerklärliches Wunder, sondern ein natürlicher und selbstverständlicher Ausdruck dessen, was wir erfahren und was uns zutiefst zueigen ist, wenn wir mit unserem wahren Selbst und unserer Essenz in Kontakt sind. Magie wird zur real erlebten und gefühlten Wirklichkeit.

Ich möchte einige meiner persönlichen magischen Momente aus meinem Leben mit Dir teilen. Es sind Erfahrungen und Eindrücke, die ich während meiner zahlreichen Reisen sammelte. Es sind Geschichten vom Suchen und Finden, vom Zweifeln und Verzweifeln, vom Kämpfen und Loslassen, von der Angst und der Liebe. Es sind auch Geschichten, die oftmals verdeutlichen, wie das geistige Gesetz der Anziehung in unserem Alltag und auf allen Ebenen unseres Lebens wirkt, wie sich unser Denken, Fühlen und unsere Intention auswirken auf die Manifestationen unseres Seins.

Sie erzählen von Erlebnissen in Asien, im Himalaya und New York City. Orte und Regionen, an die ich auf oft magische Art und Weise geführt wurde und die mittlerweile mein spirituelles Zuhause darstellen. Oft sind es ja gerade die äußeren scheinbaren

Gegensätze, die durch innere Integration gegenseitige Inspiration und Heilung bewirken: Ost und West, männlich und weiblich, Licht und Dunkel. In dieser Begegnung und Aussöhnung liegt wohl die größte Herausforderung und auch Chance unserer Zeit – global gesehen und auch ganz persönlich.

Wir können der Magie auf äußeren Reisen an unbekannte und faszinierende Orte begegnen – letztlich ist der Weg zur Magie des Lebens aber eine Reise zum eigenen Selbst. Äußere Orte repräsentieren nur Punkte auf einer inneren Landkarte. Diese innere Landkarte haben wir als Menschen alle gemeinsam. Sie umfasst nicht weniger als unseren ganzen Planeten und den gesamten Kosmos. Und dieser findet sich in Dir wieder. Denn in magischen Momenten bist Du eins mit Deinem wahren Selbst, dem Rest der Welt und dem Göttlichen in Dir.

Viel Freude und Inspiration beim Lesen!

Evelyn Stierle

1. HÖRE AUF DEINE INNERE STIMME UND FOLGE DEINER INTUITION

Intelligenz, die voll erwacht ist, ist Intuition,
und Intuition ist die einzig wahre Führung im Leben ...
Man muss den Schlüssel finden, der alle Himmelstore,
alle Gärten der Verzückung öffnet.
Und dieser Schlüssel ist Deine Intuition.

- Krishnamurti

Magie und Intuition sind auf mystische Art und Weise miteinander verwoben. Sie gehören zusammen, sie nähren und inspirieren sich gegenseitig, sind wie zwei Seiten einer Münze.

Wir alle sind von Anfang an zutiefst mit unserer Intuition verbunden. Sie ist ganz wesentlich und völlig natürlich ein Ausdruck unserer Lebendigkeit. Wir spüren intuitiv, wer es gut mit uns meint, wir können energetische Schwingungen für uns übersetzen, wir lesen zwischen den Zeilen. Wir wenden uns eher von dem ab, was uns nicht gut tut und gehen auf das zu, wonach uns der Sinn steht. Genauer gesagt: Wonach uns alle unsere sechs Sinne stehen.

Denn wir alle haben ihn, diesen sechsten Sinn, der uns über unsere fünf Sinnesorgane hinaus wertvolle Informationen liefert. Wir haben 'so ein Bauchgefühl', dass sich bald dies oder jenes ereignet. Wir nehmen eine unübliche Ausfahrt von der Autobahn und hören hinterher von einem Stau. Wir rufen einen Freund an und er sagt uns, er sei in Not und habe uns innerlich gerufen. Wir lauschen den Worten unseres Gegenübers und spüren, dass diese Worte dem widersprechen, was wir gefühlsmäßig wahrnehmen. Wir suchen intuitiv Orte auf, die sich zu wesentlichen Schauplätzen unseres Lebens entwickeln. Wir hören auf unsere Stimme und sind so unser eigener ‚Seelenflüsterer'.

Unsere Intuition ist uns von Geburt an zur Seite gestellt. Ein treuer Begleiter auf dem Weg durch den Dschungel unseres Lebens. Intuitiv sortieren wir aus der Informationslawine, die uns ständig überrollt, das aus, was wir für wichtig erachten. Intuitiv folgen wir Menschen und Ideen, die unserem Seelenweg entsprechen. Unsere Intuition ist einer der Schlüssel für den Zugang zur Magie in unserem Leben.

Je mehr wir unserer Intuition vertrauen und unserer inneren Stimme folgen, desto eher sind wir im Einklang mit uns selbst und den uns umgebenden Schwingungen. Wir selbst sind im Fluss und schwimmen im Strom des Lebens. Magie ist ein Teil dieses Stroms und sie kann sich uns dort zeigen. Wir begegnen ihr in der Strömung.

Eigentlich ist es eine Selbstverständlichkeit, der eigenen Intuition und auch der Magie im eigenen Leben zu begegnen, aber unsere westliche Kultur identifiziert sich vornehmlich mit dem Denken. Unser ganzes Welt- und Menschenbild gründet sich auf die Priorität unseres Verstandes und stellt sich der Intuition entgegen.

Die Dominanz unserer linken Hirnhälfte steht im Vordergrund. Sie verwaltet unser Denken, regelt und kontrolliert unsere bewussten Abläufe, funktioniert rational, linear und logisch. Die rechte Hirnhälfte agiert ganzheitlich, emotional und intuitiv. Die neuere Hirnforschung geht zunehmend davon aus, dass die Intelligenz unseres Unbewussten unschlagbar ist im Vergleich zu unserem bewussten Denken. Es ist schlichtweg zu begrenzt für die Komplexität unserer Welt: pro Sekunde stürzen circa elf Millionen Sinneseindrücke auf uns ein – ganze vierzig davon kann unser Bewusstsein gleichzeitig verwalten.

Ohne unsere intuitive Wahrnehmung wären wir überfordert und orientierungslos, da unser Verstand umständlich und behäbig ist im Vergleich zu den spontanen und blitzschnellen Impulsen unserer Intuition. Je mehr wir uns auf sie einlassen können, desto ganzheitlicher erfahren wir uns selbst und die Welt. Dennoch sind wir nach wie vor meist mit unserem bewussten Verstand identifiziert: es zählt, was messbar ist, sichtbar und nachprüfbar – was wir mit dem Intellekt erfassen können. ‚Ich denke, also bin ich' – das ist die Maxime.

Alles andere ist eher bedrohlich oder wirkt doch zumindest recht befremdlich. Gefühle, Ahnungen, Träume, Visionen, Körperwahrnehmungen, Empfindungen: All das führt uns in Bereiche, die jenseits des Alltagsbewusstseins liegen, die nicht unbedingt wissenschaftlich verifizierbar sind und deshalb letztlich auch nicht als real eingestuft werden.

In anderen Kulturen, vor allem in denen in der östlichen Hemisphäre, herrschen ganz andere Normen und Werte. Dort werden Menschen mit außergewöhnlichen Wahrnehmungen oder paranormalen Fähigkeiten eher als Heiler, Seher und Schamanen, als Orakel und Weise aufgesucht, verehrt und um Hilfe gebeten. Magisches Geschehen und Erleben ist integriert in den Alltag und die alltägliche Wahrnehmung, ohne dabei das Zauberhafte zu verlieren.

In unserer westlichen Zivilisation aber werden Menschen, die etwas wahrnehmen, was nicht jeder sieht oder was objektiv nachvollziehbar ist, oft als Spinner oder Scharlatan, im schlimmsten Fall als verrückt, abgehoben und krank etikettiert. Zumindest aber als irgendwie sonderbar und als nicht so ganz ernst zu nehmen. ,Er hat nicht alle Sinne beisammen', heißt es gerne, wenn jemand hinter die sichtbare Wirklichkeit schaut und mit der Magie des Lebens verbunden ist.

Aurobindo sagte einmal: ,Nie die Stimme Gottes und seiner Engel gehört zu haben, hält die Welt für ein Zeichen von Gesundheit.'

Wir wollen nicht als krank abgestempelt werden und verschließen die Türe zu unserer Intuition immer mehr. Wir können infolgedessen auch unseren Kindern nicht wirklich das Gefühl geben, dass sie es sind, die gesund sind und dass sie es sind, die noch den Zugang zur magischen Welt des Nicht-Alltäglichen haben. So schließt sich ein tragischer Teufelskreis.

Als Kinder sind wir alle noch verbunden mit einer inneren intuitiven Kraft und der Magie des Lebens. Wir sind noch völlig eins mit unserer ursprünglichen Lebensenergie und ihren spontanen Impulsen. Wir reden z.B. mit Engeln, sehen Zwerge und Elfen und freuen uns nachts über den Besuch der liebevollen Großmutter, die vielleicht schon längst tot ist. Wir sind unschuldig und offen. Wir zensieren nicht.

Je mehr unsere Umwelt uns aber das Gefühl vermittelt, dass wir nicht alle Sinne beisammenhaben, desto weniger teilen wir unsere Erfahrungen und wehren sie schon im Inneren ab. Schließlich bekommen wir tagtäglich gesagt und vorgelebt, dass all die Dinge, die wir sehen, hören oder spüren, gar nicht wirklich existieren. Unseren primären Gefühlen und Impulsen werden mit mehr oder weniger rigiden Verhaltensnormen Einhalt geboten. Wir lernen, was ‚richtig' und ‚falsch' ist und was ‚Wirklichkeit' bedeutet. Dieser Prozess geht häufig einher mit emotionalen Verletzungen und nicht selten mit traumatischen Erlebnissen. Allmählich passen wir uns dem an. Uns bleibt nichts anderes übrig, als uns mit dieser Version der Wirklichkeit zu identifizieren, die uns unser allernächstes Umfeld und die Gesellschaft vorgibt.

So verlernen wir schon bald, unseren Wahrnehmungen weiterhin unser Vertrauen zu schenken. Wenn wir spontan empfinden oder intuitiv etwas wissen, schaltet sich unser Verstand ein und wir diskutieren innerlich unsere Wahrnehmungen wieder weg. Wir reden sie uns buchstäblich wieder aus. In diesem ganzen Prozess stirbt allmählich auch die Magie in unserem Leben. Wir opfern sie auf dem Altar unserer rationalen Überzeugungen.

Albert Einstein beschrieb diesen Prozess auf kollektiver Ebene folgendermaßen: ‚Der intuitive Geist ist ein heiliges Geschenk und der rationale Geist sein treuer Diener. Wir haben eine Gesellschaft erschaffen, die dem Diener Achtung erweist und das Geschenk vergessen hat.'

Irgendwann realisieren wir, dass uns etwas verloren gegangen ist. Wir machen uns wieder auf die Suche nach unserem Ursprung, nach unserem inneren Kern von Freude und Spontanität, von Liebe und Sehnsucht nach Erfüllung. Wir wollen wieder lebendiger werden und unsere ursprüngliche Lebensenergie wieder zurückerobern – und damit den Zugang zu unseren Gefühlen, unserer inneren Weisheit und intuitiven Wahrnehmung. Wir wollen unsere Wunden heilen und unsere Begrenzungen transformieren. Wir wollen wieder Wundervolles erleben und staunen, uns erinnert fühlen an den Zauber und die Magie unseres Lebens.

Dann beginnt der Weg zurück zum Ursprung. Zurück zur eigenen Intuition. Zurück zu unserer eigenen Magie.

Den Weg dorthin können wir nicht alleine gehen. Zu sehr hat sich unser Verstand mit der mess- und sichtbaren Welt zufriedengegeben und sich mit ihr identifiziert. Es ist ein Segen, dass uns heutzutage unendlich viele Mittel als Hilfestellung zur Verfügung stehen: Selbsterfahrung, Therapie, Meditation, esoterisches Wissen, spirituelle Wegbegleiter in Form von Büchern, Seminaren, Lehrern, Therapeuten – ein breit gefächertes Angebot, unser persönliches und spirituelles Wachstum zu verfolgen. Die Vielfalt ist schier unendlich. Oft ist sie inspirierend und bereichernd – nicht selten aber auch verwirrend und überwältigend.

Wir wählen unter all diesen Hilfestellungen den für uns stimmigen Weg aus und entscheiden, wer oder was unser Lehrer sein soll. Mit seiner Begleitung und unter seiner Anleitung lernen wir, unsere eigene innere Stimme wieder wahrzunehmen und ihr wieder Gehör zu verschaffen, sie ausreden zu lassen, ihr zuhören, ohne Kommentar – sie einfach da sein lassen. Das hört sich einfacher an, als es ist. Denn sie ist oft leise, fast schon ganz verstummt. Zu lange und zu oft fühlte sie sich übergangen, negiert und nicht ernst genommen. Ein bewusst gelenkter Atemzug in die eigene Mitte verbunden mit einer inneren Haltung von Achtsamkeit und der Intention, einfach nur zu spüren und wahrzunehmen ist ein wertvoller Einstieg in eine neue und tiefere Art der Selbstwahrnehmung.

Intuition vermittelt sich uns ganz unterschiedlich. Manche Menschen nehmen sie in Form von inneren Bildern wahr, andere hören oder fühlen etwas, wieder andere weder das eine noch das andere – sie wissen einfach. Nichts davon ist besser oder schlechter. Es ist einfach individuell. Unsere Intuition kann unterstützt und geschult werden. Sie wird genährt von einem Geist, der zur Ruhe gekommen ist, und so sind alle Arten von Meditation hilfreich. Dienlich sind auch alle Methoden, die die rechte Gehirnhälfte aktivieren, wie zum Beispiel Visualisierung oder freies Malen, sowie eine nicht bewertende innere Haltung, die wertneutral ist und empfänglich für intuitive Botschaften.

Diese intuitiven Botschaften vermitteln sich häufig auch über unsere Körperwahrnehmung. Hirnforscher sprechen dabei von 'somatischen Markern', die uns über klare Körpersignale in Entscheidungssituationen eindeutige Hinweise vermitteln, wie wir uns stimmig verhalten und entscheiden sollen. Unser Körper lügt nicht, auf seine Sprache ist Verlass. Wir müssen einfach nur lernen, wieder mehr hinzuspüren und wahrzunehmen.

In allererster Linie wird unsere Intuition aber einfach dadurch ermutigt, sich uns deutlicher zu offenbaren, wenn sie wieder mehr auf unser offenes Herz und unsere offenen Ohren stößt. Auf unserem inneren Wachstumsweg lernen wir, die Türen unserer sensitiven Wahrnehmung wieder mehr zu öffnen. Eine offene Tür ist eine Einladung. Je mehr wir uns unserer intuitiven Seite wieder zuwenden, desto klarer werden wir ihre Signale spüren und auf allen Ebenen wahrnehmen lernen. In einer immer deutlicher werdenden Sprache vermittelt sich unsere innere Führung. Auch die Intuition, ebenso wie die Magie, können wir nicht erzwingen oder herbeireden. Wir können sie aber beide einladen und sie geschehen lassen, denn sie sind schon immer da und jederzeit präsent.

Je mehr wir uns mit der eigenen Intuition beschäftigen, desto mehr wird sich unser Blick auf uns selbst schärfen. Wir sind auch aufgefordert, diese Sprache und all die Signale unserer Intuition zu unterscheiden von all jenen inneren Stimmen, die uns oft genug Angst und Zweifel und Hader suggerieren und sich als unsere Intuition ausgeben. Was ist Intuition und was ist schlicht nur ein mehr oder weniger neurotischer Impuls, den ich zwar wahrnehme, aber ihm besser nicht folge? Wie kann ich das unterscheiden?

Mit der Zeit entdecken wir all die Stolpersteine und inneren Dämonen auf dem Weg. Wir entlarven nach und nach Muster unseres Lebens, die sich in immer wiederkehrenden Erfahrungen, Glaubenssätzen und Denkschemata wiederholen. Wir schärfen unseren Blick und unser Gehör nach innen. Wir entlarven uns und entdecken uns und unsere Intuition. Wir folgen unserer Sehnsucht nach der Wiederverzauberung unseres Lebens.

Unsere innere Stimme erweist sich dabei als der Kompass unserer Seele und unsere Intuition als ein wichtiger Schlüssel für die Tür, hinter der die Magie lebt. Wir öffnen sie und erleben uns selbst und unsere Welt in einem veränderten Licht.

Der Segen des Dalai Lama

Die Mächte, die den Kosmos bewegen,
sind nicht verschieden von jenen,
die die menschliche Seele bewegen.

- Lama Anagarika Govinda

Ich schaute auf die Uhr. Es war vier Uhr in der Nacht. Ich wusste nicht, wodurch ich wach geworden war, aber ich war plötzlich putzmunter. Eine innere Stimme flüsterte mir eindringlich zu, ich solle mich sofort auf den Weg in das nahe gelegene Kloster machen.

Ich hatte mich hierher nach Mirik im indischen Distrikt Darjeeling in West Bengalen zurückgezogen, nachdem ich für viele Tage in Salugara eine Kalachakra-Initiation des Dalai Lama miterleben konnte. Weit über zweihunderttausend tibetische Mönche und Pilger waren nach Salugara gekommen, das etwa eine Tagesreise von Mirik entfernt lag, um an der Einweihung in die Überlieferung dieser machtvollen und geheimnisvollen Lehre teilzuhaben und nicht zuletzt, um den damit verbundenen Segen des Dalai Lama zu empfangen.

Kalachakra wird oft mit ,Rad der Zeit' übersetzt und ist eng mit dem Mythos von Shambhala verknüpft, jenem mystischen Ort, an dem alle Hindernisse auf dem Weg zu Erleuchtung und Befreiung überwunden sind. Alle Menschen sind an diesem paradiesisch erscheinenden Ort glücklich und es herrscht Frieden. Danach gefragt, ob dieses sagenumwobene Reich Shambhala denn ein tatsächlich existierender Ort auf unserem Planeten sei, antwortete der Dalai Lama einmal, es sei völlig gleichgültig, ob Shambhala als Ort tatsächlich existiere oder nicht, könne er doch nur von jenen gesehen werden, deren Geist und karmische Tendenzen rein seien.

So ist es auch das Ziel der Kalachakra Praxis, ebenso wie einer jeden anderen tibetisch buddhistischen Überlieferung, diese Reinheit des Geistes herbeizuführen, Erleuchtung zu erlangen und aus dem Rad des Karma und der Zeit auszusteigen. Ich hatte mich nach West Bengalen aufgemacht, um Teil dieses komplexen Rituals zu sein, mich mit seiner Magie zu verbinden und in sein Kraftfeld einzutauchen.

Mirik ist ein beschaulicher Ort. Ein kleiner See lädt zwischen sanften Hügeln zum Verweilen ein und am entfernten Horizont ist der Kangchendzönga zu sehen, einer der faszinierenden Achttausendergipfel unter den Himalayariesen. Ich fühlte mich verbunden mit diesem Ort, beherbergte er doch das Kloster von Bokar Rinpoche, der zu diesem Zeitpunkt einer meiner Lehrer war.

In genau dieses Kloster dirigierte mich meine innere Stimme zu dieser unwirtlichen Zeit. Ich hatte eine einfache Unterkunft in einem der Gasthäuser von Mirik gefunden. Das Kloster aber lag einen ordentlichen Fußmarsch entfernt auf der Kuppe eines Hügels. Es wollte sich mir rational nicht erschließen, warum ich in aller Herrgottsfrühe diese Beschwernis auf mich nehmen sollte. Es war dunkel und der Weg führte durch einsame Waldpfade, die mir nach einigen wenigen Besuchen noch nicht so vertraut waren, als dass ich sie blindlings hätte finden können. Und darüber hinaus, so argumentierte mein immer klarer denkender Kopf, was in aller Welt hätte ich mitten in der Nacht im Kloster verloren? Sogar die eifrigsten und dienstbeflissensten aller Mönche würden nicht weit vor sechs Uhr morgens den Tag damit beginnen, Tee für alle zu kochen. Außerdem hatte ich mir für diesen Tag vorgenommen, mein Tagebuch zu vervollständigen und die überwältigenden Eindrücke der Kalachakra Initiation und den erteilten Segen des Dalai Lama darin festzuhalten.

Aber so sehr ich mich auch bemühte, ich fand keinen Schlaf mehr. Immer dringlicher erschien mir die unerklärliche Aufforderung, hoch in das Kloster zu gehen. Nach einer Weile kapitulierte ich, gab der inneren Stimme nach, stand auf, zog mich an und machte mich auf den Weg, innerlich den Kopf über mich selber schüttelnd. Vielleicht sollte ich einen grandiosen Sonnenaufgang miterleben oder auf dem Weg einen Schatz bergen.

Der Weg zum Kloster schien mir in der Dunkelheit beschwerlicher und länger als sonst. Immer wieder stolperte ich über Äste, Steine und meine inneren Zweifel. Ich war froh, irgendwann oben angekommen zu sein. Es zog mich zum Innenhof des Klosters. Dieser bot nach einer Seite hin einen offenen Blick über das Tal und die umliegenden Berge. Von dort aus, so malte ich mir aus, könnte ich auf den Sonnenaufgang warten. Etwas anderes wollte sich mir nicht an Sinnhaftem erschließen, was ich zu dieser Zeit hier oben verloren haben könnte.

Zu meinem Erstaunen waren schon ein paar wenige Mönche wach und eilten geschäftig über den Hof von der Klosterküche in die reich geschmückte Gompa, das Zentrum des Kosters, in dem alle Pujas, Belehrungen und Meditationen abgehalten wurden.

Einer der Mönche kam auf mich zu und fragte, ob ich einen Tee wolle. Dankbar nahm ich an. Als er ihn mir brachte, fragte er mich, warum ich hier sei. Ich antwortete ihm wahrheitsgemäß, dass ich das selbst nicht so recht wüsste. Er lächelte und sagte, ich solle in aller Ruhe meinen Tee trinken.

Ich genoss die Wärme der Tasse, an der ich mich festhalten konnte und den wohlschmeckenden süßen Chai-Tee. Vielleicht war es das, was ich erleben sollte: Eine Begegnung mit einem freundlichen Mönch, der mir Tee anbot und mich damit zu einem kleinen Teil des Klosters werden ließ, das langsam immer mehr zum Leben zu erwachen schien. Meine inneren Zweifel verschwanden mehr und mehr und machten einer tiefen Dankbarkeit Platz für diese Tasse Tee und das herzliche Willkommen des Mönchs.

Vielleicht wäre es jetzt an der Zeit, wieder den Heimweg hinunter in mein Gasthaus anzutreten, so dachte ich mir, nachdem ich den Tee getrunken und mit meinem nächtlichen Ausflug hierher meinen inneren Frieden gemacht hatte. Ich wollte dem freundlichen Mönch die Tasse zurückbringen, da kam er mir schon mit einer Kanne entgegen, füllte ungefragt nach, schaute mir direkt in die Augen und gebot mir sehr deutlich, zu bleiben: „You stay here. Not go!"

Ich wunderte mich über die fast streng erscheinende Ansage des Mönches. Einen solchen Ton war ich von tibetischen Mönchen nicht gewohnt. Ich war verunsichert und wusste nicht so recht, wie ich ihn einschätzen sollte. Ich dachte nicht länger darüber nach, genoss meine zweite Tasse Tee und blickte erwartungsvoll hinaus auf die umliegenden Hügel. Die aufgehende Sonne schickte eine allererste Ahnung ihrer Strahlen in die noch fast dunkle Nacht. Es würde sicher ein traumhaft schöner Sonnenaufgang werden. Die Klarheit des Himmels und einiger Sterne, die immer noch zu sehen waren, versprachen einen sonnigen Tag mit glasklar blauem Himmel. Verträumt schaute ich dem Horizont entgegen und hatte mich für einige Zeit vergessen.

Hinter mir schien das geschäftige Treiben über den Hof zuzunehmen. Ein paar laute Rufe einiger Mönche brachten meine Aufmerksamkeit wieder in den Hof des Klosters zurück. Ich drehte mich um und konnte kaum glauben, was ich nun sah. Quer über den Innenhof war ein schöner wertvoller roter Teppich ausgerollt worden. Zu beiden Seiten des Teppichs hatten sich die Mönche des Klosters in ordentlichen Reihen aufgestellt. Jeder hielt einen Katak in den Händen, den weißen Schal, den Tibeter als Zeichen des Respekts, des Dankes, aber auch als Willkommens- oder Abschiedsgruß überreichten. In einem von ihnen erkannte ich den Mönch, der mir den Tee anbot. Mit einem Wink gebot er mir, mich einzureihen.

Ich folgte dieser Aufforderung mit klopfendem Herzen. Ich wusste von vielen Klosterbesuchen, dass angesichts dieser Vorbereitungen ein hoch angesehener Lehrer, ein Rinpoche, zu erwarten war. Ich vermutete, dass vielleicht mein Lehrer Bokar Rinpoche, der Abt des Klosters, von der Kalachakra Initiation zurückkam und er von seinen Mönchen freudig empfangen werden sollte.

Plötzlich herrschte absolute Stille, die dann von Muschelhörnern, Trommeln und den typischen Klängen der tibetischen Trompeten, die nicht selten aus Knochen gefertigt waren, durchbrochen wurde. Aus einer der mit tibetischen Glücksornamenten reich verzierten Türen eines Nebengebäudes traten zwei Mönche heraus, die zwei jener wunderschönen tibetischen riesigen Stoffschirme trugen, unter denen ehrwürdige Rinpoches Schutz fanden vor Wind, Regen und Sonne, die aber gleichzeitig auch ein Zeichen der Würdigung und des Respekts waren. Ich wollte meinen Augen kaum trauen, als ich in Richtung der Mönche mit den bunt bestickten Schirmen blickte. Es war wirklich und wahrhaftig der Dalai Lama, der in Begleitung von Bokar Rinpoche aus der Tür trat!

Die Mönche verbeugten sich und übergaben ihre Kataks sobald der Dalai Lama und Bokar an ihnen vorbei schritten. Der Dalai Lama lachte sein typisches Lachen, segnete die sich beugenden Häupter und gab die weißen Schals an die Mönche zurück. Es wurde mir peinlich bewusst, dass ich ohne Katak da stand – und das angesichts meines Lehrers und des Dalai Lama!

Unsere Blicke begegneten sich und für einen Moment glaubte ich, in dem freundlichen Lachen ein kurzes Erstaunen zu erhaschen – war ich doch die einzige Frau aus dem Westen in der Reihe der Mönche. Auch sonst hatte sich kein Westler zu dieser Stunde hierher verirrt. Ich beugte mein Haupt, empfing den Segen des Dalai Lama und Bokar Rinpoches, der mich wieder erkannte und mir zuflüsterte, ich solle gleich den Mönchen mit in die Gompa folgen.

Dort fand ich einen Platz inmitten der Mönche und setzte mich auf einen der vorgesehenen Plätze auf dem Boden. Der Dalai Lama zelebrierte eine Puja – eine tibetische Gebetszeremonie – begleitet von den kraftvollen Stimmen der Mönche, die in die Silben der heiligen Mantren mit einstimmten. Ich schloss meine Augen und überließ mich der Magie und inneren Berührung dieser unvorhersehbaren und wunderbaren Begegnung.

Der Dalai Lama schloss mit einem weiteren Segen und mit dem Austeilen von kleinen abgepackten Gaben tibetischer Kräutermedizin, die von ihm gesegnet wurden und der viel heilende Wirkung nachgesagt wird. Beim Verlassen des Klosters gab es noch einmal die Gelegenheit, an ihm vorbeizugehen, die Medizin zu empfangen, sowie einer der roten Segensbändel, in die Mönche einen glückbringenden Knoten flechten, die dann von ihm gesegnet und die traditionsgemäß so lange um den Hals tragen werden, bis sie von selbst wieder abfallen. Ich nahm alle Segnungen an und erhielt dazu einen der vielen Kataks, die um den Dalai Lama und den ganzen Altar herumlagen.

Ich verließ die Gompa und setzte mich wie benommen an eine der Klostermauern. Die Sonne war inzwischen aufgegangen. Ich verbrachte fast den ganzen Tag an dieser Mauer. Der freundliche Mönch versorgte mich Stunde um Stunde mit frischem Tee. Für eine lange Weile wollte ich mich nicht mehr weg bewegen. Der Segen des Dalai Lama und Bokar Rinpoches klang in mir nach wie ein kraftvoller Strom von Energie, die meine Seele berührte, mein Herz öffnete, meinen Geist zähmte und meine Gedanken zum Stillstand brachte. Ich empfand tiefes Glück. Es herrschte Frieden. Fast so wie in Shambhala.

Später erfuhr ich, dass der Dalai Lama nach der Kalachakra Initiation in Salugara einigen Verpflichtungen nachging und dann die Einladung Bokar Rinpoches annahm, nach Mirik in dessen Kloster zu kommen. Dies geschah inoffiziell und stand nicht auf dem immer öffentlich zugänglichen Reiseplan des Dalai Lama. Deshalb waren keine Menschenmassen und nicht einmal Bodyguards im Kloster zu sehen gewesen. Dieser persönliche Besuch war sehr außergewöhnlich und sprach für das tiefe Band, das Bokar Rinpoche und den Dalai Lama verband.

24

Darshan bei Amma

Ich bin die Seele des Weltalls.
Ich bin alle Dinge und über allen Dingen.
Ich bin das Eine ohne ein Zweites.
Ich bin reines Bewusstsein,
allein und allumfassend.
Ich bin Freude. Ich bin ewiges Leben.

- Shankara

Ich war unterwegs in Indien, um, spirituelle Orte und magische Kraftplätze aufzusuchen und Darshan, die Begegnung mit einem weisen oder erleuchteten Wesen, zu erhalten. Ich hatte mich auf den Weg gemacht, einer inneren Sehnsucht folgend, die Magie Indiens und seiner unzähligen Heiligen zu erfahren und in ihre Sphäre einzutauchen.

Mein Weg führte mich über das faszinierende Projekt in Auroville und den Ashram von Sri Aurobindo in Pondicherry die malerische Küste entlang hinunter in den Süden Keralas nach Amritapuri, einem kleinen Dorf zwischen Cochin und Trivandrum am Arabischen Meer. Dort wollte ich den Ashram von Mata Amritanandamayi besuchen und ich hoffte, an einem ihrer Darshans teilnehmen zu können.

Amma, wie sie auch abgekürzt genannt wird und was in der Sprache Malayalam so viel wie Mutter bedeutet, wurde als Tochter eines armen Fischers geboren. Schon als Kind fiel an ihr auf, dass sie Menschen tröstete und half, wo sie nur konnte. Sie ertrug weder Armut noch Ungerechtigkeit. Ihre Gabe, selbstlos zu lieben, sprach sich schnell herum, und so wurde sie schon in jungen Jahren als Mahatma, als Große Seele, erkannt und verehrt.

Inzwischen hat sie innerhalb der letzten drei Jahrzehnte eines der größten Hilfswerke Indiens aufgebaut, die sich der medizinischen Versorgung, der Katastrophenhilfe, der Bekämpfung des Hungers, dem Umweltschutz, der Errichtung von Kinderheimen und der Unterstützung von Frauen mit Mikrokrediten widmet. Sie lehrt und verfolgt den Weg des Karma Yoga, den Weg der guten Tat und der selbstlosen Arbeit und den des Bhakti Yoga, den Weg der Liebe und Hingabe.

Amma inspiriert unzählige Menschen in Indien und auch im Westen, sich für Notleidende und Kranke einzusetzen. Neben ihrem humanitären Werk lehrt sie Meditation und Toleranz zwischen den Religionen. Alle ihre Einrichtungen sind unter dem Begriff ‚Embracing the world' zusammengefasst und tatsächlich ist ihre Art, Darshan zu erteilen, dass sie jeden Menschen, der zu ihr kommt, in die Arme nimmt. In all den Jahren ihres Wirkens hat sie so bisher mehr als dreißig Millionen Menschen umarmt. Diese schier unmenschlich erscheinende Kraft bezieht sie, so heißt es, aus der Energie, die alles Leben ermöglicht. Sie ist direkt mit ihr verbunden. Und diese Energie ist die Liebe. „Wer etwas aus Liebe tut, der wird nicht müde", beantwortet Amma die Frage, woher sie die Kraft nehme, täglich Tausende von Menschen zu umarmen. Amma umarmt buchstäblich die ganze Welt, sie ist sehr oft auf Reisen, gibt weltweit Darshan oder reist in Gebiete, in denen Menschen durch akute Nöte oder Naturkatastrophen betroffen sind.

Ich war in gespannter Erwartung und etwas aufgeregt, als ich endlich in Amritapuri ankam. Es war eine lange Nachtfahrt gewesen und im überfüllten Bus war es kaum möglich, etwas Schlaf zu bekommen. Vielleicht wollte ich aber auch die Nacht gar nicht verschlafen, denn das nächtliche Indien und die Fahrt in die Morgendämmerung hinein erzählt viele magische Geschichten, die sich am Straßenrand, unter den Palmen am Horizont oder in den Feldern mit den Wasserbüffeln abspielen. Ich wollte mich auch innerlich ganz bewusst auf die Begegnung mit Amma einstimmen und mich, mein Herz und meinen Geist für diese besondere Begegnung öffnen.

Als mich der Rikshafahrer, der mich von der Bushaltestelle zum Ashram brachte, vor einem riesigen verschlossenen Eisentor absetzte, beschlich mich ein komisches Gefühl. Mich nach all den Strapazen vor einer verriegelten Tür wiederzufinden hatte ich mir nicht vorgestellt. Ein Wächter hatte mich bemerkt und öffnete das große Tor zum Innenhof des Ashrams. „Haben Sie Reservierung? Amma nicht hier – auf Reisen", sagte er etwas gelangweilt und in gebrochenem Englisch. Wann sie denn zurückkäme, fragte ich. „Vielleicht nächste Woche – vielleicht nicht ..." war seine trockene und desinteressierte Antwort.

Ich war zutiefst enttäuscht. Eine Zimmerreservierung für den Ashram hatte ich nicht, da ich nicht nach exakten Daten reiste, sondern mich mehr von der Magie des Lebens führen ließ und dann spontan vor Ort die mir notwendig erscheinenden Schritte entschied. Da stand ich irgendwo in Indien – ohne Unterkunft, ohne Darshan, und zweifelte an der Führungskraft meiner Magie. Hatte ich dabei auf das falsche Pferd gesetzt und waren solche Enttäuschungen nicht vorprogrammiert? Eine logische und rationale Terminplanung mit Zimmerreservierung wäre sicher erfolgsversprechender gewesen!

Ich hatte keinen Plan mehr. In Indien bedeutet das: Erst einmal einen Tee trinken! Ich bedankte mich bei dem Wächter und fragte, ob es möglich wäre, vielleicht für ein paar Stunden im Ashram zu verweilen. Ich wollte mich etwas ausruhen, mich von der Enttäuschung erholen und mir Gedanken machen, wie ich meine Weiterreise gestalten wollte und wohin sie mich führen sollte. So könnte ich wenigstens im Energiefeld Ammas sein, ihren Ashram auch in ihrer Abwesenheit etwas näher kennenlernen und mich besinnen. „No problem" war die typisch indische Antwort.

Ich war froh, wenigstens zunächst einmal etwas versorgt zu sein. Der Tee war köstlich und doch konnte ich vor mir selbst meine tiefe Enttäuschung nicht geheim halten. Ich sinnierte darüber, warum ich mich jetzt wohl in dieser Situation befand, ob es einen tieferen Sinn machte und wenn ja, welchen und welche Schlussfolgerungen ich daraus ziehen sollte. All diese Gedanken halfen mir aber nicht wirklich weiter und irgendwann ließ ich meiner Erschöpfung und meiner Enttäuschung freien Lauf. Das half weitaus besser.

Nach der dritten Tasse Tee kehrten meine Lebensgeister zurück. Ich wollte, bevor ich mich wieder auf den Weg machte, die übrigen Gebäude des Ashrams kennenlernen. Vor allem die große

Halle, in der Amma üblicherweise ihren Darshan abhielt, wenn sie denn hier war. Dort, so hoffte ich, würde ich sie und ihre Ausstrahlung am deutlichsten wahrnehmen können.

Es waren nicht sehr viele Menschen an diesem Tag hier. Die Menschen der Umgebung und all ihre Anhänger wussten natürlich um ihre Abwesenheit. In Zeiten ihrer Anwesenheit strömen Tausende hierher, um ihr zu begegnen. Es war eine wunderschöne große Halle, bunt bemalt mit Szenen aus der Bhagavadgita und dem ganzen schillernden Kaleidoskop der indischen Götterwelt. Im vorderen Teil der Halle war eine Art Bühne, von der aus Amma Darshan gab. Ihr Sitz und die ganze Bühne waren in dem Moment, in dem ich vor ihr stand, von einem großen roten samtenen Vorhang verdeckt. Üblicherweise werden zu Darshanzeiten Token ausgegeben – Nummern, nach denen man in einer bestimmten Reihenfolge Amma dann begegnen kann und von ihr umarmt wird.

Ich setzte mich auf den Boden in einigem Abstand zu der Bühne und dem Vorhang und eine leise innere Stimme flüsterte mir zu, ich solle hier verweilen. Diese Stimme hielt mich für eine geraume Weile auf diesem Platz, obwohl ich mir bereits längst wieder sorgenvolle Gedanken mache, wie ich meine Weiterreise wohl gestalten sollte.

Ich erinnerte mich an manche indischen Geschichten und die Lehren des Advaita, die uns immer wieder daran erinnern, dass wir in Samsara und einer Illusion gefangen sind, die uns aber als Tatsachen und Realitäten erscheint. Dieser Lehre nach ist alles miteinander verwoben. Jenseits der Welt der äußeren Erscheinungen existiere eine Ebene, die alles beinhalte und durch nichts zerstörbar und in der jegliche Trennung aufgehoben sei. Auf dieser Ebene der Einheit wäre ich also mit Amma verbunden und bräuchte sie im Außen gar nicht als reales Gegenüber.

Ich fand etwas Trost in diesen Gedanken und ließ meine Vorstellung los, wie Darshan von Amma für mich auszusehen habe. Ich schloss meine Augen, um in der Stille das Flüstern meiner inneren Stimme zu vernehmen, mich weiter in der Kunst des Loslassens zu üben und mich auf die Kostbarkeit der Gegenwart zu besinnen.

In diesem Moment hörte ich, wie ein Raunen durch die Halle ging. Ich öffnete die Augen und konnte kaum glauben, was ich sah: Der Vorhang hatte sich geöffnet, Amma saß auf der Bühne und umarmte gerade eine alte indische Frau. Neben der Bühne hatte sich eine Schlange gebildet und ganz ohne die sonst üblichen Token konnte ich mich einreihen in die bunte Reihe derer, die gleich Darshan erhalten sollten: Eine alte Frau, deren Augen gebrochen schienen, ein junges Mädchen mit langen dicken schwarzen Zöpfen und riesigen roten Maschen darin, ein junger Mann mit verkrüppelten Armen.

Nachdem mich Amma aus ihrer Umarmung entließ, während der sie mir kraftvolle und besänftigende Mantren ins Ohr geflüstert hatte, zeigte sie auf den Sitz neben sich. Eine riesengroße Schale mit Bonbons stand davor. Die alten indischen Schriften und Bräuche besagen, dass das Bonbon zu Prasad – einer Gabe des Göttlichen an die Menschen – werde, wenn es durch die Hände eines Avatars oder einer großen Seele gesegnet wird. Amma wies mich wortlos an, ihr die Bonbons zu reichen, um sie dann als Prasad an die Menschen weitergeben zu können, die ihren Darshan empfangen hatten.

Die Schlange derer, die um eine Begegnung mit Amma anstanden, wurde zusehends länger. In Indien spricht sich immer in Windeseile herum, wenn irgendwo ein Guru, eine als heilig verehrte Seele oder ein Meister auftaucht. Ich konnte ganz nah bei Amma sitzen bleiben, bis alle Anwesenden Darhsan und Prasad erhalten hatten, und in ihre Nähe und Energie eintauchen und in die Augen all der Menschen blicken, die wortlos ihre Nähe suchten. Vieles habe ich dabei schauen dürfen. Seelische Not, körperliche Gebrechen, unerfüllte Sehnsüchte, unbändige Freude, liebevolle Hingabe, flehende Bitten, erfüllte Dankbarkeit. Amma blieb dabei immer stets gleich präsent und lächelte liebevoll.

Später erfuhr ich, dass Amma an diesem Tag unvorhergesehener Weise zwischen zwei Terminen für ein paar wenige Stunden zurück in ihren Ashram kam. Ich erfuhr auch, dass es als ganz besonderes Geschenk gilt, ihr beim Austeilen des Prasads helfen zu dürfen. Beseelt setzte ich meinen Weg durch Südindien fort.

Das Seitental

Warum nicht versuchen, auf jene unfassbaren inneren Töne zu hören, die
nur in der absoluten Stille zu hören sind, wenn Du Dich in Einklang mit
den Wegen des Geistes versetzt hast?
In jenem Zustand verändert sich Dein ganzes Leben ...
Du verstehst nicht mit dem Verstand, sondern mit dem Herzen ...
und wirst eins mit der Ganzheit des Lebens.

- Eileen Caddy

Ich kann mich nicht mehr bewegen. Mein Körper scheint tonnenschwer und allein der Gedanke, den Rückweg anzutreten, erscheint mir absurd: Vorbei an all den Mönchsklausen, die wie Schwalbennester an den Felsen kleben, vorbei an den unzähligen aufgetürmten heiligen Manisteinen, in denen buddhistische Mantren eingemeißelt sind, immer am reißenden Fluss entlang und in schwindelerregender Höhe, vorbei an all den Abgründen und Felsvorsprüngen – durch das ganze Seitental bis zurück in mein Zelt, das auf einem der wenigen für Zelte geeigneten Plätze entlang des Grossen Zanskar Treks steht.

Es wartet dort auf mich ebenso wie mein tibetischer Koch Namgyal, der mich auf dieser Tour begleitet und mir mit meinem Gepäck und meinem Proviant hilft. Die Kraftanstrengung, diesen beschwerlichen Weg wieder zurückzugehen, erscheint mir in diesem Moment absolut unvorstellbar.

Ich bin auf dem Weg von Lamayuru nach Manali und dabei, die große Zanskardurchquerung zu machen: 350 km zu Fuß quer durch die Täler und über die Passhöhen des Transhimalaya. Ich habe schon fast die Hälfte geschafft. Dies sollte nur ein Abstecher in eines der entlegenen Seitentäler sein. Meine Intuition legte mir nahe, ich solle dieses Kloster besuchen, das allerdings weit abseits der eigentlichen Marschroute des Treks lag.

Ich versuchte zunächst, mich dieser inneren Aufforderung zu widersetzen. Der Weg war mir schon lang und anstrengend genug. Aber sie blieb mit einer gewissen Dringlichkeit in meinem inneren Ohr und ich konnte sie nicht wirklich überhören und so folgte ich meiner inneren Stimme letztendlich, obwohl sich mir nicht wirklich erschließen wollte, was ich in diesem abgelegenen Seitental verloren hätte. Viele Klosterbesuche hatte ich schon hinter mir und noch einige vor mir – was sollte da ausgerechnet in diesem besonders oder anders sein? Warum sollte ich diese Extra-strapaze auf mich nehmen? Die Beharrlichkeit der inneren Aufforderung ließ mich irgendwann nachgeben und ich machte mich auf den Weg.

Jetzt sitze ich hier in dieser Gompa mit vielen Mönchen und egal was mein Verstand mir sagt, was in diesem Moment zu tun oder zu lassen wäre, hält mich eine undefinierbare Energie auf meinem Meditationskissen versteinert fest. Es ist mir nicht zugänglich, wie ich es je wieder verlassen könnte. Jede Bewegung und jede Intention scheint einzementiert.

Stattdessen erlebe ich zunehmend ein Gefühl absoluten Eins-seins mit den Mönchen, die ihre Mantren rezitieren. Es entsteht ein einziger tiefer Ton, als ob sie sich in ein ewiges und immerfort dauerndes OM – durch alle Zeiten hinweg rezitiert – einschwingen und ich ein Teil davon bin, ganz so als ob ich im nächsten Moment die kraftvollen tibetischen Silben würde mit rezitieren können, ebenso selbstverständlich wie meine eigene Muttersprache.

Meiner anfänglichen Nervosität und der darauffolgenden leicht zu erfühlenden Panik über diesen eigenartigen Zustand weicht irgendwann eine tiefe Entspannung. Ich lasse zu, was mit mir geschieht: Ich habe keine Kontrolle – weder über meinen Körper noch über meine Gefühle noch über meinen Willen. Ich gebe mich ganz der Schwingung der Mönchsgesänge und Rezitationen und dem sonoren Klang hin.

Allmählich verschwindet das Gefühl von ,Ich' gänzlich. Ich bin mir nicht mehr bewusst, woher ich komme und wohin ich gehen will – geschweige denn, wo mein Zelt steht. Irgendwann gibt es nur noch das Empfinden von Hier und Jetzt – und selbst das löst sich auf. Ich bin Mantra und Klang, ich bin Licht und Schwingung. Ich bin all das und gleichzeitig nichts von all dem.

Der verrauchte Geruch aus der Klosterküche bringt mich irgendwann zurück in mein Alltagsbewusstsein. Ich realisiere wieder, dass ich hier in einem Kloster im indischen Himalaya auf 4000 m Höhe sitze und mir kommt der Gedanke, dass ich jetzt zurück in mein Zelt gehen und meinen Koch Namgyal um etwas heiße Suppe bitten sollte. Morgen liegt ein anstrengender Tag vor mir und ich muss weiter Richtung Manali, um von dort aus in einer holprigen und meist endlos scheinenden Nachtfahrt nach Delhi zu gelangen, wo mein Rückflug auf mich wartet.

Als ob die Mönche mein Innerstes hätten lesen können, lässt mir der Abt des Klosters Buttertee kommen und entlässt dann einen seiner Mönche, um mich sicher zurückzubegleiten. Wir gehen entlang des reißenden Flusses, an all den Abgründen und zerklüfteten Felsvorsprüngen vorbei, das ganze Seitental zurück zu dem Platz, an dem mein Zelt steht. Namgyal eilt freudestrahlend auf mich zu: „Soup ready, waiting, Madame!"

Der Mönch akzeptiert meine Einladung. Wir setzen uns auf einen Felsvorsprung, schauen in die Ferne und löffeln schweigend köstliche Tukpa, die tibetische Gemüsesuppe. Bevor er zurückgeht, überreicht er mir einen Katak, einen weißen Schal, mit denen Tibeter sich sowohl willkommen heißen als auch verabschieden oder auch den Buddhas ihren Respekt zollen. Ich beuge meinen Kopf ganz selbstverständlich, meine Stirn berührt die seine und er geht durch das Seitental und entlang all den Abgründen zurück in sein Kloster.

Ich mache mich am nächsten Tag auf den Weg nach Manali. Die zusätzlichen Anstrengungen, die mit dem Weg in das abgelegene Seitental verknüpft waren, sind über Nacht vergessen. Das Erleben im Kloster klingt immer noch nach und es scheint mir, als ob die Schwingung des OM und meine Erfahrung dort mich mit einer nie erlebten Leichtigkeit über die Berge tragen würden.

Wenn uns ein innerer Kompass eine unerwartete Richtung im Leben vorgibt, dürfen wir gespannt sein, was einige dieser unvorhergesehenen Abstecher für uns bereithalten. Unsere Intuition ist ein verlässlicher Reiseführer. Manchmal liegen die Kostbarkeiten des Lebens und seiner Magie nicht direkt auf den vorgegebenen und geplanten Marschrouten.

Go West!

Ich dachte, meine Reise sei zu Ende,
meine Kräfte versiegt, der Weg versperrt,
die Vorräte erschöpft und die Zeit gekommen,
sich leise im Dunkel zu verstecken.
Aber ich sah, dass Dein Wille
kein Ende in mir kennt,
dass neue Lieder aus dem Herzen sprießen,
wenn alte Worte auf der Zunge sterben,
und sich zeigt ein neues wunderbares Land,
wenn alte Spuren sich verlaufen.

- Rabindranath Tagore

Ich spürte, es geht um Abschied. Jahr für Jahr war ich in Indien und Tibet unterwegs – quer durch die Täler und Passhöhen des Himalaya. Mal alleine. Mal mit in der Leitung spirituell ausgerichteter Reisegruppen. Retreats durchführen, Menschen an heilige Orte leiten, in Klöstern meditieren, Kraftorte aufsuchen, eine Brücke bauen zwischen Ost und West. Viele tief bewegende Begegnungen mit Mönchen, Rinpoches, buddhistischen Ritualen hatte ich während dieser Reisen erfahren und die Lebens- und Glaubenswelt Indiens und Tibets kennengelernt. Unendlich viele magische Momente hatte ich hier erlebt.

Und dennoch klopfte immer wieder eine leise innere Stimme in mir an, die mich dazu veranlasste, mir zu überlegen, ob diese Form von Reisen immer noch zu meinem gegenwärtigen Lebensplan gehörte. Diese innere Stimme bekam manchmal Unterstützung durch äußere Geschehnisse, wie die unerträgliche politische Situation in Tibet oder meine physische und psychische Erschöpfung nach einer weiteren Passüberquerung. Aber letztlich hing mein Herz doch so sehr an diesem Teil der Welt und auch meiner Arbeit dort, dass ich mir einen Abschied in keinster Weise auch nur vorstellen konnte und noch weniger wollte.

Diese Reise jetzt führte mich einmal mehr durch Zanskar, jenen weit abgelegenen Teil des nordindischen Himalaya in Ladakh, das einst ein eigenständiges Königreich war und als Klein Tibet gesehen wird. Buddhistisches Leben in all seinen Facetten ist dort alltäglich erlebbar und noch ganz selbstverständlich und natürlich verankert. Der Magie dieses Lebens wollte ich erneut begegnen und eintauchen in den Zauber der Bergwelt, der Menschen und der Klöster.

Die Gruppe, die ich auch diesmal wieder mit leitete, war guter Dinge. Es waren spirituell interessierte Menschen, die sich zusammengefunden hatten, um Land und Leute, die Kultur und vor allem den tibetischen Buddhismus näher kennenzulernen. Wir hatten einige Passhöhen schon hinter uns und wir waren alle inzwischen an die Höhe angepasst und dem Himmel näher. Auch uns selbst und der Magie des Seins, den Menschen in ihren Dörfern und all den Mönchen, denen wir hier begegneten, waren wir näher.

Auf langen Wandertagen entlang des Zanskarflusses wurden wir manchmal zu Buttertee eingeladen und saßen mit den Familien in ihren von den offenen Feuerstellen verrußten Küchen oder mit den Mönchen bei den ausgedehnten Pujas und manchen wie Zauber anmutenden Ritualen. Hier wurden Boddhisattvas und Glück bringende Mächte angerufen und Dämonen und Negatives mithilfe der magischen Kraft der Mantren und rituellen Handlungen verbannt. Hier wurde die eigene innere Buddhanatur immer wieder visualisiert und im tiefsten Inneren verankert. All die inneren und äußeren Begegnungen vertieften das Gefühl, Anteil zu haben an einer ganz anderen Sicht der Dinge und nicht alltäglicher Wahrnehmungen der Welt und in gemeinsamen Meditationen mit den Mönchen für manch magische Momente sogar Teil davon zu werden.

Noch ein paar wunderschöne und herausfordernde Trekkingtage lagen vor uns, bis wir nach Manali, einem idyllischen kleinen Städtchen mit einem ganz bezaubernden Bazar kamen, dort das Zelt mit einem Hotelzimmer tauschten und die erste warme Dusche nach vielen Wochen lang und ausgiebig genossen. Von dort aus ging es dann in einer langen Nachtfahrt zurück nach

Delhi und dann zum Rückflug nach Deutschland. Es war also eigentlich alles in bester Ordnung. Und trotz all dem konnte ich diese innere Ahnung einfach nicht aus meiner Wahrnehmung verbannen. Ich spürte immer nur, es geht um Abschied. Irgendwie schien ich mich innerlich auf eine neue Zeit zuzubewegen. Einiges war die letzten Jahre passiert, was den sonst immer so reibungslosen Ablauf der Reisen durcheinanderbrachte.

Ich spürte die Magie des Lebens am Werk, mit all ihren Zeichen und Hinweisen – allerdings auf eine Art und Weise, die mir überhaupt nicht angenehm war, denn Abschied zu nehmen und Gewohntes loszulassen fiel mir schwer.

Ich konnte mir nicht erklären, warum ich immer wieder stehen blieb, mich umdrehte, als ob ich noch einmal einen letzten Blick erhaschen und festhalten wollte. Ein letztes Mal das Kloster aus genau dieser Perspektive sehen? Ein letztes Mal den blauen Mohn entdecken – in seiner ätherischen Schönheit und in totalem Kontrast zu den riesigen massiven Felsblöcken, hinter denen er sich so oft zu verbergen schien? Ein letztes Mal in die Augen der vielen Kinder blicken, die sich wie eine Weintraube vor meinem Zelt sammelten und durch nichts wegzubewegen waren? Ein letztes Mal auf Wiesen von Edelweiß zelten, Buttertee schlürfen und dem Rinpoche einen Katak überreichen?

All das war über so viele Jahre doch zu meiner zweiten Heimat geworden. Und weitere Aufenthalte waren in Planung. Es war also eigentlich doch alles in bester Ordnung. Ich konnte mir einfach partout nicht meine Tränen und diese intuitive Wahrnehmung erklären … ich spürte einfach eben nur weiterhin ganz tief in mir, es geht um Abschied. Aber wovon? Und wofür? Und warum eigentlich überhaupt? Es war doch alles in Ordnung. Und auch wenn ich mir all das noch so oft herunterbetete und gebetsmühlenartig ständig wiederholte, änderte es doch rein gar nichts an der Beharrlichkeit meiner inneren Stimme.

Gegen Ende der geplanten Zeit mit der Reisegruppe fasste ich den Entschluss, mich für ein paar Tage in ein Kloster zur Meditation zurückzuziehen. Ich wollte mir Klarheit verschaffen, was sich da eigentlich in mir bewegte, ohne dass ich es recht fassen konnte. Ich wollte wirklich erkunden, warum das Gefühl des Abschieds in mir so stark war und mich nicht mehr losließ. Ich ging in eines der Klöster, das mir über all die Jahre sehr ans Herz gewachsen war. Ich kannte die Mönche und wusste, ich war willkommen. Viele magische Momente hatte ich dort erlebt und einen solchen Moment erhoffte ich mir natürlich auch dieses Mal wieder. Mein Entschluss stand fest. Ich würde so lange im Kloster bleiben, bis ich innerlich Klarheit gefunden hätte, was die undefinierte Trauer in mir war und eine klare Botschaft, warum und wieso und wohin. Eine Vision eben. Nichts mehr und nichts weniger. Ich machte mich also auf Visionssuche. Die Gruppe war in guten Händen und ich würde sie mit einem der Pferde einholen und das letzte Stück des Weges wieder begleiten können.

Ich bat die Mönche um eine der einfachen Klausen, brachte meine Trinkschale für den Buttertee und Tsampa mit. Damit war ich Teil des Klosterablaufes. Eingecheckt sozusagen. Morgens früh in die Gompa, Rituale, Meditationen, Gesänge, Mantrarezitationen. In der freien Zeit blieb ich sitzen. Mein Meditationskissen war der Ort, von dem aus ich mir erhoffte, eine klare Vision zu erhalten, wie mein Leben weitergehen sollte.

Die intuitiven Eindrücke und Empfindungen der letzten Wochen auf meinem Weg durch Zanskar, dass es für mich auf meinem persönlichen Weg um Abschied gehe, waren einfach zu stark, als dass ich sie hätte ignorieren können oder auch wollen. Denn das ist es doch letztlich, warum Menschen in den Himalaya aufbrechen, nämlich angesichts seiner überwältigenden Größe wieder zu dem zurückfinden, was die eigene Essenz ist. Sich der Grandiosität der Berge hingeben. Die spirituelle Botschaft wahrnehmen und verstehen, die über Jahrtausende Millionen von Pilgern in die Schwingung des Himalaya eingegerbt haben – sich wieder für die Magie des Lebens zu öffnen. Sich seiner Ausstrahlung hingeben und das eigene übergroß gewordene Ego mehr und mehr loslassen. Sich gesundschrumpfen sozusagen. Um dann von dort aus in die eigene wirklich wahrhaftige Größe hineinwachsen zu können. So war der Plan. Meiner zumindest.

Und deshalb saß ich also hier. Und wollte auch nicht eher aufstehen, bis der Himalaya als einer meiner großen Lehrer, oder Rinpoche, der Abt des Klosters oder meine eigene Intuition sich in einer glasklaren Botschaft verdeutlichte oder aber der Himmel gleich ganz persönlich und direkt zu mir sprach und meine Fragen beantwortete. Und mir eine Vision schickte.

Aber all das passierte nicht. Keine Intuition. Keine Inspiration. Keine Magie. Nichts von all dem. Ich empfand wohl immer wieder die Tiefe meiner Meditation, den Segen der Mönche, tiefe Dankbarkeit für mein Dasein in diesen wertvollen Momenten. Aber es wollte sich mir einfach keine Vision eröffnen auf meine grundlegende Fragestellung hin. Ich empfand nur weiter und immer tiefer das Gefühl von Abschied. Meine Tränen blieben unbeantwortet. Ich blieb sitzen. Ich ignorierte die Schmerzen in meinen Knien. Es musste mir doch etwas offenbart werden, was Sinn machte. Ich war verzweifelt. Ich ignorierte die Stiche in meiner Wirbelsäule. Es musste doch Antworten geben. Ich blieb einfach sitzen. Stunde um Stunde. Alles tat nur noch weh.

Und dann plötzlich: ‚Go West!'

Es war keine Vision, wie ich sie mir vorstellte: innere klare Bilder mit Strahlkraft oder zumindest von Engelszungen eingehauchte liebliche Worte. Oder so etwas in der Art. Es waren einfach nur diese beiden Worte. Und ich wollte sie auch gar nicht wahrnehmen. Ich schob sie weg, bis die ‚eigentliche' Vision vor meinem geistigen Auge endlich auftauchen müsste.

‚Go West!'

Das Bewusstsein ließ sich nicht mehr wegschieben. Keine anderen Botschaften oder Bilder oder Gedanken hatten mehr Platz. Es gab keinen Raum mehr in meinem Kopf oder Herz oder Bauch oder Meditationskissen. Nichts blieb oder ereignete sich mehr, außer diesen beiden Worten, die ich nicht zu deuten wusste. Und die rein gar nichts mit irgendwas zu tun hatten, was ich mir unter ‚Vision' vorstellte. Ich war enttäuscht. Und immer noch traurig. Eigentlich noch trauriger als vor meinem persönlichen Retreat. Und alles tat nur weh. Ich verließ mein Kissen und das Kloster.

Das ist doch keine Antwort! Was soll denn das heißen, ‚Go West'!!!??? Okay, ich bin hier in Indien. Also heißt ‚Go West!' vielleicht so viel wie einfach nur ‚Geh nach Hause, in den Westen.' Geh dahin zurück, wo Du herkommst? Das war nun auf gar keinen Fall, was ich hören wollte. Ich fühlte mich zutiefst verbunden mit Indien und Tibet und Nepal und Thailand und Bali. Und östlicher Spiritualität. Eigentlich war doch ganz Asien fast schon eine Art zweite Heimat geworden.

Und jetzt will mir die geistige Welt oder meine eigene Intuition – oder wer oder was spricht denn eigentlich hier? – eintrichtern, die Zeit des Abschieds sei gekommen und ich solle einfach im Westen bleiben? Also daheim? In Deutschland? Zuhause rumhocken? Nie wieder über die Berge ziehen? Nie wieder eintauchen in all das, was über viele Jahre spirituelle Nahrung und Inspiration war? Ich war im Krieg mit mir selbst. Weder konnte ich meine intensive Erfahrung im Kloster und die intuitive Botschaft total ignorieren – noch meinen Frieden mit ihr machen. Ich konnte sie auch nicht wirklich verstehen.

Im Lauf der Zeit verblasste die Botschaft etwas, aber immer wieder, sobald ich innehielt und in mich hörte, tauchte sie wieder auf. ‚Go West!' begleitete mich im Grunde immer und überall hin. Wie ein persönliches Mantra machte es sich – ob mir das nun passte oder nicht – zu einem magischen Begleiter und schlich sich immer wieder in mein Bewusstsein. Ich malte mir immer wieder aus, was es wohl real bedeuten könnte … nicht mehr in den Himalaya reisen? Eine Neuorientierung in meinem Leben? Im ‚Westen'? Wo in aller Welt sollte das denn sein? Ich konnte – und wollte! – die Zeichen nicht wirklich verstehen.

Bis mir dann noch einige weitere klare Hinweise gegeben wurden, die ich aber anfänglich auch versuchte, so gut wie irgendwie möglich, zu ignorieren oder umzudeuten. So kam mir Monate später in Tibet mein gesamtes Gepäck auf ominöse Weise abhanden und bei einer der nächsten Reisen durch Zanskar sollten mir buchstäblich die Sohlen von den Schuhen fallen und ich ziemlich krank werden.

Erst einige Jahre später, nachdem ich der Einladung eines Freundes nach New York folgte, sollte sich meine intuitive Wahrnehmung von Abschied und meine Vision von ‚Go West!' zu einem stimmigen Bild fügen.

Als ich dann das erste Mal über den Atlantik Richtung Westen flog, hatte ich eines der Bordmagazine in der Hand. Ich studierte die Weltkarte und all die Flugverbindungen, die mit klaren Linien die großen Airports dieser Welt verbanden. All diese langen Jahre vorher hatte ich mich nur für Asien interessiert und mein Blick war nur gen Osten gewandert. Meine ganze innere Orientierung war nach diesem Teil der Welt ausgerichtet. Doch nun erkannte ich: Natürlich gibt es ein Westen über Deutschland hinaus! Nur dieser Teil der Welt war bisher in keinster Weise in meinem Blickfeld gewesen.

Es eröffnete sich mir eine total neue Dimension. Ich entdeckte wirklich so etwas wie einen neuen Planeten in meiner eigenen offenbar bis dahin doch ziemlich begrenzten Galaxie: New York City! Manhattan eröffnete mir tatsächlich eine total neue und andere Welt. Die Schluchten des Himalaya verblassten mehr und mehr. Ich verlor mich in den Straßenschluchten der Stadt – nur um mich neu zu finden.

Die Botschaft ‚Go West!', die sich mir über eine Eingebung vermittelte, machte endlich Sinn!

Eine innere intuitive Stimme tat mir die Botschaft von einem bedeutenden Wandel in meinem Leben kund lange bevor ‚Ich' und mein rationaler Verstand es wussten und wahrhaben wollten. Nie hätte ich mir ausdenken können und je damit gerechnet, mich im Dschungel dieser Großstadt heimisch zu fühlen.

Oftmals sind wir uns mit unserer Intuition selbst voraus. Es dauert dann einfach nur etwas länger, bis sich die Magie des Lebens entfaltet und wir sie als solche erkennen und verstehen können.

Der Altar

Intuition ist eine durch alle Denkbarrieren
plätschernde kosmische Zärtlichkeit.

- Peter Horton

Wo auch immer in der Welt ich mich aufhalte, baue ich kleine Altäre auf. Ob dies nun in einem Zelt im Himalaya ist, einer Einsiedelei in einem Kloster oder in einem Hotelzimmer einer Großstadt macht dabei kaum keinen Unterschied. Dadurch mache ich mir die fremden Plätze mehr zu meinen eigenen, verleihe ihnen eine persönliche Note und damit werden sie – egal für wie lange – mein Zuhause.

Als ich in New York noch in Hotelzimmern lebte, war dies mein allererstes Ritual, noch lange bevor meine Kleider in die Schränke wanderten. Ein winzig kleiner Buddha oder ein Kristall, ein Seidenschal oder eine Schale mit Wasser, eine Kerze oder ein mir heiliges Buch fanden ihren Platz auf den Schreibtisch oder die Fensterbank. Und natürlich gehörte ganz wesentlich auch immer ein großer Strauß Rosen dazu – zumindest in New York.

Ich war gerade in der Stadt angekommen und noch etwas im Jetlag, trotzdem war mein Altar eingerichtet. Jetzt brauchte ich nur noch die Rosen. Ohne sie war mein Altar nicht das, was er sein sollte. Einfach noch zu unbelebt. Der Geist wurde ihm durch die Blumen eingehaucht. Und ich liebte New Yorker Rosen. Sie sind kräftig und mit riesig großen herrlichen Blüten, langstielig und überhaupt nicht teuer.

In dem Moment, als ich meine Jacke überzog, um mir die Rosen für den Altar zu kaufen, tauchten vor meinem geistigen Auge Orchideen auf. Ich war irritiert. Orchideen waren in meiner Welt eher in der östlichen Hemisphäre der Welt angesiedelt und sofort tauchten Erinnerungen an überwältigend bunte indische Gärten, exotische thailändische Dekorationen und reich bestückte balinesische Opferschälchen auf. Das waren alles ganz wunderschöne Erinnerungen, aber für mein Empfinden passten Orchideen irgendwie für mich nicht hierher. Hier in Manhattan waren für mich einfach eindeutig Rosen angesagt! Beharrlich blieben die Orchideen in meinem Kopf. Ich ging trotzdem los, um mir meine geliebten New Yorker Rosen im nächsten Deli gleich um die Ecke zu besorgen. Auf dem Weg dahin lotste mich meine innere Stimme zum Central Park. Den riesigen Rosenstrauß würde ich dann lieber erst auf dem Rückweg besorgen, so dachte ich mir, um unbeschwert meinem Lieblingsplatz im Park einen ersten Besuch abzustatten und mich auf meine Zeit in der Stadt einzustimmen zu können.

Wie schon so oft zuvor betrat ich den Park vom Columbus Circle aus, vorbei an einem imposanten Brunnen. Und wie üblich drehte ich mich um und blieb lange stehen, um immer wieder aufs Neue das Time Warner Building zu bestaunen, wie sich in seinen riesigen Fensterfronten der Himmel und die Bewegung der Wolken spiegelten. Manchmal wirkte es so ineinander verwoben, dass der Himmel und das Gebäude eins zu sein schienen. Dieses Phänomen gehörte für mich zur Magie der Stadt. Ich fühlte mich in ihr dem Himmel näher – vielleicht wegen der verspiegelten Fensterflächen all der Wolkenkratzer? Es blieb mir weiterhin ein Geheimnis.

Ich setzte meinen Weg zu meiner Lieblingsbank fort und ließ mich mit einem tiefen Seufzer auf ihr nieder. Ich war beseelt, einmal mehr in der Stadt zu sein, in diesem grandiosen Park zu sitzen und einen Blick auf die hinter den uralten riesengroßen Bäumen nur ahnungsweise hindurchschimmernde Skyline zu erhaschen. Auf der Bank neben mir saß ein asiatisch aussehender junger Mann, und für einen kurzen Moment trafen sich unsere Blicke. Neben ihm lagen wunderschöne violettfarbene Orchideen.

Ich genoss den Blick auf den kleinen See und die süßen kleinen Wasserschildkröten, die sich etwas aus ihren Panzern wagten und ihre kleinen Hälse der Sonne entgegenstreckten. Nach einer Weile stand der Mann auf und machte sich auf den Weg Richtung Ausgang Fifth Avenue. Die Orchideen blieben auf der Bank liegen.

„Hallo Sir! Sie haben Ihre Orchideen vergessen!", rief ich ihm hinterher.

„Oh no!", er machte mir mit einer Handbewegung deutlich, dass sie ihm gar nicht gehörten. „Es müssen Ihre sein!", rief er lächelnd zurück.

Das sollten meine Orchideen sein? Ich schaute mich um. Es war niemand da, dem ich sie hätte zuordnen können. Ich wartete eine geraume Weile. Niemand erschien. Ich erinnerte mich plötzlich wieder an das Bild der Orchideen vor meinem inneren Auge, bevor ich aus meinem Hotelzimmer aufbrach. Ich wartete weiter. Niemand tauchte auf. Kein Mensch gesellte sich zu den Orchideen und gab sich als ihr Besitzer zu erkennen. Irgendwann betrachtete ich sie als ein Geschenk des Himmels, ging zurück in mein Hotel und weihte meinen Altar mit ihnen ein. Ich nahm mir dabei vor, meinen inneren Bildern mehr Vertrauen entgegenzubringen und sie ebenso als Himmelsgeschenk anzunehmen wie die Orchideen.

Es berührte mich, dass die beiden Welten, die mir so sehr am Herzen liegen, sich jetzt hier auf meinem Altar begegneten: East meets West!

Es schien mir, als ob sie mir die Botschaft vermitteln wollten, dass letztlich tatsächlich alles zusammengehört und in einer Einheit auf einer höheren Ebene unzertrennlich verwoben ist. Gerade in der Begegnung verschiedener Welten liegt eine ganz besondere Schönheit und Bereicherung, lebt eine eigene Faszination und Magie.

Das Versäumnis

Es ist Deine Show.
Es ist Dein Universum.
Es gibt niemanden hier, nur Dich
und nichts wird vor Dir zurückgehalten.
Du bist völlig auf Dich selbst gestellt.
Alles ist für direktes Wissen verfügbar.
Niemand anders hat irgendetwas, was Du brauchst.

- Jed McKenna

„Du wirst es bereuen, wenn Du jetzt diesen Schritt nicht wagst! Das ist eine absolut einmalige Gelegenheit, die sich Dir so schnell nicht wieder bietet." Schon fast bedrohlich klang die Einladung, die mein alter Freund Oliver aus New York mir überbrachte.

Ich traf Oliver, wann immer ich in der Stadt war. Wir kannten uns seit Längerem, meditierten zusammen und gingen ein Stück spirituellen Weges gemeinsam. Er war schon seit Langem verbunden mit einem spirituellen Lehrer, der an der Westküste der USA sehr bekannt war und den er mir unbedingt vorstellen wollte. Dieser kam jetzt für ein paar wertvolle Tage an die Ostküste nach New York City, um dort seine Arbeit vorzustellen. Eine ganz besondere Gelegenheit, ihm endlich persönlich zu begegnen, so fand Oliver. Ich teilte seine Begeisterung nicht wirklich und hatte das Gefühl, dass ich nicht unbedingt etwas versäumen würde, wenn ich diesem Lehrer nicht begegnete. Nicht weil ich seinen Fähigkeiten oder seiner Integrität misstraute – es schien mir einfach für mich persönlich zu diesem Zeitpunkt auf meinem eigenen Weg nicht wesentlich zu sein. Ich sagte also ab, zumal der Termin des Workshops ungünstig zu meinen sonstigen bereits getroffenen New York Plänen lag.

„Du versäumst etwas wirklich Wesentliches!" Oliver gab nicht nach in seinem Bemühen, mir deutlich zu machen, wie sehr ich mit meiner Wahrnehmung daneben lag, die mir weismachen wollte, ich würde von der Begegnung mit diesem Lehrer nicht profitieren.

Ich fing an, an meiner Wahrnehmung zu zweifeln. Vielleicht stemmte ich mich wirklich nur deshalb gegen diese Begegnung, weil sie mir tatsächlich eine neue Dimension im Zugang zu mir bisher verschlossenen Welten enthüllen würde. Oder ich entwickelte nur einen solchen Widerstand gegen dieses Treffen, weil es mir meine viel zu eng gesteckten Grenzen aufzeigen und mich in eine Öffnung bringen könnte, die mich spirituell weiter bringen würde, als ich es mir je erträumt hätte. Oder ich hatte einfach nur Angst vor der Begegnung mit irgendwelchen Wahrheiten in mir selbst, denen ich vielleicht ausweichen wollte und die dieser Lehrer aufgrund seiner magischen Fähigkeiten in mir offenbaren würde.

Je länger ich darüber nachdachte, desto unsicherer wurde ich mir in meiner anfänglichen glasklaren Wahrnehmung, dass ich das Gefühl hatte, diese Begegnung sei mir nicht dienlich und in diesem Moment in meinem Leben nicht wesentlich.

Ich kam mehr und mehr von meiner ursprünglichen Haltung ab und obwohl Oliver längst aufgegeben hatte, mich weiterhin zu dem Workshop mit dem Lehrer von der Westküste einzuladen, ließen mich mein zwanghaftes Denken und meine inneren Ängste und Zweifel nicht wieder los. Die Angst, etwas Falsches zu tun. Die Gier, die aufkam bei dem Gedanken, vielleicht tatsächlich etwas zu versäumen. Der Stolz, nichts ausweichen zu wollen. Der Trotz, gegen alle Widerstände anzutreten auf dem Pfad der spirituellen Entwicklung.

Entgegen der leisen inneren Stimme, die mir immer wieder zuflüsterte, wie unwesentlich dieser Workshop für mich zu diesem Zeitpunkt in meinem Leben sei und dass es mir nicht gut täte, mich dem Diktat meiner Zweifel zu beugen, trat ich die Reise über den Atlantik an. Ich hatte sowieso in der Stadt zu tun und ich musste, um an diesem Workshop teilzunehmen, lediglich zehn Tage früher fliegen.

Mein Flug hatte Verspätung. Ich hatte Mühe, in Amsterdam unter größtem Stress meinen Anschlussflug nach New York zu erwischen. Endlich am JFK-Airport angekommen, wurde deutlich, dass der Schneesturm, der ganz unüblicher weise um diese Jahreszeit durch Manhattan tobte und die halbe Ostküste lahm legte, den Verkehr hinein in die Stadt fast völlig zum Erliegen brachte. Nur mit letzter Mühe und nach stundenlangem Warten konnte ich eines der Taxis ergattern und ich kam völlig übernächtigt und entkräftet in der Stadt an.

Ich hatte mich auf dieser Anreise nach New York, die mir wie eine Odyssee erschien, erkältet und lag die nächsten Tage meist fiebrig im Bett. Dem Workshop mit dem Lehrer von der Westküste konnte ich nur eingeschränkt folgen, da ich mich mit Hustenattacken und Fieberanfällen durch sein Programm quälte. Er hatte mir nichts Wesentliches zu offenbaren.

Und doch hat mir mein eigener Umgang mit ihm zu einer ganz wesentlichen Lehre verholfen. Der Preis, den ich dafür bezahle, nicht meiner inneren Stimme zu folgen und auf das Flüstern meiner Seele zu hören und sei es auch noch so leise – und statt dessen den Eingebungen meiner Widersacher in Form von Zweifeln und Ängsten nachzugeben und ihnen das Steuer meines Lebens zu überlassen – dieser Preis war zu hoch. Das war das eigentliche Versäumnis, nämlich mich selbst dabei unterwegs zu verlieren, wenn ich meiner ursprünglichen Wahrnehmung und Intuition nicht genügend Vertrauen schenkte.

Ich nahm mir vor, wieder mehr mein eigener Seelenflüsterer zu werden und der leisen Stimme in mir die Führung in den wesentlichen Entscheidungen in meinem Leben zu überlassen. Auch wenn es mir schwerfiel, den überlauten Stimmen meines Verstandes und der inneren Selbstzweifel nicht mehr Achtung zu schenken, nur weil sie sich manchmal lauter Gehör zu verschaffen mochten.

Der Lehrer flog zurück an die Westküste. Ich dankte ihm innerlich für die Belehrung, von der er nicht wusste, dass er sie mir erteilte. Und ich wusste, dass ich sie mir eigentlich selber verdankte. Ohne die Reise zu dem spirituellen Lehrer von der Westküste und ohne die eindeutigen Erlebnisse und Hinweise wäre sie mir nicht ganz so deutlich geworden.

Alles, was wir tun, dient dem Zweck der Selbsterkenntnis und der Heilung. Auch wenn wir dabei Schritte tun, die uns zunächst krank zu machen scheinen – wir können aus jedem Schritt lernen und eine andere Richtung in unserem Leben einschlagen. Unsere innere Stimme weist uns dabei den Weg. Je klarer wir sie vernehmen und je geradliniger wir sie verfolgen, desto stimmiger greifen wir den roten Faden unseres Lebens immer wieder auf und fädeln uns ein. Auch wenn er uns vorübergehend aus der Hand genommen scheint oder sich im Knäuel des Lebens verheddert und sich dadurch für eine kurze Weile unserem Blick entzieht: Intuition und Magie sind immer gegenwärtig.

2. WIDME DICH DEINEN TRÄUMEN

Säe ein Samenkorn in die Erde
und sie wird dir eine Blume hervorbringen.
Träume Deinen Traum zum Himmel
und er wird Dir Deine Geliebte bringen.

- Khalil Gibran

Traum und Magie berühren sich. Beide sind Teil einer ganz eigenen Welt nicht alltäglicher Wahrnehmung. Die Beschäftigung mit unseren Träumen ist ein weiterer Zugang, uns einer magischen Dimension in unserem Leben wieder bewusster zu werden.

Unser Bewusstsein und Phänomene des Unbewussten eröffnen uns ein Riesenspektrum, uns selbst zu begegnen, uns zu erforschen, um letztlich unseren Lebensplan und unsere Lebensaufgabe mehr und mehr zu erfassen und so der Vorgabe unserer Seele zu folgen. Haben wir erst einmal einen roten Faden entdeckt, können wir ihn weiter spinnen und sehen, wohin er uns leiten will. Einer dieser Fäden sind unsere Träume.

Träume sind vielschichtig, sie repräsentieren unterschiedliche Aspekte von uns. Wir können im Traum Altes, Belastendes oder gerade eben im Alltag schwer Erlebtes ein Stück weit aufarbeiten und bewältigen. In Albträumen begegnen wir den Fratzen unserer Urängste und bekommen gezeigt, was in uns noch unerlöst ist und der näheren Betrachtung und Zuwendung bedarf. Dann gibt es die Träume, die uns in einer blumigen Bildersprache etwas näher bringen wollen, was wir zunächst gar nicht recht zu deuten vermögen. Wir können uns dieser Sprache annähern über den Zugang in eine Welt der Symbole, der metaphorischen Übersetzung und auch der analytischen Deutung. Manche Traumbilder werden trotzdem nie ‚übersetzt' werden können und bleiben in ihrer eigenen Bildsprache als Symbol in unserer Seele verankert und wirken von dort aus – oft auf uns magisch erscheinende Art und Weise. Manche Träume werden fast körperlich und so real erlebt, als sei auch nach dem Aufwachen das Geträumte genauso wirklich wie der gewohnt gelebte Alltag. Oft mischen sich in diese Art des Träumens auch Aussagen oder Hinweise für etwas in der Zukunft Liegendes. Oder deutliche Botschaften für den Träumenden, irgendwelche Hinweise das eigene Leben betreffend, Entscheidungshilfen in Konfliktsituationen oder auch Fingerzeige für notwendige Schritte. Diese Träume sind wie Wegweiser. Oft auch Warnschilder. Oder Umleitungsempfehlungen. Je nachdem, was unsere Seele für uns vorsieht und wir nicht unbedingt mit unseren Vorstellungen jederzeit sofort in Einklang bringen können. Deshalb braucht es ja gerade eine andere Ebene, wie sich unsere innere Essenz mit uns in Verbindung bringen kann. Träume sind dafür ein mögliches Vehikel.

Manche Träume können geradezu visionären Charakter haben. Sie dringen seltener bis in unser Bewusstsein vor. Wenn sie es tun, werden sie vom Träumenden als etwas sehr Besonderes wahrgenommen, denn ihnen haftet eine ganz eigene Schwingung und Energie an, die bis in ganz tiefe Schichten unseres Seins dringen kann. Wir sind berührt von der magischen Dimension, die wir intuitiv erfassen können.

In bestimmten Kulturen wird dem Traumgeschehen ganz besondere Aufmerksamkeit zuteil. Die Verbindung zwischen Magie und Traum wird hier besonders deutlich. Der Schamane erhält in Träumen Visionen über Heilungsvorgänge, das Orakel über die Zukunft. Menschen üben sich darin, ihre Träume bewusst zu lenken und so das Bewusstsein zu erweitern.

Phänomene wie das luzide Träumen oder auch Astralreisen fordern uns heraus, unsere eng gesteckten Grenzen von dem, was Traum oder Realität sei, neu zu bestimmen. Nicht umsonst ist die Essenz östlicher Philosophie die, dass wir eigentlich in einem Traum, in den Trugbildern einer Illusion (Maya) leben und in ihnen in einem ewigen Kreislauf des Leidens gefangen sind (Samsara). Das, was wir ‚Realität‘ nennen, ist eigentlich der Traum – und oft genug auch Albtraum –, aus dem wir endlich aufwachen müssen oder sollten. Tschuang Tse findet wunderbare Worte für dieses Phänomen. ‚Ich träumte, ich wäre ein Schmetterling. Jetzt bin ich aufgewacht und weiß nicht, ob ich ein Mensch bin, der gerade geträumt hat, er sei ein Schmetterling, oder bin ich ein Schmetterling, der gerade träumt, dass er ein Mensch ist.'

Dann gibt es da natürlich auch noch unsere Tagträume, denen wir uns hingeben, wenn wir mit einer Realität konfrontiert sind, die uns schmerzt oder frustriert oder ängstigt oder alles zusammen. Wir träumen uns auf eine Insel, in der Harmonie und Frieden herrscht, wir träumen uns in die Arme eines geliebten Menschen, der uns vor den Unverträglichkeiten unseres Lebens schützt oder in die Gegenwart Gottes oder eines Engels oder Buddhas, um dem Himmel und seinem Segen näher zu sein und uns zu erlösen.

Wir träumen auch von weltlichen Genüssen, Karriere, Geld, Sex, Anerkennung. Wir träumen uns in die Rolle eines von Erfolg gekrönten Menschen. Sind beifallbeklatschter Superstar auf der Bühne unseres Lebens. Oder wir erträumen uns Erleuchtung und sehen uns als Eremit völlig entspannt in einer abgelegenen Höhle des Himalaya sitzen und meditieren. Weit weg von allem, was uns die Welt an Widerstand entgegensetzt.

,Alles Illusion!', kommentiert der Verstand. Ja, das sind in der Tat manchmal illusionäre Wunschbilder, um nicht mit schmerzlichen Wirklichkeiten umgehen zu müssen. Doch auch selbst diese Art des Tagträumens kann uns wichtige Hinweise auf unserem Seelenpfad geben. Wenn wir sie ernst nehmen und sie Stück für Stück auf ihre ,Realitätstauglichkeit' hin übersetzen, werden wir erkennen, dass unsere Seele in Form unserer Sehnsucht und manch verborgenen Herzenswünschen zu uns spricht.

Wir dürfen tatsächlich nicht in bloßem Wunschdenken verhaftet bleiben und uns in unseren Tagträumen verlieren. Aber wir dürfen uns in ihnen finden! Und daran arbeiten, den zurecht und gesundgeschrumpften Wunschvorstellungen allmählich näher zu kommen. So werden unsere Träume am ehesten tatsächlich wahr!

Ein wunderbarer Ausspruch von Nietzsche kann dabei eine inspirierende Vorgabe sein: ,Ziele nach dem Mond. Selbst wenn Du ihn verfehlst, wirst Du zwischen den Sternen landen.'

Dazu gehören auch die Träume und Wünsche, die wir als Kinder und vor allem auch als Jugendliche hatten. Sicher geht es nicht darum, die typischen Kinderträume vom mutigen und heldenhaften Piloten oder der betörenden und bezaubernden Prinzessin eins zu eins umzusetzen. Sie sind eher als archetypische Bilder zu verstehen und zeigen eine bestimmte Seelenqualität von uns auf. In diesem Sinne zeigen sich in unseren Kinderträumen bereits wertvolle Hinweise auf unsere Talente, auf unsere Bedürfnisse und unseren ganz speziellen persönlichen Beitrag.

Auch hatten wir als Jugendliche ganz großartige Ideen von einer besseren Welt und was wir gerne verändern wollten, was uns zutiefst bewegte und woran und worauf wir unbändige Lust hatten. Es ist wertvoll, sich immer wieder daran zu erinnern! Wir waren damals noch näher an uns selbst und mit unserer Lebensenergie noch enger verbunden. Und damit auch mit der ihr innewohnenden Kraft der Magie. Wir hielten Wunder noch für möglich – alles erschien uns machbar und vorstellbar!

Sich seinen Träumen zu widmen bedeutet, all diese Aspekte ernst zu nehmen. Unsere Träume nicht zu bewerten oder zu ignorieren – so nach dem Motto: ‚Träume sind Schäume' – und somit lediglich als nichtsnutziges und nichtssagendes Beiwerk eines verirrten Geistes –, darin liegt die Herausforderung und auch die wunderbare Möglichkeit, uns selbst näherzukommen und unsere Essenz immer tiefer zu erfassen.

Unsere Träume und Wünsche können, ebenso wie unsere Intuition, Wegweiser und Türöffner sein. Zu tieferen Schichten in uns selbst und so auch zur magischen Dimension unseres Lebens.

Ähnlich wie die Intuition sind auch unsere Träume dankbar für unsere innere Einladung. Auch sie können wir nicht wirklich kontrollieren oder manipulieren. Wir werden aber immer mehr Zugang zu unserem Traumerleben finden, wenn wir uns dafür öffnen, neugierig sind, das Geträumte wertschätzen und bewusst verarbeiten und dies auch in irgendeiner Form zum Ausdruck bringen. In gemalten Bildern, in geleiteten Meditationen, dem Erstellen einer Collage oder im Führen eines Traumtagebuchs.

Bei der Umsetzung unserer Träume und Wünsche in gelebte Realität kann uns die Auseinandersetzung mit geistigen Gesetzmäßigkeiten helfen, denn das, was wir denken, fühlen und innerlich mit Leben erfüllen, ziehen wir magnetisch an. Wir liefern sozusagen eine Art Blaupause, auf die unsere Umgebung und im weiteren Sinne das Universum reagiert. Das kosmische Gesetz der Resonanz macht deutlich, dass wir unsere Erfahrungen selbst kreieren und die Ereignisse unseres Lebens mit erschaffen. Als energetische Wesen senden wir fortwährend Schwingungen aus und gestalten so unsere Kommunikation mit dem Universum. Alle unsere Gedanken sind Schwingungen auf einer bestimmten Frequenz. Wir ziehen mit ihnen jene Ereignisse oder Menschen an, die mit dieser Frequenz im Einklang stehen.

Alles im Außen ist also ein Spiegel unserer inneren Welten, in dem wir uns erkennen können. Wie Außen so Innen, und umgekehrt. Was bedeutet all das für unseren inneren Prozess, uns unseren Träumen zu widmen?

Der persische Mystiker Rumi sagte einmal: ‚Das, wonach du Dich sehnst, sehnt sich nach Dir!‘ Welch wunderbare Einladung und Ermutigung an die Gestaltungskraft unserer Träume und Wünsche! Je mehr wir uns ihnen widmen und uns auf ihre Sprache und Magie einlassen, desto eher haben wir tatsächlich eine Chance, unsere Träume zu leben, statt unser Leben zu träumen.

Besser wir verfolgen unsere Träume als sie verfolgen uns!

Sai Baba – eine traumhafte Einladung

Es gibt weder Ich noch Du.
Alle Vielfalt geht in die absolute Einheit ein,
in das eine und unendliche Sein.
Du bist in allem und alles ist in Dir.

- Swami Vivekananda

Manche Träume scheinen ganz real zu sein, so absolut körperlich und emotional gefühlt, als sei das im Traum Erfahrene die Wirklichkeit. So ein Traum war das, aus dem ich aufwachte. Ich erinnere mich ganz deutlich und gar nicht traumartig, sondern wie an eine erfahrene Realität.

Ich begegne Sai Baba. Er kommt langsam auf mich zu, sein langes orangefarbenes Gewand streift leicht am Boden. Er lächelt. Ich bin etwas scheu. Er bleibt vor mir stehen und schaut mich an. Sehr direkt. Ich bin mir im Traum bewusst, dass dies ein ganz kostbarer und einzigartiger Moment ist. Ich empfange seinen Darshan – die persönliche Begegnung mit einem Meister oder dem Göttlichen.

Sai Baba nimmt wortlos ein Stück Papier und einen Stift aus seiner Robe und notiert etwas. Er überreicht mir die Notiz, dreht sich um und geht. Abermals wortlos. Ich schaue auf seine Handschrift und versuche zu entziffern, was darauf steht: ich lese ‚Prashanti Nilayam'. Damit weiß ich nichts anzufangen und ich kann diese Botschaft nicht übersetzen. Es ist in diesem Moment auch nicht wichtig. Von Sai Baba etwas in Empfang nehmen zu dürfen hinterlässt im Traum ein Gefühl von kindlichem Erstaunen und tiefer Herzensberührung. Es wirkt wie Balsam für die Seele.

Nachdem ich aufwache, notiere ich die Buchstaben sofort in mein Traumtagebuch und genau so, wie ich sie noch in Erinnerung habe. Ich werde nachforschen, ob es Sanskrit oder Hindi oder was auch immer sein könnte und vielleicht beinhaltet es ja eine wichtige Botschaft für mich. Es hat ganz sicher eine Bedeutung, die ich nur allzu gerne entschlüsseln möchte.

Ich habe schon einiges von Sai Baba gehört, mich aber nicht näher mit ihm beschäftigt. Ich weiß, es ist ein indischer Guru, der als Reinkarnation des als heilig verehrten Shirdi Sai Baba angesehen wird und dem nachgesagt wird, er könne heilen und wundersame Dinge vollbringen. Er manifestiert aus dem Nichts vibuthi, heilige Asche, wertvollen Schmuck oder Ritualgegenstände. Er hat unzählige indische Anhänger und sehr viele Schüler im Westen, die seiner Botschaft von der Einheit alles Seins und aller Religionen lauschen oder sein Leben als Inspiration erfahren, um selbst heilend zu wirken. Ich forsche über seine Person und sein Wirken nach und finde in einem Buch genau meine notierten Buchstaben wieder. Es ist seine Adresse in Indien. Es ist der Name des Dorfes, in dem er lebt und seinen Ashram aufgebaut hat!

Das verschlägt mir den Atem. Wie kann ich im Traum diese Adresse notieren, die ich noch nie im Leben gehört hatte? Sollte das etwa bedeuten, dass ich ihm im Traum tatsächlich begegnet war? Das sprengte – bei aller Liebe für magische Momente – meine Vorstellungskraft.

Ich bin die letzten Wochen dabei, eine Indienreise vorzubereiten. Sie soll mich an die Quelle des Ganges bringen, über Rishikesh, den alten Pilgerort hoch nach Gangotri, um dort ein rituelles Bad am Fuße des Gletschers zu nehmen, mit Yogis zu sitzen und zu meditieren. Dann weiter nach Dharamsala, dem Sitz des Dalai Lama in ein buddhistisches Retreat. Das war mein Plan. Bis zu diesem Traum zumindest.

Ich halte meinen Zettel mit Sai Babas Adresse in der Hand und erlebe eine Welle von Energie durch meinen ganzen Körper. Bedeutet dies jetzt, ich sollte meine Pläne ändern und nach Südindien gehen, der Adresse und Einladung Sai Babas folgen? Süden statt Norden? Hinduistisches Südindien statt buddhistischem Nordindien?

Ich habe buchstäblich die Orientierung verloren. Wo geht's jetzt lang?

Zu den Füßen des Gurus sitzen statt alleine vor mich hin nach Wahrheit und Erkenntnis forschen in einer abgelegenen Hütte im Himalaya? Meinem Traum folgen oder meiner ursprünglichen Planung? Bedeutet das, einer Vision zu folgen anstatt meinem Ego? Darf ich so eine Einladung überhaupt ausschlagen? Oder bin ich dann verstoßen, bestraft mich das Schicksal und ich entpuppe mich als unwürdigen Adepten auf dem Weg zur Erleuchtung? Bin ich tatsächlich von Sai Baba angesprochen und eingeladen? Oder spielt mir mein Ego sogar noch im Traum einen seiner Tricks vor? Was ist die Wahrheit? Und vor allem, was ist meine eigene? Wie soll ich mich jetzt entscheiden? Was ist richtig? Gibt es überhaupt richtig oder falsch?

Tausend Fragen und Zweifel rasen innerhalb von Sekunden durch meinen Kopf. Ich bin berührt von meinem Traum. Und verwirrt. Meine ganze Indienplanung ist infrage gestellt.

Ich versuche, zu meditieren. Ich versuche, klare Gedanken zu fassen. Ich versuche, zu spüren, wie ich meinen Traum einsortieren kann und wie ich ihn verstehen soll. Ich zünde eine Kerze an, setze mich vor ein Bild Sai Babas und warte auf eine Antwort.

Ja, ich hätte tatsächlich gerne mehr vom Segen seiner Ausstrahlung und seiner Wunder. Ich wünsche mir auch, diese heilige Asche vibuthi zu empfangen, der allerlei Heilkraft und Magie nachgesagt wird.

Ja! Mehr von all dem hätte ich gerne! Vielleicht sollte ich wirklich in den Süden Indiens aufbrechen und alles andere einfach loslassen. Darum geht es doch auch auf dem spirituellen Weg. Keine Anhaftung, Loslassen, Hingabe. Und die Aussage des Traumes scheint doch wirklich eindeutig. Ich verlasse mein Meditationskissen. Ich brauche Frischluft. Ich gehe einfach eine Weile raus, durch die Straßen der Stadt und bewege all meine Fragen weiterhin in mir.

Als ich zurückkomme, scheint es mir, als rieche es komisch. Sollte ich etwa vergessen haben, den Herd auszustellen? Mir wird mulmig. Ich betrete mein Zimmer. Die Kerze ist heruntergebrannt und alles ist verkokelt! An einem Ende meines mit Om Symbolen durchwirkten orangefarbenen Schals, der mir als Deko für den

Untersetzer der Kerze dient, lodern sogar noch ein paar kleine Flammen. Ich bin entsetzt und lösche in Windeseile das ganze Desaster und da sehe ich es.

Das Bild Sai Babas steht unversehrt inmitten des jetzt völlig verkokelten schwarzen Schals. Das Unfassbare daran ist, dass ich dieses Bild einfach nur flüchtig aus einem Buch herausgerissen hatte und es nicht eingerahmt war. Es war ein bloßes Blatt Papier.

Wie ist das möglich? Jegliche normale Gesetzmäßigkeit scheint außer Kraft. Wieso brennt Papier inmitten von Flammen nicht?

Und da ist sie wieder, diese Energie, die mich durchströmt und eine Mischung aus tiefstem Erstaunen, Berührung, Magie und Faszination ist. Ich will mehr und mehr davon. Eine Tür zu einer anderen Dimension ist aufgestoßen und ich will diesen neuen Raum betreten und erforschen.

Ich will gleichzeitig aber auch zurück zu meiner Normalität. Ich will Magie und Wunder und in mir kriecht eine seltsame Angst hoch, dass etwas hier vor sich geht, was mein begrenzter Verstand nicht mehr fassen kann und das mir die Kontrolle raubt.

Ein paar Tage später besuche ich einen Kreis von Menschen, die ab und zu nach Indien zu Sai Baba reisen. Ich erhoffe mir weitere Klärung für meine Entscheidung. Der Termin für meine Indienreise rückt näher und ich bin immer noch unentschieden, wohin mein Weg mich führen soll. Zum Abschied des schönen Abends, der mit dem Singen von Bhajans und von einigen Geschichten aus seinem Leben ausgefüllt war, gibt mir eine der Frauen ein kleines Döschen. „Das ist vibuthi – für Dich!" Sie lächelt mich vielsagend an.

„Einen solchen Traum von Sai Baba zu haben ist ein Segen. Das ist sehr selten und ganz kostbar und lässt absolut keinerlei Fragen mehr offen". Sie ist zutiefst berührt und ohne jeglichen Zweifel, was der Traum aussagt. Auf nach Südindien und dem Ruf des Meisters folgen! Welch außergewöhnliches Ereignis, davon zu träumen und sich somit auserwählt fühlen zu dürfen.

Tief in mich versunken gehe ich nach Hause. Etwas in mir scheint geklärt – auf unergründliche Art und Weise.

Ich fühle mich tatsächlich zutiefst beschenkt und gesegnet. Ich erlebte einen persönlichen Darshan mit Sai Baba in meinem Traum, ich erlebte die Kraft seiner Magie in der Unversehrtheit seines Papierbildes inmitten von Flammen und ich erhielt vibuthi. Alle meine Wünsche gingen in Erfüllung!

Ein paar Wochen später breche ich nach Indien auf. Zur Gangesquelle. Und dann weiter nach Norden zu einem buddhistischen Retreat. Wie ursprünglich von mir geplant.

Nachdem man mir meine Retreathütte zuwies, die sehr abgelegen am Ende eines kleinen Waldes oberhalb von Dharamsala liegt, öffne ich die knarrende Holztüre und mein allererster Blick in meiner kargen Klause fällt auf ein kleines vergilbtes Papierbild von ... Sai Baba! Daneben hängt ein altes in Stoff gefasstes Abbild eines buddhistischen Mandalas.

Für die nächsten paar Wochen ist diese Hütte mein persönliches Universum und ich bin froh, da zu sein, wo ich bin.

Ein Bild von Sai Baba hätte ich hier zu aller Letzt vermutet. Es lächelt mich an und erzählt davon, dass manche Träume und Wünsche wahr werden. Es erzählt auch von der Einheit aller Religionen, allen Seins und dass es keine Trennung gibt. Süden oder Norden, Hinduismus oder Buddhismus – all das spielt jetzt keine Rolle mehr. Es gibt keine richtigen oder falschen Entscheidungen, es gibt nur Wege, die man geht und jeder hat seinen ganz eigenen Wert und auch seinen ganz eigenen Preis.

Alles ist eins und alles ist überall.

Alles ist in mir und ich bin Teil davon.

Die Begegnung am Kailash

Dein Wunsch ist Dein Gebet.
Stelle Dir die Erfüllung Deiner Wünsche vor,
fühle ihre Realität und du wirst die Freude
des erhörten Gebets erfahren.

- Joseph Murphy

Sobald der überdimensional große Flaggenmast, der Tar, im West-Tal des Kailash in Tarpoche aufgestellt war und die Abertausende an ihm festgebundenen bunten Gebetsfahnen wild im immer gegenwärtigen starken Wind des tibetischen Hochplateaus flatterten, setzte sich traditionsgemäß der Strom der Pilger in Bewegung, um den heiligen Berg zu umrunden.

Auch wir reihten uns ein und begaben uns auf die Kora, die heilige Umrundung dieses mythischen Berges, dessen spirituelle Bedeutung in unzähligen Schriften und Geschichten in unterschiedlichen Religionen seit alters her große Bedeutung zugemessen wird. Bernd und ich hatten schon mehrmals Reisegruppen hierher geleitet, die sich von diesem kosmischen Mandala auf dem Dach der Welt angezogen fühlten. Der Berg selbst, seine Nähe zu Rakshastal (Mondsee) und Manasarovar (Sonnensee) und dem gegenüberliegenden über siebeneinhalbtausend Metern hohen Massiv des Gurla Mandhata bildet sein Zentrum.

Das Pilgerfest mit der rituellen Erneuerung der Gebetsfahnen wird nur einmal im Jahr zelebriert, immer zum Vollmond im Mai oder Juni – entsprechend dem tibetischen Kalender, wenn Sonne und Mond sich genau gegenüberstehen und eine astrologische Opposition bilden. Dann ist es Zeit für das Vesakh Fest, oder Saka Dawa, wie die Tibeter es nennen. Es ist genau der Zeitpunkt, an dem sich, so erzählen es die magischen Geschichten, die sich um den Berg und die gesamte Kailashregion ranken, die Tore des Himmels öffnen und die Essenz des Buddha spürbar wird und sich als Segen auf alle auswirkt, die sich genau zu diesem Zeitpunkt in seinem Energiefeld aufhalten.

Das ‚kostbare Schneejuwel', so nennen die Tibeter den Berg Kang Rinpoche, den zu umrunden spirituelle Reinigung verheißt. Jeder Tibeter möchte mindestens einmal im Leben diese beschwerliche Pilgerreise auf sich nehmen, um seiner Hingabe an alle Buddhas und Boddhisattvas und seinem Wunsch nach Erleuchtung Ausdruck zu verleihen. Das Saka Dawa Fest ist dafür der beste Zeitpunkt. Das von vielen vor sich hingemurmelte ‚Om mani padme hum', das Mantra des Avalokiteshvara, des Schutzpatrons Tibets, ist allgegenwärtig und scheint sich mit dem Wind und den flatternden Gebetsfahnen zu einem einzigen heiligen Ton zu verschmelzen. ‚Oh Du Juwel im Herzen der Lotusblüte' wird das Mantra übersetzt. Seine tiefere Bedeutung und wirkliche Essenz erschließt sich nur dem, der den Anweisungen der Lehrer folgt, die um die Wahrheiten hinter den Schleiern unserer Wahrnehmung blicken und uns die Augen öffnen können für unsichtbare geistige Welten. Von einem solchen Lehrer träume ich auch!

Manche Mythen erzählen davon, dass hunderttausend Buddhas um den Kailash herum einen für uns Menschen unsichtbaren Kreis bilden. Sie sind in tiefer Meditation versunken und halten mit der Kraft ihrer Mantren den Berg auf der sichtbaren materiellen Ebene. Ohne diesen Kreis, so sagen die alten Schriften, wäre der Berg aufgrund seiner immensen geistigen Essenz nicht mehr sichtbar.

Ich wollte mich bei dieser Umrundung des Kailash innerlich mit den alten Mythen verbinden und den Stimmen ihrer Magie lauschen. Ich wünschte mir, ich könne einen Blick erhaschen in jene unsichtbaren Welten und hinter die Schleier dessen sehen, was wir mit unserer alltäglichen Wahrnehmung als Realität deuten.

Die Umrundung, die im tibetischen als Kora bezeichnet wird, dauerte drei Tage. Manche Tibeter gingen Tag und Nacht durch und schafften die circa fünfzig Kilometer ohne größere Pausen. Sie hatten ihre Wasserkessel dabei und kochten unterwegs Tee. Tsampa oder etwas getrocknetes Yakfleisch trugen sie unter ihren Ärmeln und in den Taschen ihrer weiten Mäntel. Sehr viel länger brauchten die Pilger, die die gesamte Kora sozusagen mit ihrer

Körperlänge ausmaßen. Sie warfen sich dabei auf traditionelle rituelle Art nieder, berührten mit der Stirn den für sie heiligen Boden und setzten von diesem Punkt aus den nächsten Schritt. Von der Strapaze dieser unzähligen Niederwerfungen erhofften sie sich noch größere spirituelle Verdienste. Wir hatten Yaks dabei, die unser Gepäck, alle Nahrungsmittel und die Küchenausrüstung und ein großes Essenszelt trugen. Das war eine große Erleichterung, denn die zunehmend dünner werdende Luft bis auf die 5600 Meter Höhe hoch oben auf dem Dölma La Pass machten dem Körper zu schaffen. Auch emotional und geistig wollte verarbeitet sein, was das Energiefeld des Kailash in den Menschen auslöste.

Dieses Erleben war für jeden Menschen ganz individuell und nicht umsonst wird der Berg als Rinpoche, als kostbarer Lehrer, angesehen.

Ich bemerkte zunehmend, wie meine ursprünglichen Wünsche und Hoffnungen in der körperlichen Anstrengung unterzugehen schienen. Geistige Visionen wollten sich mir nicht eröffnen und als am zweiten Tag eine Nebelfront aufzog, war mein Blick und mein Horizont buchstäblich begrenzt auf die nächsten zwei vor mir liegenden Schritte. Ich erinnerte mich nicht mehr an meine Intention, der Magie der alten Überlieferungen und den spirituellen Lehrern innerlich lauschen zu wollen.

Als die Nebelfront sich zu einem Schneesturm ausweitete, war ich nur noch damit beschäftigt, gegen die Kälte, den Wind und die hereinbrechende Dunkelheit anzukämpfen. Und, so schien es mir, diese Dunkelheit legte sich auch innerlich über meine Wahrnehmung. Ich sehnte mich heim an ein offenes Kaminfeuer und in die Sicherheit meiner vier Wände. Ein flatterndes Zeltdach auf knapp fünftausend Meter Höhe, das zusehends eingeschneit wurde, ließ meinen Blick eng werden und meinen Geist in ängstliche Fantasien abtauchen.

Unsichtbare Buddhas und kostbare Lehrer schienen auf einem anderen Planeten beheimatet. In meinem Blickfeld waren sie gar nicht erst aufgetaucht und spätestens in diesem Schnee, der zunehmend dünneren Luft und meinen Ängsten waren sie endgültig verschwunden.

Am nächsten Tag hatte sich der Sturm gelegt. Es war ein klarer Sonnentag und wir machten uns auf zum Dölma La Pass. Wieder reihten wir uns ein in den endlos scheinenden Strom der Pilger. Mütter, die ihre Kinder auf dem Rücken trugen, alte Männer, die humpelnd und in ausgetretenen Schuhen den alten Pfaden folgten oder Gruppen von Mönchen.

Eine dieser Gruppen war mir am Vortag schon aufgefallen, schien sie doch in etwa demselben Tempo zu gehen wie wir. Allerdings machten die Mönche zu unterschiedlicher Zeit Rast, sodass wir sie manchmal einholten oder sie uns. Allmählich schienen mir diese vier Mönche wie alte Bekannte. Ich erkannte das Quartett schon von Weitem an ihren Konturen. Ein hochgewachsener schlanker älterer Mönch, ein kleinerer, etwas korpulenterer Mönch sowie zwei jüngere Mönche. Sie trugen kaum etwas bei sich und ihre dunkelroten Roben waren von Wind, dem Staub und dem Schnee vom Vortag in einem armseligen Zustand. Immer wieder fragte ich mich, wie die Mönche diesen Weg so bewerkstelligen konnten.

Oben am Dölma La Pass angekommen, dem Höhepunkt der Umrundung, war das Quartett schon da und zelebrierte an dem der Tara gewidmeten Felsen eine kleine Puja.

Die Tara ist ein weiblicher Bodhisattva und gilt als Ausstrahlung von Avalokiteshvara. Die heiligen Schriften erzählen, dass er einst aus Mitgefühl mit allen lebenden Wesen Tränen vergoss. Aus einer dieser Tränen entstand Tara und so wird sie als die Essenz des Mitgefühls betrachtet.

Spontan setzte ich mich zu den Mönchen und bot ihnen ein paar meiner Nüsse an, die ich bis auf den Pass gerettet hatte. Auch ein paar verkrümelte Kekse waren noch in meiner zerknitterten Plastiktüte. Das schien mir nicht viel, aber doch besser als nichts. Die Mönche bedankten sich und brachen auf. „We meet again", verabschiedete sich der ältere Mönch.

Am letzten Abend, nachdem wir die Kora beendet hatten und alle erschöpft aber beseelt wieder am Ausgangspunkt in Darchen, einer kleinen Ansammlung einfacher Behausungen und Zelten am Fuße des Kailash, angekommen waren, staunte ich nicht schlecht, als plötzlich einer der jungen Mönche aus dem Quartett zu unserem Zelt kam. Er winkte mich heraus und bedeutete mir, ihm zu folgen.

In einiger Entfernung sah ich ein prachtvolles riesengroßes tibetisches Zelt stehen. Es war reich geschmückt und mit den Glück verheißenden Symbolen bestickt. Der Mönch öffnete das Zelt. Ich zog instinktiv meine Schuhe aus und trat auf die kostbaren Teppiche, die im gesamten Zelt ausgelegt waren. Im hinteren Teil des Zeltes sah ich den älteren Mönch, wie er die Köpfe einiger tibetischer Pilger berührte, die vor ihm kniend um seinen Segen baten. Als er mich sah, winkte er mich zu sich. Er bedankte sich für die Nüsse oben am Pass. Er hatte inzwischen andere Roben an, an denen ich erkannte, dass er ein hoher Rinpoche sein musste. Er wies mir einen Platz neben den anderen Pilgern an und ich wurde zu Tee und einem köstlichen tibetischen Essen mit Tukpa und Momos eingeladen.

Benommen verließ ich danach das Zelt, nicht ohne mich von ihm zu verabschieden und mich herzlich zu bedanken. Auf dem Weg zurück in unser Lager fragte ich einen der jungen Mönche, wer denn der ältere Mönch sei. „This Venerable Bokar Rinpoche", antwortete dieser, weise lächelnd. Ich konnte es kaum fassen, war mir doch Bokar Rinpoche vom Namen her schon lange ein Begriff gewesen. Er repräsentierte eine der buddhistischen Übertragungslinien, der ich mich sehr verbunden fühlte. Er lehrte weltweit, und in Deutschland standen Bücher von ihm in meinem Regal. Er war ein sehr angesehener Lehrer, und Schüler aus aller Welt suchten ihn für Belehrungen und seinen kraftvollen Segen auf.

Schon lange hatte ich mir insgeheim gewünscht und davon geträumt, ihn einmal zu treffen oder von ihm gar als Schülerin angenommen zu werden. Da pilgerte ich um den heiligen Berg, wollte mich unsichtbaren geistigen Welten öffnen, die Essenz der Buddhas schauen und diesen von mir so hoch geschätzten Lehrer konnte ich nicht sehen, obwohl er mehr oder weniger immer neben mir herlief. Ich hatte ihn nicht erkannt.

Die Magie des Lebens hatte sich längst meiner Wünsche angenommen und mich zur richtigen Zeit an den richtigen Ort geführt, um ihm zu begegnen. Für die kommenden Jahre sollte er einer jener Lehrer sein, die ich mir immer erträumt hatte.

Der Herzenswunsch

Du hast wie eine Seidenraupe
einen Kokon um dich gewebt.
Wer sollte Dich retten?
Zersprenge Deinen eigenen Kokon
und schlüpfe als schöner Schmetterling
heraus, als freie Seele.

- Swami Vivekananda

Noch nie in all den Jahren, in denen ich spirituell ausgerichtete Reisegruppen in die entlegenen Himalayaregionen Indien und Tibets führte, war ich jemandem begegnet, der technisch besser ausgerüstet gewesen wäre für diese abenteuerliche Unternehmung als Klaus. Er war Manager in jeglicher Hinsicht. Er leitete ein bekanntes Großunternehmen, hatte viele unter ihm arbeitende Koryphäen ihres Faches in gehobener Stellung und war der Dreh- und Angelpunkt des sehr erfolgreichen Unternehmens, das er mit dem Einsatz all seiner Kräfte am Laufen hielt.

In Leh, der Hauptstadt Ladakhs angekommen und in Vorbereitung für die vor uns liegenden herausfordernden Passüberquerungen durch die Bergwelt des Himalaya, zeigte mir Klaus all die Hilfsmittel, die er sorgfältig für seine Reise ausgesucht hatte und die auf dem neuesten Stand der Technik waren: Stöcke mit Spezialabfederung zur Schonung der Gelenke, ein immer bereites Handy für Notfälle in seinem Großunternehmen, ein Höhenmesser zur permanenten Überprüfung der überwundenen Pässe, Pulsmesser zum Check seiner Herzfrequenz und der daraus eventuell abzuleitenden Gabe von entsprechenden Medikamenten wie etwa Diamox zur besseren Anpassung an die Höhe oder gar der Vermeidung von Lungen- oder Gehirnödemen, die bisweilen in Form von lebensbedrohlicher Höhenkrankheit einen im schlimmsten Fall tödlichen Ausgang haben können. Klaus schien für alle Fälle gerüstet für die vor ihm liegenden 350 km quer durch die Höhen und Tiefen des Himalaya und seiner Selbst.

„Diese Reise liegt mir sehr am Herzen", offenbarte sich mir Klaus bei einer Tasse tibetischem Buttertee. „Ich habe mich lange und intensiv auf sie vorbereitet! Schon seit ich zurückdenken kann, wollte ich immer einmal in die Bergwelt des Himalayas! Weg von all dem Stress zuhause, den täglichen Anforderungen meines Jobs – einfach mal an nichts denken müssen und alles loslassen!"

Schon gleich nach einem Tag in Leh – das zwar bereits auf um die dreieinhalbtausend Meter Höhe liegt, aber noch lange nicht auf der Höhe mancher vor ihm liegenden Pässe – ging es Klaus zunehmend schlecht. Es war offensichtlich, dass sein Körper Mühe hatte, sich der Höhe und all den neuen Eindrücken anzupassen. Er litt an Atemnot und Kopfweh und äußerte viele Ängste bezüglich der vor ihm liegenden hohen Pässe. Auch einige der problematischen Emails und Telefonate, die er mit seinem Unternehmen führte, ließen ihn innerlich nicht los.

Es schien mir unverantwortlich, ihn in diesem Zustand mit auf die am nächsten Tag beginnende Große Zanskar Durchquerung mitzunehmen. Ich besprach mich mit Bernd. Wir hatten gemeinsam schon unzählige Trekkingtouren geleitet und viele Erfahrungen gesammelt. Dabei erlebten wir sehr oft, dass Menschen wundersame Kräfte zuzufließen schienen sobald sie der Bergwelt des Himalaya und seiner spirituellen Energien begegneten. Andere wiederum kämpften gerade mit dem Gegenteil und ihre Kräfte schwanden dahin – zumindest solange, bis sie eine innere geistige und emotionale Wende durch eine Veränderung ihrer Haltung und ihres Bewusstseins herbeiführen konnten.

Wir setzten uns zusammen und holten auch unseren indischen Guide mit in unsere Runde, der ebenso jahrelange Erfahrung mit Höhenkrankheit und all ihren Symptomen und Auswirkungen hatte. Auch verließen wir uns wie immer in solchen Krisensituationen auf unsere innere Stimme, die oftmals sehr klare und eindeutige Vorgaben machte.

Am nächsten Morgen, bevor die Gruppe gegen Mittag bereit war aufzubrechen, sprach ich Klaus an. Er hatte eine weitere unruhige Nacht hinter sich und schien erschöpft.

„Ich weiß wohl, wie sehr Dir diese Reise am Herzen liegt, Klaus. Trotzdem zeigen Dir bestimmte Hindernisse, dass es Dir im Moment nicht möglich ist, sie in der Weise anzutreten, wie Du es Dir vorstellst. Ich empfehle Dir, sämtliche mitgebrachten technischen Utensilien auszuschalten und mehr auf die Stimme Deines Herzens zu hören. Mache Dich für eine geraume Zeit unerreichbar für Dein Unternehmen, verlasse Dich auf Deine Fähigkeit, Dich der Höhe anzupassen und lasse alle Ängste los, so gut es eben geht. Verzichte auf alle technischen Hilfsmittel und vertraue ausschließlich auf die Kraft Deines Traumes und der Sehnsucht Deines Herzens, diese Reise anzutreten. Schon so lange hegst Du diesen Wunsch! Lass alles andere los! Wenn sich dies für Dich als ein gangbarer Weg erweisen sollte, treffen wir Dich in einer Woche auf der Mitte des Treks, zu dem Dich ein Jeep über viele holprige Tages- und manche Nachtfahrt wird bringen können. Falls sich Deine Symptome jedoch verstärken, wäre es angebracht, innerhalb der nächsten Tage nach Delhi zurückzufliegen."

Klaus reagierte zutiefst betroffen. Er fühlte sich so außerordentlich gut vorbereitet und hatte sich mit allem Erdenklichen so perfekt ausgerüstet für diese Reise – und hatte doch sich selbst und seine wirklichen Wünsche fast dabei vergessen. Er war bereit, über unsere Vorschläge nachzudenken und nahm auch dankbar an, dass wir einen unserer erfahrenen indischen Guides an seine Seite stellten.

Eine Woche später holte Klaus die Gruppe am verabredeten Platz wieder ein. Er hatte alle Technik abgelegt, sein Handy ausgeschaltet und all seine Höhensymptome schienen völlig verschwunden. Er ging mit der Gruppe die ganze zweite Hälfte des Treks – ohne Höhenmesser, ohne jegliche Technik, ohne Stöcke – und ohne jegliche Höhenprobleme – selbst über die weit über die Fünftausendergrenze hinausgehenden Pässe.

Noch Jahre später schrieb Klaus mir einmal im Jahr – immer zu Beginn des damaligen Reisebeginns – dass diese Reise seinem Leben eine neue Orientierung gab. Er fühlte sich mehr und mehr getragen von der Magie des Lebens und es erschien ihm immer noch wie ein Wunder, dass er ohne all seine üblichen Hilfsmittel, die ihm immer unentbehrlich schienen, über seine ängstlich gesetzten Grenzen hinauswachsen konnte. Ja – dass ihm ohne sie sogar Flügel wuchsen.

Wir unterschätzen nur allzu gerne und allzu voreilig die Kraft und das Potenzial unserer Herzenswünsche. Wir greifen vorschnell auf Krücken zurück, die uns mehr schwächen als stärken. Die Sehnsucht unserer Seele nach Grenzüberschreitung lässt uns viele Hindernisse überwinden. Magisch anmutende Erlebnisse verstärken den einmal eingeschlagenen Weg, dem Willen unseres Herzens Folge zu leisten.

Die Seelenverbindung

*Was für unsere begrenzte Vernunft Magie ist,
ist die Logik des Unendlichen.*

- Sri Aurobindo

Während meiner Studienzeit reiste ich oft mit meinem Rucksack per Anhalter alleine quer durch ganz Europa. Ich lebte in Kommunen, probierte alternative Lebensformen aus und war auf der Suche nach mir selbst und nach einer besseren Welt. Ich war damit nicht alleine. Es war für viele eine Zeit des inneren und auch äußeren Aufbruchs. Es geschah in dieser Zeit ein kollektives Infragestellen alter verkrusteter Verhaltensnormen. Der Sehnsucht und Suche nach etwas Anderem wurde Raum gegeben, auch wenn dieses Andere noch lange nicht fassbar war und oft noch keine konkrete Gestalt annahm, so war es doch ein ständiger Ansporn, sich immer wieder neu auf den Weg zu machen. Neue Erfahrungen wollten gesammelt, innere und äußere Begrenzungen überschritten werden und es war wesentlich, anderen zu begegnen, die auf derselben Wellenlänge lagen.

Es lag eine besondere Magie in der Luft. Sie hatte zu tun mit der Lust, innere und äußere Grenzen neu auszuloten und dem Entdecken neuer Dimensionen des Lebens. Dieser Zeitgeist hauchte mir immer wieder die Inspiration für neue Reiseziele und neue Erfahrungen ein.

Einmal war ich unterwegs durch die Ägäis. Ich hatte alles Wesentliche in meinem Rucksack: Einen leichten Schlafsack, ein winzig kleines Zelt, eine Jeans und ein paar Shirts. Ich reiste mit leichtem Gepäck und war mein eigenes Hotel. Wo immer ich einen Platz sah, der mir gefiel, blieb ich für eine Weile, wann immer ich Gleichgesinnten begegnete, schlug ich mein Zelt auf – bis es für mich an der Zeit war, wieder weiter zu ziehen.

Ich hatte, nachdem ich viele griechische Inseln abgeklappert hatte, im Süden von Kreta eine abgelegene traumhafte Bucht entdeckt. Umrahmt von bizarren Felsen und uralten Olivenhainen schien sie mir der richtige Ort, um eine Weile zu bleiben. Es war außer mir kein Mensch in diesem Olivenhain. Um ein paar Lebensmittel zu besorgen, musste ich eine knappe Stunde in das nächste winzige Dorf laufen. Das war alles nicht gerade perfekt. Auch war es mir etwas zu einsam, aber dieser Platz zog mich wie magisch an und so baute ich mein Zelt auf.

Am nächsten Tag machte ich mich gegen Mittag auf, in der einsamen Bucht baden zu gehen. Das Wasser war glasklar und lockte türkis und blau schimmernd. Die Sonnenstrahlen, die sich darin brachen, ließen seinen Anblick zu einem faszinierenden Tanz von Farben und Wellen werden. Ich war beseelt, diesen Platz gefunden zu haben. Für eine kleine Weile kam ich mir vor, als gehörte mir dieses kostbare Juwel ganz alleine. Es war ein magischer Moment, in dem ich eins war mit den Wellen, den Farben und dem Strahlen der Sonne.

Als ich dabei war, wieder zurück zu schwimmen entdeckte ich einen Mann, der seinerseits dabei war, gerade ins Wasser zu gehen. Das irritierte mich. Mein kleines gerade entdecktes und von mir besetztes Universum war durcheinander. Der Mann schwamm mit kräftigen Zügen direkt in meine Richtung. Jetzt wurde mir mulmig. Außer ihm und mir war kein Mensch weit und breit. Ich bekam Angst und wusste nicht, wie ich damit umgehen sollte. Ich schwamm hastig Richtung Ufer. Als der Mann auf meiner Höhe war und recht nah an mich heran schwamm, trafen sich unsere Blicke. Meine Angst fiel sofort von mir ab.

Ich fühlte mich wie mit einem magischen Gummiband mit ihm verbunden und von ihm angezogen. Wortlos schwammen wir weiter. Er Richtung offenem Meer, ich Richtung Strand. Das Empfinden eines magischen Gummibandes ließ mich nicht los. Dieses Gefühl war mir neu, und obwohl ich mich immer nach neuen Erfahrungen und Grenzüberschreitungen sehnte, wusste ich nicht, ob ich es willkommen heißen wollte. Es war mir unheimlich.

Gegen Abend saß ich mit einer Flasche Retsina, ein paar köstlichen schwarzen Oliven und etwas Fetakäse vor meinem Zelt, als ich Schritte hörte. Mir stockte der Atem. Es war dieser Mann. Ich konnte ihn jetzt deutlicher wahrnehmen. Er war gut aussehend und hatte langes schwarzes Haar. „I saw you swimming", durchbrach er die Stille der hereinbrechenden Dämmerung. „I saw you, too", antwortete ich.

Ungefragt setzte er sich zu mir vor mein Zelt, nahm einen Schluck von meinem Retsina und bediente sich mit den Oliven. „You found a good place. It is magic", fuhr er fort. „It is", bestätigte ich und meinte damit nicht nur den Platz, sondern auch unsere Begegnung. Wieder trafen sich unsere Augen und die magische Verbindung, die ich im Meer erlebte, schien sich zu vertiefen. Wir verbrachten ein paar wunderbare letzte Tage auf Kreta, die ich noch Zeit hatte, bis ich zu Semesterbeginn wieder in Deutschland sein musste.

Dennis lebte in New York, und als wir uns verabschiedeten, war mir klar, dass die Chance für ein Wiedersehen recht aussichtslos war. Ich war traurig über den Verlust unserer magischen Verbindung. Mein tiefster Herzenswunsch war es, ihm wieder zu begegnen. Nachdem wir uns in Heraklion vor der Fähre verabschiedet hatten, traf ich eine innere Verabredung mit mir selbst und einer führenden Kraft im Universum: Wenn dies wirklich eine tiefe Verbindung ist, wenn wirklich Magie im Spiel ist und wenn dies alles nicht nur die Illusion einer flüchtigen Begegnung ist, dann werden wir uns wieder sehen und mein Wunsch würde wahr werden! Dabei hatte ich insgeheim die nächsten Semesterferien ein paar Monate später im Sinn.

Ich machte mich auf die Heimreise. Dennis flog zurück in die Staaten. Ich hörte nicht wieder von ihm und – so mutmaßte ich aufgrund meiner inneren Verabredung – dies bedeutete eindeutig, dass ich mich einer Illusion hingegeben hatte, sowohl was die Magie als auch ihn betraf. Träume sind eben Schäume!

Mehr als fünfundzwanzig Jahre später machte ich wieder einmal Urlaub auf Kreta. Manche Erinnerung wurde in mir wach und ich fragte mich, was wohl aus Dennis geworden sein möge. Zurück in

Deutschland griff ich meine geweckte Neugier auf und googelte seinen Namen. Erfolglos. Er war und blieb verschollen.

Zwei Wochen später erhielt ich eine Email. Sie kam von Dennis. Er schrieb, dass er vor ungefähr zwei Wochen immer wieder an mich denken musste und an die gemeinsame Zeit auf Kreta. Da habe er sich entschlossen, sich im Internet auf die Suche nach mir zu machen. „It had been magic", endete seine Mail.

Ein paar Monate später flog ich das erste Mal nach New York und wir sahen uns wieder. Mein Herzenswunsch erfüllte sich. Zugegebenermaßen war das nicht direkt in meinen Semesterferien, wie ich mir vor fast dreißig Jahren ausgemalt hatte. Aber was sind schon Raum und Zeit!

Vielleicht sind wir ja jenseits davon in ein höherdimensionales Feld eingebunden, in dem alles gleichzeitig existiert. Eine Welt getragen von Energien und Schwingungen, in der wir miteinander verbunden sind, miteinander in Kontakt stehen und auf eine uns magisch erscheinende Art und Weise kommunizieren, einfach weil wir sie uns nicht rational erklären können.

Die alte Weisheit des I Ging findet dafür poetische Worte: ‚Was im Ton übereinstimmt, schwingt miteinander. Was wahlverwandt ist im innersten Wesen, das sucht einander.'

Vielleicht sind wir längst dabei, die Grenzen von Magie und Rationalität aufzuheben und sie in jene Einheit zurückzuführen, der alle Schöpfung zugrunde liegt. Tiefe seelische Verbindungen kennen die Begrenzung von Raum und Zeit nicht – so wenig wie die Magie selbst. Wir erleben Synchronizität und vieles, was uns wie ein Wunder erscheint. Dabei sind es nur die für uns oft nicht begreifbaren und unsichtbaren Fäden der Magie des Lebens und die ihr letztlich zugrunde liegenden Gesetzmäßigkeiten, in die wir verwoben sind und in deren sicheren Netzen wir uns entspannt zurücklehnen und fallen lassen können.

Magie kennt keine Grenzen. Weder persönliche noch kulturelle noch politische noch zeitliche Grenzen.

Dream big!

Mögest du Deiner Sehnsucht nach Freiheit Gehör leihen.
Mögen die Grenzen Deiner Zugehörigkeit hinreichend
Raum für die Träume Deiner Seele lassen.
Mögest Du der wilden Schönheit
der unsichtbaren Welt gestatten,
Dich zu umfassen, Dich zu behüten und
Dich aufzuheben in Geborgenheit.

- John O'Donohue

Einmal, als ich in New York durch die endlosen Gänge der überdimensional großen Buchhandlung Barnes & Noble schlenderte, offen dafür, wohin mich der Zufall wohl so führen möge – entdeckte ich diesen Buchtitel: ‚Dreaming bigger than the town you're from.' Das Buch erzählte die Geschichte einer jungen Frau, die irgendwo im tiefsten Hinterland im Süden in einer gottverlassenen Gegend Amerikas aufgewachsen war, ihren Weg nach Hollywood gemacht hatte und dort ihrer Berufung gefolgt war. Ich habe das Buch nicht gekauft, aber ich habe mir sofort den Titel notiert. Er fiel direkt in meine Seele und sprach zu meinem Herzen. Er lachte mich mit einem breiten Schmunzeln an. Ich selbst wuchs in einem winzig kleinen Dorf auf und da stand ich also hier in New York City. Das hätte ich mir auch wirklich nie träumen lassen!

Der Buchtitel inspirierte mich immer wieder aufs Neue, mich ab und zu darin zu üben, groß zu denken und groß zu träumen. Mein Leben bescherte mir dafür fortlaufend genügend Übungsfelder. Ein solches bot mir auch der Immobilienmarkt Manhattans und meine immerwährende Suche nach einer Bleibe dort. Ich hatte mich für ein Studium der Pathwork Lectures von Eva Pierrakos eingeschrieben und war mindestens alle zwei Monate für einige Zeit in der Stadt. Auch hatte ich längst gute Kontakte zum Core Energetics Institute geknüpft und traf mich regelmäßig mit Freunden und Kollegen, weshalb ich immer noch länger in der Stadt blieb als die Fortbildung dauerte.

Ein Apartment in New York City zu finden gleicht der Suche nach einer Stecknadel in einem Heuhaufen. Sie sind wirklich schwer zu finden und auch völlig unbezahlbar. Daher schlussfolgerte ich: Der Traum hat sich wohl sehr schnell ausgeträumt!

Der Wunsch nach einem eigenen Dach über dem Kopf in dieser Millionenmetropole erschien mir zu groß und absolut unrealistisch. Genau aus diesem Grund gestaltete ich meine Aufenthalte in der Stadt immer kurz und prägnant, in weniger guten und trotzdem völlig überteuerten Mittelklassehotels und mit wenig Hoffnung auf etwas, was meiner inneren Sehnsucht entsprach. Nämlich einem eigenen Raum an diesem Ort, der für mich gefühlsmäßig längst zu einer Art zweiten Heimat geworden war und sich gleich von Anfang an wie ein spirituelles Zuhause angefühlt hatte. Mein Traum war insgeheim, ein eben solches auch im Außen zu haben, so etwas wie einen eigenen Herd, endlich unabhängig von Starbucks, einen eigenen Internetanschluss, einen eigenen Schlüssel. Er würde mir die Stadt auf eine andere Art und Weise noch näher bringen können. Ich wünschte mir einen Schlüssel zur Stadt – und damit verbunden, so fühlte ich, einen weiteren Schlüssel zu mir selbst.

Ich hatte während all der Jahre und durch die unzähligen Aufenthalte zu viel Geld ausgegeben und auch zu viel von mir selbst und meinem eigentlichen Wunsch nach einer eigenen privaten Bleibe aufgegeben – einfach nur, um in dieser Stadt sein zu können. Die Skyline von Manhattan erschien mir wie ein Versprechen, das nebulös verwoben über all den Wolkenkratzern hing. ‚If I can make it there I'll make it anywhere.' Der Groove von Sinatra war geradezu eingekerbt in die Straßen der Stadt, die Taxis am Broadway und die Lichter um Times Square. ‚My little town blues, they are melting away' heißt es weiter in der Hymne an New York von Sinatra und passte damit wie angegossen zu meinem neuesten inneren Slogan auf dem Buchcover. Beides ging mir nicht mehr aus dem Kopf und ich bewegte die Melodie und die Worte pausenlos in meinem Herzen: Dreaming bigger!

Ja, tatsächlich, so dachte ich, ist es nicht wirklich oft so in unserem Leben, dass wir uns nur allzu schnell mit etwas zufriedengeben, was uns aber eigentlich gar nicht so richtig vom Herzen her gefällt? Oder uns von der Seele her gut tut? Wir arrangieren uns manchmal vielleicht zu schnell und zu bereitwillig und fügen uns in etwas, von dem wir glauben, wir könnten es eh nicht ändern, oder unser eigentlicher Wunsch sei zu vermessen, zu groß, zu kompliziert und dadurch einfach nicht realisierbar. Die Konsequenz ist, dass wir uns nicht einmal trauen, groß zu träumen. Wir haben Mühe, uns zu erlauben, unseren tiefsten Herzenswünschen wirklich einfach mal freien Lauf zu lassen.

Irgendwann reifte in mir ein Entschluss. Ich spürte deutlich, ich brauchte eine Veränderung. Ich verausgabte mich finanziell und auch innerlich in manchen faulen Kompromissen, vor allem was meine Wohnsituation betraf. Deshalb hielt ich eine Art innere Zwiesprache mit mir, meinem Höheren Selbst und auch mit einer übergeordneten Kraft.

Ich formulierte eine klare Intention, einen Wunsch. Es war eigentlich wie eine Art Gebet. Wenn es wirklich auf meinem Weg liege, mein Studium von Pathwork und Core Energetics weiterzuverfolgen, wenn es tatsächlich der Wahrheit meiner Seele entspräche, dass Manhattan eine Art Zuhause für mich sei, wenn es also wirklich in Übereinstimmung mit meinem Höheren Selbst so sein sollte, dass ich immer mal wieder nach New York gehörte, dann müsste einiges einfach stimmiger für mich werden. Ich nahm all meinen Mut zusammen und erlaubte mir, groß zu träumen. Ich wünschte mir ein eigenes Zuhause in Manhattan!

Ich hatte keine Ahnung, wie das aussehen oder funktionieren sollte. Die dauerhafte Anmietung einer Wohnung kam nicht infrage, ich war ja immer nur ab und zu und dann auch noch unterschiedlich lange in der Stadt. Mein Wunsch erschien mir nach wie vor zu groß und anmaßend. Und auf jeden Fall allein schon rein logistisch viel zu kompliziert und deshalb nicht realisierbar. Trotzdem hielt ich an meinem Traum fest.

Immer wieder erinnerte ich mich an einen Ausspruch einer meiner Lehrerinnen, die mit der von ihr selbst entwickelten Form der geistigen Heilung zu einer Zeit von Quanten redete, als diese noch längst nicht in aller Munde waren. Sie war eine weise Frau, innerlich und äußerlich weit gereist. Mit dem ihr eigenen hintergründigen und auch bodenständigen Humor pflegte sie zu sagen: „Alles, was nicht auf den ersten Blick verrückt erscheint, ist aussichtslos!" Ich pflichtete ihr innerlich bei und erträumte mir natürlich auch vom Universum eine Zustimmung.

Jetzt brauchte ich ein Feedback des Himmels. Ich bat um Führung und Fügung und um eine Antwort. Ich ging hinunter zum Hudson, zu meiner Lieblingsbank, die einen wunderbaren Blick auf die winzig erscheinende Freiheitsstatue in der Ferne bot und von der aus ich manchmal das Meer riechen konnte.

Ich erinnerte mich an die unzähligen kleinen Lichter, die indische Pilger in Benares, der heiligen Stadt am Ganges, seinen Fluten übergaben, versehen mit Bitten, Herzenswünschen und Danksagungen an die Götter. Es waren kleine Schälchen, aus Blättern geflochten, die die Fürbitten der Gläubigen eine Zeitlang auf den heiligen Fluten von Mutter Ganga ihrem Schicksal entgegentrugen. Nun wird der Hudson River im Allgemeinen nicht gerade als heiliger Fluss betrachtet, aber im Grunde sind doch alle Wasser heilig und Teil eines kosmischen Mandalas. Ich griff diese inspirierende Erinnerung auf und zelebrierte mein eigenes kleines Ritual.

Ich formulierte meinen Herzenswunsch, schrieb ihn auf ein kleines Stück Papier und übergab ihn dem Wasser. Der Fluss würde meinen Traum hinaustragen in den offenen Atlantik. Vielleicht war der groß genug und mit dem Himmel über ihm direkter verbunden, um meinen Wunsch in eine Form zu gießen, die für meine – wie mir schien – recht komplizierten persönlichen Bedürfnisse zugeschnitten war.

Ein paar Wochen später kehrte ich nach Deutschland zurück und erhielt nur wenige Tage später die Email meines Freundes Davide, den ich gleich zu Beginn meiner Aufenthalte bei einem Pathwork Vortrag kennengelernt hatte. „Hey, übrigens: ich habe vielleicht einen Platz für Dich!" schrieb er mir. Ein Bekannter von Davide erfüllte sich nach seiner Pensionierung einen schon lange gehegten lebenslangen Wunsch, nämlich eine zweite Bleibe in Italien. Er hatte lange Zeit die Sprache gelernt und sich schon immer für italienische Kunst und auch italienische Küche begeistert. Nun suchte er für die Zeit seiner Italienaufenthalte jemand, der solange sein Apartment bewohnte.

Es sollte niemand sein, der auf Dauer bleiben wollte und er wollte außerdem immer relativ unabhängig und kurzfristig planen können. Er brauchte jemand, der spontan und flexibel sein konnte. Er wollte nicht mehr an Miete verlangen, als er selbst bezahlte. Und das war für New Yorker Verhältnisse absolut wenig, da er schon seit so langer Zeit in einem der alten begehrten Brownstone Häuser lebte, dass deren Miete per Gesetz nicht erhöht werden konnte. Alles hörte sich so an, als seien unsere beiden Wege und Bedürfnisse genau komplementär abgestimmt. Es war beinahe schon fast unheimlich, wie alles passte!

Als ich bei meinem nächsten Besuch die Schlüssel erhielt und zum ersten Mal das Apartment betrat, empfing mich als erstes der Blick auf das Empire State Building. In den Regalen entdeckte ich buddhistische Bücher, teilweise genau dieselben wie bei mir zuhause, nur eben auf Englisch. In der Ecke stand ein wunderschöner Buddha und hieß mich willkommen. Es stellte sich zu guter Letzt auch noch heraus, dass Joseph, der Besitzer dieses reizenden Apartments seit langer Zeit neben Italienisch auch Tibetisch lernte und sich dem tibetischen Buddhismus ebenso verbunden fühlte wie ich selbst.

Eigentlich kam mir das fast noch unheimlicher vor, dass nach allem anderen, was schon perfekt zu passen schien, wir nun selbst bei der Wahl unserer Bücher und der Geschmack unserer Wohnungseinrichtung übereinstimmten! Immer wieder kam ich aus dem Staunen überhaupt nicht mehr heraus. Nie im Leben hätte ich mir so etwas träumen lassen! Und doch war es immer mein Traum gewesen. Genauso. Bis ins Detail. Jetzt wurde er wahr!

Seit diesem Zeitpunkt bin ich anders in der Stadt. Ich koche jetzt immer morgens meinen eigenen Kaffee. In meiner Küche. Ich setze mich mit der Tasse raus auf meine Feuerleiter und blinzle verschlafen dem Empire State Building zu. Ich kaufe Eier und schlage sie in die Pfanne. Alles ist jetzt anders. Stimmiger. Es entspricht mehr dem, wie ich mich in der Stadt von Anfang an fühlte: Einem Zuhause!

Wann immer ich bisher nach New York wollte war das Apartment verfügbar. Joseph war entweder gerade in Italien oder auf dem Weg ins buddhistische Retreat. Wann immer Joseph die Stadt verlassen wollte, hatte ich sowieso gerade einen Workshop gebucht oder eine Freundin hatte mich zum Geburtstag eingeladen. Alles passte perfekt und wie insgeheim auf geheimnisvolle Weise verabredet. Und das nun schon seit vielen Jahren. Ganz so, als ob eine magische Hand unsere Terminkalender ohne unser Wissen aufeinander abstimmen würde.

Wir dürfen uns trauen, Großes zu träumen. Wir dürfen größer träumen als die Stadt (oder das Dorf) aus der wir kommen. Die Magie unseres Lebens ist allgegenwärtig. Manchmal klopft sie an unsere Tür und überreicht uns einen Schlüssel. Träume werden wahr. Und manchmal erledigt sie für uns kompliziert erscheinende Aufgaben ganz spielerisch und auf ganz erstaunliche Weise! Ganz so wie es eben ihre Art ist: magisch!

Find Oliver!

Nur wenn man an Wunder glaubt und an Schätze,
die zu finden es sich lohnt, ist das Leben lebenswert.

- Paulo Coelho

Die Aufforderung in meinem Traum war glasklar und eindeutig. Fast schon im Befehlston. ‚Find Oliver!' Ich wache aus diesem Traum auf und habe sie noch in ganz deutlicher Erinnerung. Andere Traumbilder, die auch noch mit eingewoben waren, kann ich nicht erinnern, nur noch, dass auch Pinguine irgendwie mit im Spiel waren. Sie schienen mit diesem Oliver in Verbindung zu stehen. In manchen Träumen verarbeiten wir einfach Belastendes aus unserem Alltag. In manchen spricht auch unsere Seele in symbolträchtigen Bildern zu uns. Manch andere sind wertvolle Türöffner, die uns einen Zugang zu einem magischen Raum verschaffen können. Dieser Traum von diesem Oliver gehörte zu Letzteren, so erschien es mir.

Viele meiner Träume spielen sich in englischer Sprache ab. So auch dieser. Intuitiv erfasste ich, dass dieser Traum von Bedeutung war und ich ihm folgen sollte. Er vermittelte sich mir wie eine Art Arbeitsauftrag. Er hatte irgendetwas Visionäres an sich. Ich wusste, der Traum bezog sich auf New York. Ich hatte meine ersten Aufenthalte in der Stadt hinter mir und wusste, mein nächster Flug würde in etwa zwei Monaten sein. Ich vertiefte dort meine Kontakte zum Core Energetics Institut und hatte mich für ein Studium der Pathwork Lectures von Eva Pierrakos im dortigen Center eingeschrieben.

‚Find Oliver!' Nun hat New York ja bekanntlich so um die acht Millionen Einwohner und angesichts dieser Tatsache erschien mir meine Mission als ein recht aberwitziges und absurdes Unterfangen! Trotzdem ging ich innerlich in Windeseile sämtliche Menschen durch, denen ich dort je begegnet war oder von denen ich auch nur entfernt mal hörte oder erzählt bekam. Ein Oliver war eindeutig nicht mit dabei. Nun gut, damit verbuchte ich den Traum unter die Kategorie ‚vergiss es – nichts von Belang!' und ging meinen alltäglichen Verpflichtungen nach.

Trotzdem tauchte diese Aufforderung immer wieder in mir auf. ‚Find Oliver!' Der Satz begleitete mich, er ließ mich nicht los. Ich spürte intuitiv, dass ich ihn eigentlich wirklich ernst nehmen sollte. Nur wie? Wie sollte ich in dieser Millionenmetropole diesen Mann finden? Und wozu überhaupt? Meiner inneren Stimme waren die logistischen Details dieser Unternehmung völlig egal. Sie beharrte darauf, Oliver zu finden. Mein rationaler Verstand schüttelte entnervt den Kopf und winkte ab.

Zwei Monate später sitze ich im Flieger. Ich habe vieles im Gepäck: meine Freude, wieder in der Stadt zu sein, Freunden zu begegnen, meine Studien in Pathwork wieder aufzugreifen, das Core Energetics Institut aufzusuchen, meine Kontakte zu vertiefen – aber in allererster Linie, mich einfach wieder der Magie Manhattans zu überlassen. Es war neben meinen asiatischen Verbindungen längst zweite Heimat und spirituelles Zuhause geworden.

Der klare Arbeitsauftrag aus meinem Traum, Oliver zu finden, ist mir immer noch im Gedächtnis und ich kann ihn auch weiterhin nicht völlig ignorieren, aber vor mir liegen wunderbare vier Wochen und ich möchte diese definitiv nicht damit verbringen, jeden Mann in New York nach seinem Namen zu fragen. Spätestens als ich endlich in meinem geliebten Midtown ankomme und ich wieder in das wuselige Treiben der Menschenmassen eintauche, erscheint mir dieser Traum und seine Aufforderung absurder als je zuvor.

Ich male mir aus, vielleicht ist es ja auch ganz einfach. Es wird ein Mann sein aus dem Umfeld meiner Freunde und Kollegen … und sobald ich sie danach fragte, würden sie sagen: Ah, klar, Oliver … ach, Du kennst ihn noch gar nicht … wir werden ihn Dir vorstellen …. Ja! so könnte es gehen.

Ich machte mich auf die Suche und fragte alle meine Freunde und Kollegen nach Oliver. Keiner kannte jemanden mit diesem Namen und schon bald wurde ich damit aufgezogen, ob ich denn nun den Mann meiner Träume bereits ausfindig gemacht hätte. Ich aber fand so allmählich, ich hätte jetzt doch meine Schuldigkeit gegenüber meinem Traum getan und – so dachte ich mir – damit sei die Botschaft des Traumes genügend gewürdigt und dieser blöde Oliver würde mich nun einfach in Ruhe meine Stadt genießen lassen. Tat er auch im Wesentlichen, und doch: Immer wieder tauchte er auf. Ich ertappte mich insgeheim sogar immer wieder dabei, dass ich in der U-Bahn saß und die Männer gegenüber musterte. Könnte der Oliver heißen? Wie sieht er aus? Wie alt ist er? Blond oder schwarzhaarig? Was soll ich mit Oliver? Und er mir mir?

Oliver schlich sich immer wieder in meine Gedanken, ich konnte es nicht ändern. Wenn ein männliches Wesen auf mich zukam oder ich auch nur auf der Straße zufällig mal in männliche Augen schaute – sofort war der Impuls in mir, mich zu fragen, ob dies wohl jener Oliver sein könnte. Gegen Ende meines Aufenthaltes gipfelte diese Obsession darin, dass ich einen wildfremden Mann im Central Park doch tatsächlich ansprach. Er steuerte nämlich zielorientiert auf die Bank zu, auf der ich saß und setzte sich direkt neben mich. Das muss er sein! Es gibt doch keine Zufälle! Das ist jetzt ein Omen!

„Are you Oliver?" platzte es aus mir heraus. Er schaute mich irritiert an und musterte mich mit einem Blick, der mir verriet, dass diese offensive Strategie nicht wirklich eine so gute Idee war. Peinlich berührt stand ich auf und ging meiner Wege. Ich war froh, dass diese Stadt so viel Anonymität bot. Man kann in ihr ganz einfach verschwinden.

Das war ein Wendepunkt. Endgültig legte ich meine ‚Mission Oliver' zu den Akten. Ich hatte es versucht und meinem Traum irgendwie vertraut. Jetzt hatte sich herausgestellt, dass er mir einfach interessante Momente in der Stadt und auch weiteren interessanten Stoff zur Erforschung meiner Innenwelt bescherte. Und offensichtlich war es wohl das, was mir der Traum und mein Umgang damit offerierte. Ein reichhaltiges Repertoire an inneren und äußeren Begegnungen. Und damit ist doch dann auch gut! Ich lasse Oliver los! Wo immer sie sein mögen – ich wünsche allen Olivers in New York das Beste!

Meine Zeit in Manhattan näherte sich dem Ende, ich hatte nur noch wenige Tage bis zu meinem Rückflug. Ich fing an, mich langsam von all den lieb gewonnenen Menschen und Plätzen zu verabschieden. Im Zuge dessen besuchte ich auch eine Lehrerin von mir, die eine exzellente Vermittlerin der Pathwork Lectures war. Wir hatten während meiner Ausbildung schnell Freundschaft geschlossen und sie zeigte mir einige Plätze in der Stadt, die ich wie Juwelen hüte. Heute wollte sie mir ihr Lieblingsrestaurant drüben in Brooklyn zeigen.

Ich wartete also in ihrer Praxis, bis sie mit ihrer letzten Sitzung fertig war. Da fiel mein Blick auf diesen ungeordneten Stapel mit allerlei Papierkram. Flugblätter, die die neuesten Konzerte ankündigten, Angebote von Kollegen, die auf ihre Seminare aufmerksam machen wollten, aktuelle Buchveröffentlichungen und natürlich Reklame für die neuesten Nahrungsmittelergänzungspillen, von denen sich viele New Yorker anscheinend nahezu ausschließlich zu ernähren scheinen. Wirklich ein buntes und auch chaotisches Sammelsurium. Ich griff blind in den Stapel und zog eines der zahlreichen Angebote heraus. Ich war immer neugierig, wer was in der Stadt anbietet.

Es war ein schön gestalteter Flyer. Unter anderem war ein Bild von Anandamayi Ma abgebildet, zusammen mit anderen großen Seelen: Einstein, Gandhi und vielen anderen. Mich faszinierte der Mix aus Ost und West, verkörperte er doch so viel aus meinem eigenen Leben. Ich öffnete den Flyer und fand ein eingelegtes Faltblatt:

‚For more information call Oliver'. Und dann eine Telefonnummer mit Vorwahl Manhattan!

Ich war wie vom Donner gerührt. Eine Welle von Energie durchströmte meinen ganzen Körper. Ich konnte es nicht fassen und doch ‚wusste' ich in dieser Sekunde mit absoluter Gewissheit, dass dies der Oliver war, auf den meine Seele mich in meinem Traum hinwies und den ich finden sollte. Hastig steckte ich den Flyer in meine Tasche, fast so als ob ich ihn verheimlichen müsste. Die Praxistür ging auf, meine Freundin war bereit und wir fuhren los. Dass ich Oliver sozusagen in der Tasche hatte, erschien mir unglaublich! Es beflügelte mich und machte mich überglücklich.

Am nächsten Tag beschloss ich, den Flyer einfach mit nach Deutschland zu nehmen. Ich konnte ja dann von dort aus irgendwann mal anrufen. Ich hatte irgendwie Hemmungen mich jetzt gleich zu melden. Was sollte ich sagen? ‚Ich habe von Dir geträumt – ich bin froh, Dich endlich gefunden zu haben???' Ich probierte verschiedene Texte und keiner passte. Ich war aufgeregt. Obwohl ich mich gerade entschieden hatte, nicht anzurufen, griff meine Hand zu meinem Handy und wählte die Nummer.

„Oliver? Ja, hi – ich bin Evelyn, ich lebe eigentlich in Deutschland, ich habe diesen Flyer in der Hand, ich wollte mal nachfragen ...", hörte ich mich stotternd sagen.

„Evelyn?" Seine Reaktion war in etwa so, als säße er den ganzen Tag schon vor dem Telefon und hätte nichts anderes getan, als auf meinen Anruf zu warten.

„Wann geht Dein Flieger? Ach übermorgen schon? Okay. Wir treffen uns in dreißig Minuten am Union Square!"

„Ja aber wie finde ich Dich?", fragte ich.

„Wir werden uns erkennen."

Union Square am frühen Abend? Tausende von Menschen rasen zu dieser Zeit über diesen Platz, heim von der Arbeit, in die nächste U-Bahn oder schon zur Happy Hour in die umliegenden Bars und Restaurants! Oft sind auf dem Platz auch Kundgebungen, Straßenkünstler, Lesungen, Märkte mit Kunst oder Gemüse oder Schmuck. Kurz und gut: Es ist einer der total überfüllten und vor Leben vibrierenden Plätze Manhattans.

Ich saß atemlos in einem Taxi und tausend Gedanken rasten durch meinen Kopf. Das war ja wie ein blind date! So was hatte ich noch nie in meinem Leben! Was sollte ich ihm sagen? Wie sollten wir uns in dieser Masse von Menschen finden? Und dann?

Doch tatsächlich. Wir sahen uns in all dem Chaos auf dem Platz und erkannten uns. Ich weiß nicht, woran. Wir gingen aufeinander zu.

„Hi Oliver!"

„Hi Evelyn! Lass uns in ein Restaurant gehen, vielleicht finden wir einen Platz draußen in der Nähe des Parks. Aber wahrscheinlich frierst Du ja schon wieder!" Mich fröstelte tatsächlich und ich wollte lieber ins Warme, war aber irgendwie sprachlos. Dieser Mann redete mit mir, als ob wir uns Jahrzehnte kannten. Etwa so wie ein in die Jahre gekommenes fürsorgliches älteres Ehepaar. Ich wusste nicht, ob es mich empörte oder mir gefiel. Jetzt ruckelte er mir doch tatsächlich meinen Schal zurecht. Wir hatten uns keine zwei Minuten zuvor getroffen!

„Du bist zu leicht angezogen. Du weißt doch. Für New York um diese Zeit brauchst du wärmere Klamotten ... " Und er hatte Recht. Ich habe diese Tendenz, mich nicht ordentlich warm anzuziehen, obwohl ich immer sehr schnell friere. Woher wusste er das? Woher nahm er diese Selbstverständlichkeit?

Wir fanden einen Platz in einer gemütlichen warmen Ecke im hinteren ruhigen Teil einer Bar und bestellten einen Martini. Ohne Umschweife erzählte ich ihm von meinem Traum und die ganze Geschichte. Ich wusste, ich konnte ihm absolut vertrauen und es gab nichts, was ich ihm nicht sagen konnte.

„Cool", meinte er.

Wir sahen uns tief in die Augen. Es war, als ob wir uns schon seit ewigen Zeiten kennen würden. Es war wie ein Ankommen. Eine Vertrautheit und ein Wissen umeinander, das absolut jenseits von allem liegt, was sich rational erklären ließe. Wir tauschten ein paar weitere Gedanken aus und dann noch unsere Adressen und Handynummern. Dann verabschiedeten wir uns.

„Welcome home, Evelyn! Wann kommst du wieder? In zwei Monaten? Cool! Pass auf Dich auf und bring in Zukunft echt wärmere Klamotten mit!"

So fand ich Oliver. Wann immer ich in der Stadt bin, sehen wir uns. Er hat eine ganz eigene Art des Zugangs in tiefe meditative Zustände, die er sich seinerseits während vieler Lehrjahre an der Westküste mit unterschiedlichen spirituellen Lehrern erarbeitet hatte.

Wir treffen uns, um zusammen zu meditieren. Seine mir oft beinahe unheimliche Treffsicherheit, intuitiv Dinge zu wissen, zu spüren und zu benennen, erscheint mir wie reine Magie. Unsere inneren Welten begegnen sich in der Meditation, im Austausch über unsere Erfahrungen. Meine Zeit in Indien und Tibet und seine Lehrjahre ergänzen sich, inspirieren sich gegenseitig und vertiefen unsere gemeinsame Meditation. Wir sind immer zeitgleich gegenseitig Lehrer und Schüler. Und natürlich auch einfach die allerbesten Freunde. Wir sind tief verbundene Seelengefährten und verstehen uns wortlos. Wir teilen denselben Geschmack für Musik, wir lachen über dieselben Dinge.

Ab und zu reden wir über meinen Traum. Und manchmal finden wir neue und tiefere Einsichten in all unsere Begegnungen und warum mein Traum mir sagte, ich solle ihn finden. Über all die Jahre eröffneten sich uns dabei immer wieder neue Facetten. Und ich weiß, dass eine abschließende Antwort noch lange nicht in Sicht ist. Und das ist auch gut so.

Sobald ich in Deutschland bin, hören wir absolut nichts voneinander. In New York angekommen, greifen wir den magischen Faden unserer Verbindung wieder auf, gerade so, als ob keine Sekunde seit der letzten Begegnung vergangen gewesen wäre.

Einmal besuchte ich Oliver in seinem Apartment. Über seinem Computer hing ein recht großer Kalender. Mit fantastischen Fotografien von Pinguinen.

„Ich liebe Pinguine!!! Aber das weißt Du ja, oder?", sagte er.

Ja, ich weiß! Mein Traum hat mir davon erzählt.

3. Stelle Dich Deinen Dämonen

Es gibt den Pfad der Angst
und den der Liebe.
Welchem werden wir folgen?

- Buddha

Der Zugang zur Magie gleicht manchmal dem Eingang eines asiatischen Tempels, an deren Pforte der Besucher auf eine Art Türwächter stößt. Diese haben oft geradezu dämonische Gesichtszüge und vermitteln den Eindruck, wirklich streng über etwas zu wachen, was als Allerheiligstes tief im Innern des Tempels verborgen liegt. Es wäre für den aufrichtig Suchenden und gläubigen Tempelbesucher undenkbar, einfach nur gedankenverloren über die Schwelle zu stolpern und sich so relativ unbewusst vor etwas ganz Kostbarem wiederzufinden. Es sind Statuen aus Stein gehauen oder in Holz geschnitzte Fabelwesen – je nachdem, in welchen kulturellen Kontext sie eingebettet sind.

Wir kennen die Sphinx aus der ägyptischen und griechischen Mythologie, die eine ähnliche Wächterfunktion haben. Wer nicht reinen Herzens ist oder ein bestimmtes Rätsel lösen kann kommt nicht an ihnen vorbei. Auch im archetypischen Bild der Heldenreise geht es darum, dem Dämonischen und Bösen gegenüberzutreten, um es zu besiegen. Der Drachenkampf ist ein bekanntes Symbol dafür und macht deutlich, dass uns die Auseinandersetzung mit den dunklen Kräften große Anstrengung abverlangt und wir unseren ganzen Mut dafür brauchen.

Die Dämonen sind die Hüter der Schwelle und fordern vom Pilgerreisenden, dem Besucher eines heiligen Ortes oder dem Helden einer Geschichte eine gewisse Klärung und Läuterung, ohne die ihm der Zutritt ins Innerste verwehrt bleibt. Dieses Symbol kann uns gute Dienste leisten, wenn wir uns uns selbst, unseren inneren wertvollen Kostbarkeiten und der Magie in unserem Leben wieder mehr öffnen wollen. Auch sie ist ein etwas geheimnisumwitterter Schatz, den wir nicht immer ohne Weiteres bergen können. Unsere inneren Dämonen in Form von Ängsten, Schuld, Eifersucht, Zweifeln, Stolz, Neid, Eigensinn, Gier, Hass, Arroganz – eben alle unsere allzu menschlichen Gefühle, Gemüts- und Geisteszustände – erweisen sich als Wächter an ihrer Schwelle. Sie sind es oft, die dem Zauber unseres Lebens einen Strich durch die magische Rechnung zu machen scheinen.

Unser Lebensweg fordert unsere persönliche Meisterschaft. Wir entwickeln immer mehr Selbstrespekt und Liebe, spüren unser Potenzial, fühlen uns im Fluss und manchmal erleben wir magische Momente in der Öffnung unseres Herzens. Zeitgleich wird uns aber vielleicht auch bewusst, dass unsere Widerstände geradezu proportional mitwachsen können. Ein inneres ‚Nein‘ zu unserer wahren Größe baut sich riesenhaft vor uns auf und wir fallen zwergenhaft zurück in alte Verletzungen, die damit verbundenen Glaubenssätze und Verhaltensmuster und hören wie eine innere Stimme uns sagt: ‚Was glaubst du denn wer Du bist!‘ oder ‚Hochmut kommt vor dem Fall!‘

Was auch immer sich in der jeweiligen Situation als dominant zeigt – ob Angst, Eifersucht, Neid, Hass oder Arroganz – oft sind die Ursprünge dieser Reaktionsmuster beheimatet in frühen Kindertagen. Die verzerrten Vorstellungen und Botschaften, die uns einst verbal oder energetisch vermittelt wurden, sind vielfältig. Als Kinder konnten wir uns nicht dagegen schützen. Wir haben uns arrangiert und uns damit identifiziert. Mit einem Teil von uns glauben wir nun selbst, dass unser Gefühl von Minderwertigkeit und unsere Angst, unsere Zweifel und unser Kontrollzwang absolut notwendig und berechtigt sind. Wir haben Millionen von ‚stichhaltigen‘ Argumenten, die uns weismachen wollen, dass uns unsere innere Stimme einfach nur illusorisches Zeug vorgaukelt oder unsere Träume nie und nimmer wahr werden können. Wir fühlen uns nichtig und nichts wert und meinen dann, nur das Schlechteste verdient zu haben.

Unsere inneren Dämonen können sich aber auch in einem ganz anderen Gewand zeigen, wie zum Beispiel in einer verzerrten Anspruchshaltung. Wir halten uns dann für etwas ganz Besonderes und sind zutiefst gekränkt, wenn nicht Gott ganz persönlich und der Rest der Welt uns permanent zu Füßen liegt. Aus unserem falsch verstandenen Stolz wird Arroganz, die sich wie eine Mauer zwischen uns und anderen aufbaut. Unsere Gier nach Anerkennung, Perfektion, Geld oder Sex – oder was immer sonst es sein mag, was wir als imaginäre Karotte vor unserer Nase haben, der wir oft unhinterfragt hinterher rennen – lässt uns blind werden für unsere wahren Bedürfnisse und die der Menschen um uns herum, die uns eigentlich am Herzen liegen.

Unsere Angst hält uns klein und kleinlaut oder unsere eigensinnige Arroganz lässt uns nicht in wahrhaft verstandener Demut den Kopf ab und zu senken. Unser Neid lässt uns mehr auf andere schielen als uns auf unsere eigene Wertigkeit zu besinnen. Unsere Abhängigkeit von der Zuneigung anderer macht uns emotional käuflich – die Liste ist schier unendlich. Wir stehen vor unseren eigenen inneren Dämonen, die uns an den Türen zu unseren Schätzen und der Magie in unserem Leben ohne Gnade den Einlass zu verweigern scheinen.

Einiges ist aus dem Gleichgewicht geraten und oft erscheint es als verwirrend und ambivalent, welche Werteorientierung eigentlich die ‚Richtige' sein soll. Ohne die Schau nach innen verlieren wir uns in der Orientierung nach außen und die Balance geht verloren. Allerspätestens hier endet jegliche Magie in unserem Leben und wir fühlen uns gefangen in den Sachzwängen unseres Alltags und den selbst gesponnenen Netzen in unserem Geist. Weder Intuition noch Inspiration finden darin noch Raum. Unser Dasein gleicht eher einem inneren Kampf um emotionales und geistiges Überleben; der Zauber ist erloschen.

In diesem Prozess sind wir nicht nur unschuldige Engelchen, denen das Leben in seiner Härte und Uneinsichtigkeit im Wege steht. Wir sind auch Täter/in und Schöpfer/in unserer Realität. Unsere Schattenanteile bauen sich demonstrativ vor uns auf und halten die Tür zur Magie verriegelt.

Ein erster Schritt auf dem Weg, den Zauber unseres Lebens wieder zurückzuerobern, kann darin bestehen, sich dieser zunächst einmal unliebsam erscheinenden Seiten überhaupt erst bewusst zu werden. Wir leben in der Dualität. Wir entkommen ihr nicht. Auch nicht in uns selbst. Wo Licht ist, ist immer zeitgleich auch

Schatten. Erfreulicherweise gilt das natürlich auch umgekehrt. Wenn ich mich meiner dunklen Seite annähere, kommt dahinter auch das Licht wieder zum Vorschein. Der Weg führt durch den Schmerz und die radikale Akzeptanz dessen, was mich einst bedroht und verwundet hat. Durch das Leidvolle erfahre ich die Freude und durch die Angst auch die Liebe. Wir wenden uns auf diesem Weg durch die dunkle Nacht der Seele dann bewusster der lichtvollen Seite in uns zu und identifizieren uns eindeutiger damit. Nachdem wir das Tal durchwandert haben, lockt der Gipfel in der Höhe.

Wir haben unsere innere Aufgabe erfüllt und die Türwächter ihren Dienst getan. Sie gewähren wieder Zutritt zu einem lichtdurchfluteten und von den Schwingungen der Liebe durchwirkten magischen Raum.

Wie aber kann ich denn nun mit diesen inneren Dämonen umgehen? Sie aushalten und irgendwie tolerieren? Etwa akzeptieren oder in letzter Instanz womöglich gar so etwas wie lieben? Das scheint ziemlich ausgeschlossen, denn üblicherweise versuchen wir natürlich zuallererst, sie zu ignorieren, zu unterdrücken oder sie zu bekämpfen. Wir wollen sie einfach schlichtweg loshaben.

Und dennoch. Erst Realität, die mit Respekt und Liebe angeschaut wird, verliert ihre dämonische Kraft. Wir akzeptieren uns zunehmend auch mit unseren Schattenanteilen. Wir flüchten nicht länger. Wir investieren nicht länger in das Aufrechterhalten einer Maske. Wir sind nicht mehr nur Opfer, erkennen uns auch als Täter/in und wachsen so letztlich über beides hinaus. Dieselbe Energie steht uns dann geläutert als positive Lebensenergie zur Verfügung. Dabei geht es nicht um einen rosaroten Zuckerguss über unsere inneren Dämonen. Vielmehr darum, ihre Auswirkung auf unser Leben zu erkennen. Dieser Prozess eröffnet uns die freie Wahl, ob wir uns eher mit negativen Aspekten identifizieren oder uns für die Liebe entscheiden.

Sobald wir sie also füttern, verlieren sie ihre Dämonenhaftigkeit. Aber füttern womit? Mit Achtsamkeit, Annäherung, wahrhaftiger und klarer Konfrontation und vor allem mit einer neuen Ausrichtung der eigenen Identifikation. Diese innere Arbeit ist nicht einfach. Es ist gut, wenn wir uns dabei Unterstützung holen und uns das Bedürfnis nach Hilfe zugestehen. Die wesentlichste Nahrung aber ist natürlich die Liebe. Mit ihren Augen gesehen und von ihrer Schwingung berührt sind auch unsere Dämonen nur weitere Türöffner auf unserem Weg und ihre destruktive Macht weicht. Sie zeigen uns dann lediglich immer wieder noch nicht geheilte Wunden. Das ist alles. Auch die Magie fühlen wir dann wieder mehr in unserem Leben und tiefer in uns selbst beheimatet.

Wir sind also an den Türwächtern vorbeigekommen, indem wir manche unserer destruktiven und ungesunden Aspekte in uns heilen konnten. Wir sind zum Helden unserer eigenen Geschichte geworden! Ein Raum tut sich auf und wir können das Heiligtum unseres inneren Tempels wieder betreten. Vielleicht lädt uns eine innere intuitive Stimme dazu ein, auf dem Rückweg ein paar Opfergaben zu Füßen unserer Dämonen zu legen. Sie sind die Hüter der Schwelle und ihrer wahren Essenz nach verdienstvolle Helfer auf dem Weg zu unserem inneren Reichtum.

Wir haben uns Zutritt verschafft und können nun unsere inneren Schätze bergen. Die Magie kann wieder ihren Platz in unserem Leben einnehmen.

Himmel und Hölle

Jedes Ding hat drei Seiten:
Eine, die Du siehst,
eine, die ich sehe
und eine, die wir beide nicht sehen.

- Unbekannt

Eine vierwöchige Reise zum heiligen Berg Kailash in Tibet neigte sich dem Ende zu. Alle Reisenden in der Gruppe hatten diese intensive und herausfordernde Pilgerreise gut überstanden. Alle hatten die Parikrama, die heilige und rituelle Umrundung des Berges geschafft. Auch Bernd und ich als Leiter dieser Reise waren erleichtert, mit allen Unebenheiten des Weges gut fertig geworden zu sein. Wetterumschwünge oder durch steigende Wasserpegel plötzlich nicht mehr überquerbare Flüsse, ein schwer kranker Sherpa, manche Konflikte in der Gruppe, wenn die Menschen an ihre persönlichen und körperlichen Grenzen kamen – vieles war zu bewältigen gewesen. Eine solche Reise war in jeglicher Hinsicht eine Begegnung mit allen Licht- und Schattenseiten.

Die beiden letzten Tage vor Abflug wurden noch einmal einem abschließenden Besuch der beeindruckenden Swayambunath Stupa gewidmet, an deren Fuß wir vor vier Wochen unsere Pilgerreise rituell begonnen hatten. Ein befreundeter altehrwürdiger Rinpoche erteilte uns damals seinen Segen und wir opferten Butterlampen im nahegelegenen Kloster, bevor wir nach Tibet aufbrachen. Das schien sehr lange zurückzuliegen.

Ein paar freie Stunden zum Shopping in Kathmandu waren auch noch eingeplant gewesen, das mit seinen vielfältigen exotischen Geschäften und den endlosen Gassen dafür wie geschaffen schien.

Am allerletzten Abend gab es noch einmal ein Treffen in der Gruppe, bevor wir dann sehr früh am nächsten Morgen zum Flughafen aufbrechen mussten. Das Sharing in der Gruppe war über die vier Wochen zum selbstverständlichen abendlichen Austausch geworden. Sorgen und Nöte wurden ebenso geteilt wie freudvolle Erlebnisse auf dem inneren und äußeren Weg zum Kailash und über das tibetische Hochplateau.

Wir versammelten uns alle auf der malerischen Dachterrasse des herrlich gelegenen Hotels Vajra und sowohl die bunten Gebetsfahnen, die überall hingen, als auch die wunderschönen in Stein gehauenen Buddhas erinnerten uns immer wieder, in welch besonderer Umgebung wir noch für eine kleine Weile sein konnten und dass wir gerade vom Dach der Welt zurückkamen. Dieses letzte Sharing war eine persönliche Inventur und erste vorläufige Verarbeitung des Erlebten.

Nach einer meditativen Einstimmung war es Gisela, die als erste das Wort ergriff.

„Tibet, das ist für mich der Himmel! Noch nie in meinem Leben fühlte ich mich so gut und mir selbst so nahe. Ich wusste gar nicht, dass ich so viel Kraft habe und dass mir auch dieser andauernde Staub und der Wind und die ganze Anstrengung gar nicht so viel anhaben konnte. Ich liebe die tibetische Kultur und das Gehen mit all den tibetischen Pilgern um den Kailash werde ich nie vergessen. Ich war nicht das letzte Mal hier, das weiß ich! Es kommt mir eh so vor, als hätte ich schon viele Leben hier verbracht, in diesem tibetischen Kulturkreis. Alles fühlt sich an wie nach Hause kommen. Ich weiß gar nicht, wie ich das meinen Freunden zuhause vermitteln soll!"

Manche Gruppenteilnehmer nickten einfühlsam, andere waren nachdenklich.

Dann meldete sich Christoph zu Wort. „Ich bin froh, dass ich diese ganze Anstrengung endlich hinter mir habe. Dieser andauernde Staub und der Wind und überhaupt dieses Klima und diese Höhe, das hat mich total fertiggemacht. Ich glaube die ganze Sache mit den Tibetern wird auch irgendwie überschätzt. Ich jedenfalls habe nichts von spiritueller Ausstrahlung gespürt. Ich habe nur gesehen, wie arm die sind und wie sehr sie von den Chinesen unterdrückt werden. Nächstes Jahr gehe ich definitiv irgendwo hin, wo ich mich entspannen kann. Tibet? Nie wieder! Das war wirklich manchmal die Hölle für mich!"

Wieder nickten einige Gruppenmitglieder einfühlsam und andere waren nachdenklich.

Nachdem die Gruppe sich verabschiedet hatte, blieb ich noch eine ganze Weile auf dieser Terrasse sitzen, um auch für mich ganz persönlich Abschied zu nehmen und vieles von der Fülle des Erlebten noch einmal Revue passieren zu lassen. Ich erinnerte mich an viele euphorische, geradezu himmlische Momente, die mir das tibetische Hochplateau in seiner atemberaubenden Schönheit schon zuteil werden ließ. Ich erinnerte mich genauso gut an Zustände tiefster Erschöpfung und Verzweiflung, die mir wie die Hölle erschienen, weil ich am Ende meiner Kraft schien.

Die wehenden Gebetsfahnen und die Präsenz der steinernen Buddhas kamen mir während meiner inneren Inventur plötzlich wie achtsame Begleiter vor, die meine Gedanken lesen konnten.

Eine alte indische Weisheit kam mir in den Sinn. ‚Die Stille ist nicht auf den Gipfeln der Berge, der Lärm ist nicht auf den Märkten der Städte; beides ist in den Herzen der Menschen.' Gibt es also überhaupt so etwas wie Himmel und Hölle – außerhalb von uns selbst? Wo sind sie angesiedelt? Oder sind es womöglich einfach Sphären unseres Geistes, unser inneren Erlebniswelten? Was wäre wohl, so schienen die Buddhas mir zuzuflüstern, wenn es uns als Menschen gelänge, mit Gleichmut und tiefer innerer Gelassenheit mehr im Leben so anzunehmen, wie es uns begegnet? Wenn wir nicht alles sofort einsortieren, beurteilen und bewerten müssten? Mit mehr Akzeptanz und Offenheit ohne sofort alles und jedes aufgrund unserer Identifikationen und unserer persönlichen Geschichte mit einem Etikett versehen müssten? Wenn wir Situationen, Erlebnisse und die Menschen um uns herum erst einmal so akzeptieren könnten, einfach, wie sie sich uns im jeweiligen Moment zeigen? Und wir nicht zuletzt uns selbst annehmen und sein lassen könnten?

Würde das etwa bedeuten, wir wären gleichgültig gegenüber wirklich unakzeptablen Zuständen oder angesichts schwieriger Situationen gar handlungsunfähig? Oder könnten wir womöglich aus einer entspannten, gelassenen Haltung und einer gewissen Wertneutralität vielleicht viel ausgewogener und zielgerichteter unsere notwendigen Schritte im Leben setzen?

Das Flackern des Kerzenlichtes spiegelte sich in den Gesichtern der steinernen Buddhas wieder. Plötzlich schienen sie zum Leben erweckt und mir zuzulächeln – ganz so als wüssten sie die Antwort.

Der Marathonlauf

Es ist unser Geist,
und unser Geist allein,
der uns fesselt oder befreit.

- Dilgo Khyentse Rinpoche

Beate war eine auffallend sportliche Frau. Ihr Körper war durchtrainiert, und als sie sich für den Großen Zanskar Trek anmeldete und zum Vorbereitungstreffen kam, war es für keinen der Beteiligten eine Frage, dass sie allen körperlichen Anstrengungen gewachsen sein würde, die diese anspruchsvolle Tour im indischen Himalaya bereithielt. Sie lief täglich und nahm auch immer wieder an Marathonläufen teil. Laufen war ihre Leidenschaft. Nach ihrer Motivation für diese Reise befragt, antwortete sie mir:

„Ach weißt Du – ich sehne mich wirklich sehr nach einer Auszeit. Ich glaube, ich muss manches in meinem Leben neu überdenken. Irgendwie habe ich das Gefühl, ich stehe an einer Art Weggabelung. Mein größter Wunsch wäre, durch diese Reise irgendwie eine neue Orientierung zu bekommen." Die sonst so klare und durchdringende Stimme von Beate wurde leiser und klang fast zerbrechlich. „Beruflich habe ich meistens großen Erfolg, das ist nicht mein Problem. Ich weiß immer, wo's lang geht und wo meine Ziele sind. Aber manchmal fühle ich mich alleine und erschöpft. Vielleicht muss ich in manchen Bereichen meines Lebens einfach eine andere Gangart einlegen."

Tatsächlich ist es oft so, dass viele der Menschen, die in den Himalaya aufbrechen, eine Sehnsucht nach einer Veränderung in sich tragen. Und oft erweisen sich die Himalayariesen dabei als weise Lehrer. Auf unzähligen Reisen und in der Begleitung vieler Menschen durfte ich dies immer wieder auf magische Art und Weise erfahren. Seit Anbeginn aller Zeiten machen sich Pilger auf den Weg in die Höhen und auch die Einsamkeit der Berge. Angesichts der majestätischen Größe kann vieles im Leben relativiert und neu betrachtet werden. Die unzähligen Gebete und Mantren, das Erleben schicksalhafter Wendungen in den Seelen vieler Suchenden – all das scheint eingewoben in die uralten Pilgerpfade, in die Gebetsfahnen auf den Passhöhen, in die Tempel und Klöster auf den geheimnisumwobenen Wegen des Himalaya. Wenn diese segensreiche Umgebung auf den für eine Seele vorbestimmten Zeitpunkt einer notwendigen Transformation trifft, sind vielfältige und tiefgreifende Veränderungen möglich. Oft war es mir erlaubt, Zeugin dieser magischen Wandlungsprozesse zu sein.

Beate hatte die ersten Tage auf dem Zanskar Trek wie vorausgesehen keinerlei Probleme. Sie war immer die Erste am abendlichen Lagerplatz und notierte täglich die Zeit, die sie für die zurückgelegte Wegstrecke brauchte. Sie errechnete ihr durchschnittliches Lauftempo und verglich immer wieder ihre Werte mit denen früherer Marathonläufe. Nach einigen Tagen jedoch bemerkte ich, dass sie sich veränderte. Sie schien irgendwie gestresst und unzufrieden. Sie nahm kaum Kontakt mit der Gruppe auf und hetzte weiter auch über die anstrengendsten Passhöhen hinweg, nur um am Abend wieder leistungsorientiert die neuesten Daten in ihr Marathonbuch einzutragen.

Ich sah ihre Not und fragte sie, wie es ihr denn inzwischen so gehe auf dieser Reise. Sie erzählte mir mit Verzweiflung in den Augen und mit Panik in der Stimme, dass ihre Leistung täglich abfiel und die Höhe ihr mehr zu schaffen machte, als sie zugeben wollte. Das stürzte sie in eine tiefe innere Not und je mehr ihr Körper eigentlich nach einer anderen langsameren Gangart verlangte, desto mehr trieb sie sich weiter zu Höchstleistungen an.

„Ein Leben lang bin ich gerannt – um Anerkennung zu bekommen, um mich selbst in meiner Leistungsfähigkeit zu bestätigen, um das Gefühl zu haben, dem Leben und seinen Anforderungen gewachsen zu sein. Außerdem habe ich alles immer alleine bewältigt und nie Hilfe gebraucht. Das ist für mich eindeutig ein Zeichen von Schwäche und Abhängigkeit. Nie und nimmer möchte ich in eine solche Position kommen!"

Beate war verzweifelt und ich spürte deutlich, wie sehr sie an ihrer persönlichen Grenze angekommen war und wie sehr sie mit ihrem inneren Dämon, einem falsch verstandenen Ehrgeiz und dessen Leistungsdiktat kämpfte. Noch nie hatte sie sich so schwach und hilflos gefühlt wie auf dieser Trekkingtour.

Eines Abends sprach ich sie nach dem Abendessen an: „Erinnerst Du Dich noch, wie Du mir vor der Reise von Deiner Sehnsucht nach einer anderen Gangart erzähltest? Deine sogenannte Schwäche ist womöglich eine wunderbare Einladung und kann Dir vielleicht dabei helfen!"

Ich lud sie ein, am nächsten Tag etwas weiter hinten zu gehen. Vielleicht zusammen mit anderen aus der Gruppe, die öfter mal eine Pause einlegten und in einer ganz anderen Gangart den Weg beschritten – einfach etwas langsamer, besinnlicher und auf alles achtend, was ihr an Schönheit auf ihrem Weg entgegenkam. Ich schlug ihr vor, ihr Marathontagebuch in einem kraftvollen und magischen Ritual im Himalaya zurückzulassen – vielleicht sogar zusammen mit der beinahe unmenschlich erscheinenden Leistungsorientierung, die sie immer wieder weit über ihre Grenzen hinaus antrieb. Ich bot ihr meine Hilfe an und war auch sicher, dass alle Mitreisenden Beate in ihren Anliegen unterstützen würden.

„Schön und gut, aber im Schneckentempo erreicht man nun wirklich nichts im Leben!", entgegnete sie mir, und die immer wieder aufflackernde Sehnsucht in ihren Augen verschwand hinter einem kalten Blick, den sie mir auf mein Angebot hin zuwarf. Sie hatte Zweifel, ob sie darauf eingehen konnte und wollte. Sie war sehr mit ihrer alten Gangart identifiziert und war sich nicht sicher, was passieren würde, wenn sie die Idee aufgab, das Leben sei ein leistungsorientierter Marathonlauf, bei dem sie immer als Erste durchs Ziel laufen müsse.

Am nächsten Morgen brachen wir zu einem neuen herausfordernden Wandertag auf. Beate machte sich wieder als Erste auf den Weg und sie war abends auch wieder die Erste am Zeltlager. Sie saß abgekämpft auf einem Stein in der Nähe ihres Zeltes. Schon von Weitem empfing sie mich mit aufgebrachter Stimme.

„Ich bin wirklich in den Himalaya aufgebrochen, um eine Auszeit zu haben und meinem Leben eine andere Orientierung zu geben. Ich habe viel darüber gehört, dass man in den Bergen zur Ruhe und mehr zu sich selbst kommen kann. Ich kann das in keinster Weise bestätigen. Für mich ist diese Reise wirklich kein Spaß. Mein Leistungsabfall der letzten Tage ist erschreckend. Wenn das so weitergeht, werde ich beim nächsten Marathonlauf zuhause eine der Letzten sein. Ich kann mir einfach nicht leisten, als lahme Ente durch mein Leben zu schleichen."

Die Himalayariesen können Lehrer sein auf dem Weg. Wie so vieles andere im Leben. Manchmal erscheinen Lehrer in unserer begrenzten Sicht der Dinge und unter dem Einfluss unserer inneren Dämonen als nichts weiter als lästige Stolpersteine auf der eingefahrenen Spur unseres Lebensweges. Es fällt nicht immer leicht, eingrenzende Überzeugungen und alte Ängste zu überwinden und loszulassen. Aber alles hat seine eigene Zeit und seine ganz eigene Qualität, auch die leidvollen Erfahrungen von oftmals eng gesteckten Grenzen. ‚Wenn der Schüler bereit ist – kommt der Lehrer.' So versprechen es die alten Schriften.

Die Fiebernacht

Die wahre Entdeckungsreise besteht nicht darin,
neue Landschaften zu suchen,
sondern neue Augen zu bekommen.

- Marcel Proust

Dieter brachte es sofort auf den Punkt, als ich ihn fragte, warum er sich für unsere Reiseausschreibung zum heiligen Berg Kailash in Tibet interessierte: „Ich kenne alles und habe alles schon gesehen. Ich bin zu allen wesentlichen Attraktionen in dieser Welt gereist – ich habe die Pyramiden und das Taj Mahal gesehen, war in Macchu Picchu und habe den Everest Trek gemacht – dieser Berg würde jetzt einfach noch ganz gut in meine Sammlung passen!"

Mir war unwohl bei dieser Aussage und ich empfahl ihm, mit einer anderen Reiseleitung zu reisen, die in ihrer Art der Reisedurchführung mehr auf Sightseeing in Tibet ausgerichtet war und auf Leistungsaspekte während der anspruchsvollen Trekkingtage durch Nepal Wert legte.

Dieter wollte aber unbedingt mit uns reisen und er versprach sich, durch unsere spirituelle Orientierung einen authentischeren Eindruck des Landes zu gewinnen. Er habe gehört, dass in Tibet allerlei magische Bräuche herrschten und er wolle selber vor Ort sehen, ob das Bild des geheimnisvollen Tibets, das er aus einigen Reiseführern und Filmen kannte, auch wirklich der Realität entsprach. Damit könne er dann ein weiteres Ziel auf seiner Reiseliste abhaken.

Doch Dieter tat sich schwer, wirklich in Tibet anzukommen. Immer wieder kämpfte er mit seinen inneren Dämonen, die sich in Form ständiger innerer Bewertung und als innerer Kritiker in seine Wahrnehmung einschlichen und ihm die Akzeptanz dessen, was er in Tibet vorfand, schier unmöglich zu machen schien. Das Essen unserer tibetischen Köche verglich er mit dem nepalesischer

Sherpas, den Geschmack des Tees mit dem, den er in Ägypten kostete, den Wind mit dem auf den Kanaren, die Höhenluft mit der in den Anden, seine Mitreisenden mit denen anderer Reisegruppen, die ihm alle weitaus umgänglicher schienen. Die Klöster empfand er im Vergleich zu denen in Indien als nichtssagend und der Zutritt zur Magie, die er so gerne erlebt und überprüft hätte, blieb ihm versperrt. Der gegenwärtige Moment in Tibet und was ihm dabei begegnete, schnitt bei seinem Vergleich mit allen anderen bereits besuchten Destinationen der Vergangenheit immer schlechter ab. Der Zugang zu jenem Zauber, der in manchen Momenten des gegenwärtigen Augenblicks beherbergt zu sein scheint und ein tieferer Zugang zu sich selbst blieben ihm verwehrt.

Als wir uns der Kailashregion näherten, wurde Dieter ernsthaft krank. Es schien, als könne er sich ab einem gewissen Zeitpunkt der zunehmenden Höhe nicht mehr gut anpassen. Er verlor täglich an Kraft und hatte Mühe, das tägliche Pensum des Weges zu schaffen. Er wurde immer einsilbiger und es schien, als ob er für seine Gewohnheit, Vergleiche anzustellen, keine Kraft mehr übrig hätte. Wir versorgten ihn mit tibetischer und westlicher Medizin und mit allem, was unserer Erfahrung nach heilend in diesen Fällen wirken kann. Meditation und Gespräch gehörten ebenso wesentlich dazu wie eine individuell zubereitete Kost unserer erfahrenen tibetischen Köche.

Dieter erholte sich nicht. Wir besprachen mit unserer Mannschaft, was wohl das Richtige in dieser Situation sein könne. Unser tibetischer Guide Dorje bot sich an, bei Dieter Nachtwache zu halten, sodass er sich gut versorgt fühlen könne und im Notfall sofort einen Ansprechpartner habe. Am nächsten Tag würden wir dann eine Pause einlegen und danach würde sich entscheiden, ob er den Rückweg würde antreten müssen. Dieter nahm das Angebot schweigend an und zog sich in sein Zelt zurück.

Die Nacht brach herein und die Milchstraße schien sich auf dem Dach der Welt wie ein überdimensionaler Kerzenschein über unser ganzes Zeltlager auf dem tibetischen Hochplateau zu legen und diese sternenklare eiskalte Nacht mit etwas Licht und einem Versprechen von Wärme zu umhüllen. Wann immer ich an

Dieters Zelt vorbeilief, um mich gelegentlich zu vergewissern, dass alles in Ordnung sei, sah ich den durch die Zeltwand getrübten schwachen Schein einer Kerze und hörte ein leises Murmeln von Dorje.

Am nächsten Morgen schien es Dieter besser zu gehen. Er erholte sich im Verlauf des Tages langsam, und als es am nächsten Tag weiterging, war Dieter zwar noch etwas geschwächt, aber in der Lage, den Weg Richtung Kailash weiter mitzugehen. Ich freute mich für ihn und es kam mir so vor, als sei er mehr bei sich selbst und somit auch in Tibet angekommen.

Je mehr er jedoch an Kraft gewann, desto mehr wurde er wieder ganz der Alte. Die tibetische Sonne war verglichen mit der in Marokko viel brennender und die staubigen Pisten Tibets verglichen mit denen im mexikanischen Hinterland viel holpriger. Dieter war enttäuscht von seiner Reise nach Tibet, hatte er sich doch das Land auf dem Dach der Welt viel geheimnisvoller vorgestellt und verglichen mit anderen Reisezielen schnitt Tibet auf seiner Liste in seiner Endbewertung nicht gut ab. Aber er war froh, dass er einen weiteren Punkt auf seiner Sammlung hatte abhaken können.

Wenige Monate später interessierte sich Dieter erneut für eine Reise. Diesmal sollte es nach Indien gehen. Die Reise sollte zu den wesentlichen Wirkungsstätten und Pilgerorten des Buddhismus führen und er wollte gerne mit von der Partie sein.

„Na, Dieter, Bodhgaya fehlt Dir jetzt wohl noch in Deiner Sammlung?", fragte ich ihn schmunzelnd.

„Es tut mir wirklich leid," antwortete er. „Ich muss eine Zumutung für Dich und die ganze Gruppe gewesen sein. Danke, dass Du mir in Tibet so viel Geduld und Mitgefühl entgegengebracht hast. Weißt Du, in der Nacht, als es mir schlecht ging und Dorje neben mir wachte, da geschah etwas mit mir, was ich lange Zeit gar nicht verstehen konnte."

Er zuckte mit den Achseln und schüttelte ungläubig den Kopf. In seinem Gesicht stand heute noch geschrieben, wie überfordert er sich gefühlt hatte.

„Es kommt mir immer noch vor wie ein Wunder. Es ging mir wirklich schlecht. Ich hatte hohes Fieber und ich hatte in jener

Nacht viel Angst. Immer wieder versank ich in fiebrigen Albträumen. Doch wann immer ich meine Augen aufschlug, saß Dorje im Schein einer Kerze bei mir im Zelt, meditierte oder murmelte
seine heilenden Gebete und diese tibetischen Mantren."

Dieters Augen begannen zu strahlen und in einem Augenwinkel
konnte ich ein paar versteckte Tränen der Rührung entdecken.

„Dorje war zu jeder Sekunde, in der ich in innerer Not war, einfach da und er schien eins zu sein mit dem Licht der Kerze und
seinen Gebeten. Ich habe so etwas noch nie erlebt. Ich wusste gar
nicht, wie ich damit umgehen sollte. Als Manager in leitender
Funktion war ich es nicht gewohnt, dass jemand sich so bedingungslos um mich kümmerte. Ich habe die Dinge immer gerne
selbst unter Kontrolle. Darum wollte ich es auch die ganze Zeit
nicht wirklich wahrhaben, wie sehr mir mein Erleben in dieser
Nacht nachging. Aber als ich zurück in Deutschland war, wurde
ich die Erinnerung an jene Nacht nicht wieder los. Es ist, als ob sie
in meine Seele eingebrannt wäre und ich möchte gerne verstehen
lernen, was es damit auf sich hat. Ich glaube, ich habe in dieser
Nacht Heilung erlebt. Und vielleicht auch etwas vom Zauber des
alten Tibet, wer weiß. Jedenfalls würde ich gerne mehr von diesen
geheimnisvollen Welten erfahren!"

Dieter senkte seinen Blick – fast so als ob er sich schämte:

„Ich glaube, mit meinen ewigen Vergleichen und Abwertungen
und mit meinem Blick immer zurück in die Vergangenheit stehe
ich mir da wohl selber ziemlich im Weg herum."

Die heiligen Schriften

Gibt es irgendeine Bewegung in einer geraden Linie?
Eine ins Unendliche projizierte Linie wird zu einem Kreis,
sie kehrt zu ihrem Anfangspunkt zurück.
Sie müssen am Ende dorthin kommen,
wo Sie angefangen haben.
Und da Sie in Gott angefangen haben,
müssen Sie zu Gott zurückkehren.
Was bleibt?
Arbeit am Detail.

- Swami Vivekananda

Das Kloster, in das ich mich für ein Retreat zurückgezogen hatte, lag imposant auf einem Hügel der Ausläufer des Himalaya in Sikkim. Man konnte bei klarer Sicht einen atemberaubenden Blick auf den Kangchendzönga werfen, den dritthöchsten Berg der Erde. Sein tibetischer Name bedeutet so viel wie ‚Die fünf Schatzkammern des großen Schnees', wobei mit diesen Schätzen die fünf Fundgruben des Göttlichen (in Form von Gold, Silber, Juwelen, Getreide und den heiligen Büchern) gemeint sind.

Auch alle anderen Berge des Himalaya werden in Indien, Nepal und Tibet als heilig erachtet, und unzählige Götter haben demgemäß ihren Wohnsitz dort oder ganze Bergmassive werden als die Verkörperung von Göttinnen verehrt. Ebenso wie die wesentlichsten Flüsse Asiens, Ganges, Brahmaputra oder Narmada und unzählige mehr. Alles wird als durchwirkt und getragen von geistiger Präsenz und magischer Schwingung erlebt und wahrgenommen.

Viele der Regeln in Klöstern oder der Umgang mit Meistern und Lehrern oder den von ihnen übermittelten Belehrungen erzählen lebendige Geschichten von der Überzeugung, dass jede Materie geistige Schwingung beherbergt, also lebendig ist und ihr mit entsprechendem Respekt und Wertschätzung zu begegnen ist. So ist es zum Beispiel undenkbar, in einem tibetischen Kloster einer Buddhastatue die ausgestreckten Beine und somit die Fußsohlen entgegenzustrecken. Dasselbe gilt für den Lehrer oder ebenso den gegenübersitzenden Menschen. Da sich vieles in dieser Region auf dem Boden sitzend abspielt, bedeutet das, entweder im Lotussitz zu sitzen oder die Beine angewinkelt neben dem Körper zu haben.

Auch für den Umgang mit den heiligen Schriften gelten bestimmte Regeln. So sollten sie nie einfach nur unachtsam irgendwo auf dem Boden herumliegen und schon gar nicht über sie hinweg gestiegen und sie auf diese Weise gar buchstäblich mit Füßen getreten werden. Sie sind Ausdruck der Essenz der Lehre Buddhas und als solche gelten ihr die höchste Achtung und Respektbekundung der Menschen, für die die buddhistische Lehre ein hohes Gut ist.

Ganz egal, in welcher Region und Religion der Welt ich mich aufhalte, möchte ich diesen Regeln so achtsam wie möglich folgen. Schon allein aus Respekt und Takt dem Land und den Menschen gegenüber, deren Gastfreundschaft ich genieße. So habe ich mir von einer meiner ersten Reisen nach Nepal aus Kathmandu eine Art Buchhülle mitgebracht, die dem Format der tibetischen Schriften ganz genau entspricht und die durch einen flexiblen Einband aus wunderschönem Seidenbrokat der Tatsache Rechnung trägt, dass die Schriften eine ungebundene Ansammlung loser Blätter sind, von denen man unterschiedlich viele bei sich trägt.

An einem nebligen Morgen machte ich mich mit meinen Schriften und meinem Meditationskissen auf den Weg in die Gompa. Es war der zweite Tag eines zehntägigen Retreats, das von Bokar Rinpoche geleitet wurde. Neben der Rezitation tibetischer Mantren und Gesänge gab es Phasen von stiller Meditation ebenso wie Belehrungen über wesentliche Inhalte buddhistischer Lehren.

Ich fand einen Platz irgendwo in der Mitte des Raumes. Es war eine bunte und international zusammengewürfelte Gruppe von Menschen, die sich hier in diesem entlegenen Kloster weit im Osten Indiens zusammenfanden, um die nächsten Tage dem Studium des Buddhismus zu widmen und so Buddha und sich selbst vielleicht ein wenig näher zu kommen. Einige saßen schon schweigend in Erwartung Rinpoches und der ersten gemeinsam zu zelebrierenden Puja, die sich wie immer auf magisch anmutende Art und Weise wie eine sanfte und doch kraftvolle Erhöhung der Schwingung auf Geist und Körper legte.

Ich breitete dafür meine mitgebrachten Schriften vor mir aus und legte sie sorgfältig auf mein Seidenbrokatbüchlein vor mein Meditationskissen. Ich nahm meinen Sitz ein und versuchte, mich mit einem tiefen Atemzug auf die kommenden Stunden einzustimmen. Ich wusste aus Erfahrung, dass nach einer Weile das Sitzen im Lotussitz zu einer Tortour werden kann und ich suchte vorab schon geistig nach alternativen Wegen, mich anders hinzusetzen – ohne Rinpoche oder den wunderschönen Buddhastatuen und dem reich geschmückten Altar, der vorne aufgebaut war, respektlos die Füße entgegenzustrecken.

„Sag mal, weißt du eigentlich nicht, dass Du die Schriften nicht einfach so unachtsam auf dem Boden rumliegen lassen kannst?!"

Ich zuckte unter der unerwarteten und von hinten kommenden Stimme zusammen und schaute in zwei Augen, die vor Arroganz und Hochmut nur so strotzten. Es war Holger, ein junger Mann aus Norddeutschland, der sich am Vorabend in einem ersten gemeinsamen Austausch mit einigen Mitstreitern auf dem Weg zur Erleuchtung mit seinen vielfältigen Meditationserfahrungen und seinem schon jahrelangen intensiven Studium als versierter Buddhismuskenner und vorangeschrittener Schüler Rinpoches geoutet hatte. Unfreiwillig hatte ich über drei Tische hinweg mit anhören müssen, wie er seinem Tischnachbarn immer wieder buddhistische Verhaltensregeln erklärt hatte.

Ich nahm an, Holger hatte übersehen, dass meine Schriften auf Samt und Seide gebettet waren, da das Buchcover sehr genau auf das Format der einzelnen Blätter angepasst war. Entrüstet bahnte er sich zielstrebig seinen Weg nach vorne, ganz knapp vorbei an meinem Meditationskissen, dabei mein rechtes Knie streifend und in vollem Stechschritt direkt über die heiligen Schriften hinweg. Er nahm seinen Sitz ein und seine Wirbelsäule gefror binnen Sekunden zu einer kerzengeraden perfekten und aufrechten Meditationshaltung. Er wählte wie schon am Tag zuvor den Platz direkt zu Füßen Rinpoches, um ihm ganz nah zu sein und ergeben seinen Worten zu lauschen.

Rinpoche hatte sich entschieden, an diesem Tag über die sechs Paramitas zu sprechen, die Eigenschaften, an denen wir als Menschen auf dem Weg zu uns selbst und unserer innewohnenden Buddhanatur arbeiten und wachsen können und die Mittler auf dem Weg sind. Paramitas sind die Tugenden, die uns wörtlich übersetzt ,zu einem anderen Ufer übersetzen' lassen und uns zu Weisheit und Erwachen führen können. Jede dieser sechs Paramitas stellt eine erleuchtete Qualität unseres Herzens dar und repräsentiert so die eigentliche Essenz unserer wahren Natur.

Geduld, Großzügigkeit, Beharrlichkeit, Ethik, Weisheit – all diese Tugenden werden uns in einem komplexen System der Paramitas als Orientierung mit auf unseren Weg gegeben. Eine der Paramitas schließlich, Dhyana Paramita, befasst sich mit Meditation und Konzentration. Achtsamkeit spielt dabei eine wesentliche Rolle. Auf den Aspekt der Achtsamkeit ging Rinpoche während dieser Belehrung besonders ausführlich und intensiv ein.

Bokar Rinpoche, der in West-Tibet in der Nähe des heiligen Berges Kailash geboren wurde und vor den Chinesen flüchten musste, erfuhr selbst schon viel Leid, das sehr eng mit seinem Leben, dem seiner Landsleute und seiner Heimat verknüpft war. Er war ein hoch angesehener Lehrer, der durch viele seiner besonderen Fähigkeiten auch im Westen bekannt war. Er gehörte zu jenen Meditationsmeistern, die innerhalb weniger Minuten nur mittels ihrer Körperwärme nasse Handtücher trocknen konnten, die man ihnen auf den Rücken legt. Eine Praxis, die als Tummo-Meditation bekannt ist und bei der mittels Geisteskraft immens viel innere Hitze manifestiert wird.

Er beschrieb an diesem Morgen mit wahrhaft empfundenem Mitgefühl, großer Menschlichkeit, tiefer Weisheit und vor allem auch mit viel bewundernswertem und unwiderstehlichem Humor einige der Stolpersteine auf unserem Weg zur Erleuchtung. Seine Ausstrahlung von Demut und Bescheidenheit war beeindruckend. Er betonte immer wieder, wie schnell wir uns unter dem Einfluss unserer inneren Dämonen auf dem Weg der Achtsamkeit in unseren persönlichen Anhaftungen und vor allem auch in unserem spirituellen Stolz verlieren können.

„Glaubt nicht immer das, was ihr denkt! Manchmal mögt ihr meinen, der Erleuchtung schon ganz nahe zu sein. Vielleicht hattet ihr ein schönes Erlebnis in der Meditation. Oder einen hoffnungsvollen Hinweis auf einen Fortschritt im Zähmen eurer Gedanken und Emotionen. Dann identifiziert ihr euch damit, seid stolz darauf, erhebt euch hochmütig und haltet euch für fortgeschrittener als andere. Stolz und Arroganz sind keine guten Ratgeber. Sie weisen immer nur auf ein Ego hin, das sich brüstet. Bleibt achtsam und gleichmütig."

„Wo ist eigentlich Holger abgeblieben?", hörte ich am nächsten Tag eine Frau mit niederländischem Akzent den Mann fragen, der neben ihr zum Mittagessen Platz nahm.

„Holger ist gestern Abend abgereist", antwortete dieser mit einem gewissen Lächeln um die Mundwinkel herum.

„Er war offensichtlich frustriert, dass das Teaching von Rinpoche wieder und wieder über Achtsamkeit geht und all unsere persönlichen Anhaftungen. Er sagte, er habe diese Art von Belehrung schon sehr oft gehört und sie biete ihm nichts Neues mehr."

Ich ertappte mich dabei, wie ich mich innerlich über diesen Holger aufregte. Na gerade der hätte doch dieses Teaching nun wirklich bitter nötig gehabt, so arrogant, besserwisserisch und hochnäsig wie der sich die ganze Zeit verhalten hatte! Immer weiter steigerte ich mich innerlich in Schimpftiraden über sein unmögliches Verhalten und seine arrogant wirkende Unachtsamkeit hinein. Irgendwann wurde mir bewusst, dass ich mich dabei längst mit beiden Beinen in einem der zahlreich aufgestellten Fettnäpfe unserer inneren Dämonen aufhielt und ich hielt inne.

Spätestens jetzt musste ich mir eingestehen, dass ich mich offensichtlich selbst in meinem eigenen spirituellen Stolz verloren hatte und mich infolge dessen im Vergleich mit Holger für weitaus fortgeschrittener und achtsamer hielt. Viele der von Rinpoche genannten tugendhaften Paramitas hatte ich doch viel besser erkannt und bereits verwirklicht, so meinte ich, und wäre deshalb auch einem erwachten Bewusstseinszustand natürlich viel näher als er. Rinpoches Worte fanden ihr Echo in mir: „Glaube nicht immer das, was du denkst."

Nicht immer begegnen sich Anspruch und Wirklichkeit in uns selbst freundlich und auf Augenhöhe. Unsere inneren Dämonen sind vielschichtig und kleiden sich in die unterschiedlichsten Gewänder. Manche davon sind bunt schillernd und sie fallen sofort ins Auge. Andere sind weniger auffällig und sie scheinen es auf den ersten Blick zu schaffen, sich unter dem Radar unserer Bewusstheit hinwegzuducken und unbemerkt bewegen zu können.

Aber egal wie offensichtlich oder subtil sie sich zeigen – immer sind sie die Türwächter, die an den Pforten unserer inneren Welten von Wahrheit, Liebe und Bewusstheit stehen. Wir kommen nicht an ihnen vorbei, wenn wir all die Schätze unserer eigentlichen Essenz bergen wollen. Im Gegenteil. Gerade in der Auseinandersetzung mit ihnen eröffnet sich uns die Möglichkeit, Klärung und Läuterung zu erfahren. Sie sind der Schleifstein für unsere inneren Diamanten.

Bedingungslose Liebe

Wenn Du in jedem Mann und in jeder Frau Gott erblickst
dann kannst Du niemals einem Mann oder einer Frau schaden.
Wenn Du Gott in Dir selbst erblickst,
dann erreichst du Vollkommenheit.

- Bhagavadgita

Rainer war ein attraktiver Mann Mitte vierzig. Er nahm ab und
zu an meinen Seminaren teil, interessierte sich für spirituelle The-
men und ging regelmäßig zum Yoga. Er arbeitete als Lehrer, war
ein heller und wacher Geist und wusste zu allem etwas zu sagen.
An einem dieser Seminare erschien er mir etwas verändert. Aufgeregt erzählte er nach einer kurzen Meditation und Einstimmung auf die Thematik des Seminars, bei dem es um den Weg
zum Höheren Selbst ging, mir und den Gruppenteilnehmern, er
komme eben zurück von einem Darshan bei Amma, die gerade
durch Deutschland reiste. Während ihres Darshans umarmt sie
alle Menschen, die zu ihr kommen und die sie wie ihre Kinder an-
sieht und bedingungslos liebt. Sie singt Bhajans, religiöse und hin-
gebungsvolle Lieder oder zeigt sich in Form von Devi Bhava, als
göttliche Mutter und Verkörperung des weiblichen Gottes-
aspektes.

„Wisst ihr, dieses Erlebnis hat mir einfach ganz grundsätzlich
die Augen geöffnet. In die Augen Ammas zu schauen und von ihr
umarmt zu werden – das war so eine bereichernde Erfahrung und
hat mich, mein Herz und meine Seele zutiefst berührt."

Rainer war sichtlich ergriffen und immer wieder liefen ihm die
Tränen herunter. Er erzählte immer und immer wieder, wie sehr
ihn diese Begegnung fasziniert habe.

Nach einer Weile ging ein Ruck durch seinen Körper. Er setzte
sich aufrecht auf die Vorderkante des Meditationskissens, seine
Stimme wurde lauter und er schien fast ärgerlich. Endlich sehe er

nun mit absoluter Klarheit, wie begrenzt und unzulänglich die Liebesbekundungen seiner Frau ihm gegenüber immer seien. Auch die Kinder in seiner Klasse entpuppten sich zunehmend als kleine Monster, die dabei waren, ihm den letzten Nerv zu rauben. Die Lehrinhalte, die er vermitteln sollte, seien ihm fremd und er würde nur noch Langeweile dabei empfinden.

„Diese Bedingungslosigkeit in der Liebe", so fuhr Rainer aufgeregt fort, „das ist es doch, worauf es im Leben wirklich ankommt. Die echte und die wahre Liebe! Alles Andere ist doch total überflüssig und völlig unwesentlich."

Er hielt inne und schwieg für einen kurzen Moment. Er holte tief Luft, schaute mich mit großen Augen an und dann brach es aus ihm heraus:

„Also ich überlege mir ernsthaft, meinen nervigen Job zu kündigen, die Scheidung einzureichen und mich auf nach Indien zu machen, um dieser Liebe und dem Göttlichen näher zu sein. Die Erfahrung bedingungsloser Liebe! Nur darauf kommt es doch an, oder?"

Für eine geraume Zeit hörte ich nichts mehr von Rainer. Nach einigen Monaten kam er zu einem neu ausgeschriebenen Seminar. Er schien bedrückt. Nach einer stillen Meditation und nachdem sich fast alle Gruppenteilnehmer über ihre Erfahrungen ausgetauscht hatten und welche Stolpersteine ihnen im Moment auf ihrem Lebensweg in der Quere zu liegen schienen, meldete sich schließlich Rainer fast kleinlaut zu Wort.

„Meine Frau hat die Scheidung eingereicht. Sie erklärte mir unter Tränen, sie habe zunehmend unter meiner Lieblosigkeit gelitten und sich dann irgendwann entschieden, mich zu verlassen. Offensichtlich haben wir beide nebeneinander her an genau demselben Mangel gelitten. Ich glaube, ich muss jetzt erst mal selber lernen, bedingungslos zu lieben … nur darauf kommt es doch an, oder?"

Das Ausweichmanöver

Jenseits von richtig und falsch
gibt es einen Ort.
Dort treffen wir uns.

- Rumi

Ich war auf dem Weg nach New York und musste in Paris zwischenlanden. Ich freute mich, hoffentlich bald durch die Sicherheitskontrollen zu sein, um mich dann endlich auf meinem Fensterplatz entspannen zu können. Ich freute mich auf die Stadt und alles Neue, was mich dort erwartete. Besonders auf Reisen versuche ich, ganz besonders offen für alles zu sein, was mir begegnet. Ich möchte mich der Magie öffnen, auf Omen achten, möchte mit offenem Herzen und weitem Geist alles um mich herum aufnehmen.

Dann hörte ich ihn – schon lange bevor ich ihn sah. Diesen Mann, der lautstark auf sich aufmerksam machte. Alles an ihm schien mir zu schrill und zu laut. Das knallbunte Hawaii-Hemd, die Stimme, die mir ebenso grell erschien wie das Hemd, das penetrante Lachen und die geistlosen Kommentare. Er war in Begleitung eines weiteren wohl etwas jüngeren Mannes, der aber eher wortlos war und auch sonst in jeglicher Hinsicht hinter ihm verschwand. Sein graues Shirt unterstrich seine unauffällige Ausstrahlung.

Sofort versuchte ich, ihnen instinktiv auszuweichen, doch die Beiden bewegten sich zielorientiert genau auf die Schlange zu, in der ich mich vor geraumer Zeit eingereiht hatte. Sie schien endlos und meine Zeit war knapp.

‚Ix kjus mi' tschuldigung' hörte ich die durchdringende Stimme des Mannes direkt hinter mir. Die Beiden drängelten sich doch tatsächlich vor! Die meisten Wartenden gaben – zwar offensichtlich missmutig, aber dennoch – ihre Position in der Warteschlange ab. Schon plante ich fieberhaft, wie ich reagieren würde, wenn sie mich überholen wollten. Ich war ja auch unter Zeitdruck und außerdem ging mir das ganze Gehabe ja schon vorher auf die Nerven und das erhöhte nicht gerade meine innere Toleranzgrenze. Ganz im Gegenteil. Ich regte mich auf. Meine gut gemeinte innere Offenheit und ein weiter Geist waren dahin. Von irgendwelchen wunderbar magischen Omen konnte ich in dem Moment nur noch träumen!

Meine innere Debatte erübrigte sich, als ein anderer Passagier direkt hinter mir die beiden stoppte. Es war ein elegant gekleideter kosmopolitisch wirkender Mann mit grauen Schläfen, der mich sofort an George Clooney erinnerte.

„Sorry, aber ich bin auch in Eile", sagte er lässig und bestimmt, und die Zwei drehten gleich mal ein paar Gänge runter. Ich war überaus erleichtert, dass er mir diesen Job abgenommen hatte und lächelte ihm zu. Wortlos drückten unsere kurz sich treffenden Blicke ein gegenseitiges Verstehen und eine Übereinkunft über diese unangenehme Situation aus.

Ich war durch die Sicherheitskontrollen durch und hoffte, diesen mir so unangenehmen Menschen samt seiner Begleitung nun endlich los zu sein. Für den Bruchteil einer Sekunde schoss mir durch den Kopf: ‚Hoffentlich sitzt der nicht auch noch in meiner Maschine, er würde sich sicher auch über fünfzig Sitzreihen hinweg noch Gehör verschaffen, und meine Ruhe und Einstimmung auf NYC wären dahin'.

Ich beruhigte mich sofort innerlich damit, dass sämtliche Transatlantikflüge durch diese Sicherheitskontrollen gehen, und beileibe nicht nur die nach New York. Ich schlenderte also durch die Dutyfreeshops und versuchte, mich zu entspannen.

Doch schon von Weitem hörte ich ihn wieder – und dann sah ich ihn da sitzen, direkt vorne an der Abfertigung für den Flug nach New York: breitbeinig und das knallbunte Hemd viel zu eng um den fülligen Bauch geknöpft. Sein immer noch zu lautes Lachen drang mir bis ins Mark und meine Wirbelsäule schien sich darunter wegzuducken.

‚Also jetzt fehlt nur noch, dass dieser Mensch neben mir sitzt‘ schoss es mir völlig unzensiert durch den Kopf. Ich schickte ein Stoßgebet zum Himmel, dass dem doch bitte nicht so sein möge, und verbot mir dann sofort strengstens, auch nur noch eine Sekunde lang und im Entferntesten weiter daran zu denken.

„We are now ready for boarding", verkündete eine heitere Stimme aus dem Lautsprecher. Ich lief den Gang entlang und nahm endlich meinen lang herbei gesehnten Fensterplatz ein. Eine kostbare Weile lang schien es, als wolle die zwei anderen Sitze neben mir niemand einnehmen. Manchmal erlebte ich dieses Glück und streckte mich dann genüsslich über die ganze Reihe aus. Bei diesem Flug ereilte mich dieses nicht.

Er hatte den Mittelplatz neben mir, sein Begleiter saß am Gang. Er verstaute endlos sein viel zu sperriges Gepäck in der Ablage über den Sitzen und einen anderen Teil noch unter der sowieso schon knapp bemessenen Fußbank. Er kommentierte weiterhin völlig unnötig alles und jedes.

Dann quetschte er sich in den viel zu schmalen Sitz, seine viel zu langen Beine breitbeinig in beide Richtungen und den Ellbogen natürlich weit über die gemeinsame Armlehne hinaus in Richtung meiner Magengegend platzierend. Seine Oberschenkel und Knie berührten meine nur deshalb nicht, weil ich mich zusammenzog wie eine Mimose während eines Frontalangriffs.

Meine Gedanken rasten nur noch in eine Richtung: ‚Na dann willkommen an Bord. Das kann ja heiter werden. Und das geht jetzt immer so weiter die nächsten circa acht Stunden quer über den Atlantik?!‘ Ich war wütend, dass mir dieser wildfremde Mann meine Seelenruhe raubte und meiner Reise in meine Stadt, die für mich so viel Magisches hat, eine so profane und blöde Eingangsnote verlieh. ‚Das ist kein gutes Omen – ein wirklich schlechter Start! Und wenn etwas schon gleich so holprig anfängt, wie sollte es dann überhaupt noch positiv weitergehen können?‘

Ich schloss die Augen, um mir wenigstens innerlich eine gewisse Weite zu visualisieren. Ich atmete tief ein und aus. Ich visualisierte ein in weißem Licht erstrahlendes OM. Ich atmete tief ein. Und tief aus. Ich brauchte eine Strategie. Bloß welche? Wie konnte ich diesen Mann in seine Grenzen verweisen?

„Please fasten your seatbelts", schallte es aus dem Cockpit.

Ich fand meinen nicht. Er saß drauf. Ich warf ihm einen ärgerlichen Blick zu und zog an dem kleinen Fetzen meines Gurtes, um ihm zu verdeutlichen, dass auch ich mich gern anschnallen würde. Für einen kurzen Moment sah ich dabei in seine Augen. Irgendetwas nahm ich in ihnen wahr, was nicht so recht passen wollte zu der übrigen grellen und lauten Erscheinung dieses Mannes – eine Art Weichheit und Zurückhaltung – fast schon eine gewisse Ängstlichkeit, so schien es mir.

Wir rollten zur Startbahn und hoben ab. Wir hatten die Reiseflughöhe noch nicht erreicht, da zückte er eine Tageszeitung aus dem Netz vom Vordersitz und schlug sie auf. Sowohl sein Begleiter als auch ich waren jetzt je zur Hälfte vom Wirtschaftsteil der Frankfurter Rundschau verschlungen. Ich holte noch mal tief Luft. Jetzt reichte es mir wirklich. Ich musste diesen Mann in seine Schranken weisen! Ich spürte mit geschlossenen Augen, wie er die Zeitung umblätterte. Ich schlug meine Augen auf und wollte mir gerade Luft und Raum verschaffen, als ich auf die Zeilen direkt vor meiner Nase blickte. In dicken fetten Lettern las ich die Überschrift: ‚Evelyn und die Magie'.

Mir blieb die Luft weg. Wieder und wieder las ich die für mich schier unfassbare Zeile. Es stand wirklich da. Buchstabe für Buchstabe. Schwarz auf weiß: ‚Evelyn und die Magie'.

„Ach, entschuldigen Sie bitte, würden Sie mir Ihre Zeitung mal leihen, wenn Sie damit durch sind? Wissen Sie, ich heiße Evelyn und ich beschäftige mich tatsächlich mit Magie!", sprach ich meinen Nachbarn spontan an, ohne groß zu überlegen.

Ich konnte es nicht glauben! Da stellte ich mich nun ausgerechnet diesem Menschen mit Vornamen vor und vertraute ihm etwas ganz Intimes und mir so Wertvolles an – was in aller Welt bewegte mich denn jetzt dazu?

„Ach, mein Gott, ich habe Sie ja völlig mit meiner Zeitung eingedeckt, das tut mir leid – ja sicher können Sie die Zeitung haben! Ach – Sie beschäftigen sich mit Magie? Na, das freut mich aber, neben einer guten Fee zu sitzen – dann können Sie mir doch sicher meine Flugangst wegzaubern und uns einen sicheren und angenehmen Flug bescheren, oder?", war seine ebenso spontane wie überaus freundlich klingende Antwort.

Wir schauten uns für einen kurzen Moment direkt in die Augen und ich erhaschte in diesem Augenblick noch etwas mehr von seiner inneren Not und Ängstlichkeit. Und ich konnte in seinen Augenwinkeln zeitgleich auch noch eine gehörige Portion spitzbübischen Humor entdecken.

„Klar, kein Problem, das mach ich mit links!", flunkerte ich.

Alles erschien plötzlich in einem anderen Licht. Als ob ich von einer anderen Dimension berührt worden wäre. Ich überflog den Artikel. Ich erfasste den Inhalt gar nicht.

‚Evelyn und die Magie'. Es wurde von irgendeiner Buchmesse berichtet und es war auch völlig unwesentlich. Mein Nachbar entspannte sich, schloss die Augen und wachte erst im Landeanflug auf New York wieder auf.

„Ach, das war ein richtig angenehmer und ruhiger Flug, finden Sie nicht?" Er verabschiedete sich geradezu herzlich und wünschte mir einen schönen und magischen Aufenthalt in New York.

Ich habe den Zeitungsartikel ausgeschnitten und er gehört seither zum Inventar meines Büros. Er erzählt mir davon, wie überschnell ich manchmal Menschen und Situationen bewerte, meine voreiligen Schlussfolgerungen ziehe oder Fehlurteile fälle. Es ist schön zu wissen, dass alles um uns herum unseren Blick öffnen und unser Herz wieder weit werden lassen kann. Und so erzählt mir der Artikel auch, dass es manchmal gerade die Situationen, Menschen oder Erfahrungen sind, denen wir unter allen erdenklichen Umständen ausweichen wollen, die uns dabei am hilfreichsten sein können. Inzwischen zaubert die Erinnerung an diesen Mann ein Lächeln in mir. Er war mir ein guter Lehrmeister dahin gehend, dass meine Ausweichmanöver im Leben eine wertvolle Botschaft für mich enthalten können.

Und er war wie ein magischer Bote an meiner Seite, der mich über diese Überschrift in seiner Zeitung wieder an eine andere Dimension erinnerte, die ich in meiner eingeengten Sicht in dem Moment völlig aus den Augen verloren hatte. Die Magie des Lebens ist all-gegenwärtig, egal wie auch immer sie sich offenbart!

Manchmal sind unsere Vorstellungen von uns und der Welt be-grenzt. Selbst von der Magie und wie sie sich uns in unserem Leben zeigen sollte, machen wir uns bestimmte Bilder. Wie gut zu wissen, dass uns alles zu jeder Zeit dazu dienen kann, sie zu korrigieren – auch unsere Ausweichmanöver!

Der Überfall

Die Dämonen für Dämonen zu halten, das ist die Gefahr.
Sie als leer zu erkennen, das ist der Weg.
Sie zu begreifen als das was sie sind...das ist ihr Ende.
Wenn wir sie als Schöpfungen des Geistes gelten lassen,
dann verwandeln sie sich in Ausschmückungen.
Wissen wir derart damit umzugehen, dann ist das Ganze befreit.

- Milarepa

Ich konnte mir für mich keinen sichereren Ort vorstellen als New York City. Obwohl ich immer wieder erstaunt war von den Reaktionen, die ich von Freunden erfuhr, als ich von meinen abendlichen Spaziergängen im Central Park oder in den unübersichtlichen Gassen Chinatowns erzählte und sie mich immer wieder fragten, ob ich denn keine Angst habe – ich fühlte mich in Manhattan sicher!

Ich war mir wohl bewusst, dass New York der Schauplatz vieler Verbrechen war und ich begegnete auch immer wieder Menschen, sei es in der U-Bahn oder nachts in manchen Ecken um Times Square, die wahrlich nicht vertrauenerweckend schienen. Trotzdem fühlte ich mich in der Stadt zuhause und konnte und wollte auch gar nicht wahrhaben, dass meine geliebte Stadt womöglich auch dunkle Seiten beherbergte. Ich ging offenherzig auf sie und auf ihre Menschen zu und bewegte mich ebenso durch ihre Straßenschluchten. Und die Stadt, so schien es mir, tat es mir gleich und begegnete mir mit offenen Armen und hieß mich mit all ihrer Magie willkommen.

Bis auf den Tag, als ich erfuhr, dass Joseph, der Besitzer des Apartments, das er mir zur Verfügung stellte, das Opfer eines brutalen Überfalls geworden war. Joseph hatte einen Freund erwartet und öffnete, nachdem er ein Klingeln hörte, die Tür in das mehrstöckige Apartmenthaus und zeitgleich die Tür zu seinem Apartment. Als er die angelehnte Tür öffnete, hielt ihm ein vermummter Mann eine Pistole an die Schläfe, bugsierte ihn zurück in das Apartment, stahl ihm seinen Computer und seine Wertpapiere, Kreditkarten und Bargeld, um damit dann in Windeseile wieder in das unübersichtliche Straßengewirr von Greenwich Village zu verschwinden. Joseph alarmierte die Polizei, und ich hörte nur zufällig einige Wochen später von einem gemeinsamen Freund von diesem Vorfall.

Meine erste Reaktion war voller Mitgefühl und galt Joseph. Ich mochte mir gar nicht ausmalen, welchen Schock er durchlitten haben musste angesichts dieser Brutalität in seinem Zuhause. Ich stellte mir vor, dass er sich danach in seinen eigenen vier Wänden nicht mehr wirklich sicher fühlen konnte.

Es dauerte eine geraume Weile, bis es mir allmählich dämmerte und langsam klar wurde, dass dieses Apartment für die Zeit meiner Aufenthalte in New York auch mein eigenes Zuhause darstellte. Meine ganze Sicht von Manhattan war innerhalb von Sekunden auf den Kopf gestellt. Plötzlich war es für mich in meinen Gedanken und Empfindungen einer der unsichersten Plätze auf der ganzen Welt.

Meine abendlichen Spaziergänge durch den Park erschienen mir jetzt in einem düsteren Zwielicht und die Ecken um Times Square wirkten wahrhaftig dunkel. Und über manche Gestalten in der U-Bahn mochte ich gar nicht länger nachdenken. Plötzlich erinnerte ich mich an die unzähligen Male, als ich mitten in der Nacht von dem für die Stadt so typischen Sirengeheul aufgewacht war. Einmal hatte ich sogar Schüsse gehört.

Ich überlegte mir ernsthaft, ob ich mich je wieder in Josephs Apartment sicher fühlen würde. Immer wieder sah ich mich die Tür für einen vermeintlichen Freund öffnen und fühlte eine imaginäre Pistole an meiner Schläfe oder in meinem Rücken. Meine bisher empfundene Sicherheit in Manhattan entlarvte sich binnen Sekunden als schiere Illusion, nur um der absoluten Gewissheit Platz zu machen, dass Manhattan genau das war, wovon ich schon so oft hörte. Ein gefährlicher Tummelplatz gewissenloser Gangster und Mafiosi.

Als wenige Monate später ein neuer Workshoptermin in New York für mich anstand, signalisierte mir Joseph, dass er mir wieder sein Apartment überlassen könne. Er selbst sei zu diesem Zeitpunkt in einem seiner von ihm geliebten buddhistischen Retreats. Alles passte wie magisch verabredet!

Wären da nicht die immer wieder beharrlich auftretenden inneren Bilder von Überfällen und bedrohlichen Szenarien in meinem Kopf gewesen, die von meinen inneren Dämonen in Form von Angst und Verunsicherung schier endlos gefüttert wurden.

Ich brauchte eine Entscheidungshilfe, und wie schon oft zuvor vertraute ich auf die Magie einer inneren Führung, die mich zur richtigen Zeit an den richten Ort, zu den richtigen Menschen oder den richtigen Worten führte. Ich ging zu meinem Bücherregal und griff, ohne bewusst zu wählen, eines der Bücher heraus, schlug blind eine seiner Seiten auf und tippte mit einem Finger auf einen Satz.

‚Mit unseren Gedanken erschaffen wir die Welt,' stand da geschrieben. Ich hatte das Dhammapada, eine Sammlung der Kernaussagen des Buddha, in den Händen und mein Zeigefinger fiel direkt auf die ersten paar Zeilen.

Ich habe daraufhin meinen Flug gebucht und Joseph von Herzen gedankt für seine Großzügigkeit und sein Vertrauen, mir sein wunderbares Zuhause in New York erneut für eine Weile zu überlassen und es vorübergehend zu meinem eigenen werden zu lassen. Ich fühlte mich wieder sicher in Manhattan.

4. KLÄRE DEINE INTENTION UND ACHTE AUF OMEN

Du bist, was Dein tiefstes Verlangen ist.
Wie Dein Verlangen ist, so ist Deine Intention.
Wie Deine Intention ist, so ist Dein Wille.
Wie Dein Wille ist, so ist Deine Tat.
Wie Deine Tat ist, so ist Dein Schicksal.

- Upanischaden

Das Abbild der Spirale dient oft als Symbol für den Weg unserer persönlichen und spirituellen Entwicklung – als Zeichen für Unendlichkeit und als Spiegelbild des Lebens. Auch in der Natur begegnet uns die Spirale in Myriaden von Formen: In wunderbar geformten Schneckenhäusern, in dem sich eben entfaltenden und noch nicht ganz aufgerollten Blatt eines Farns, in zauberhaften Spielarten von Muscheln. Ganze Meeresströme und Bewegungen des Windes in Form von Hurrikanes – alles scheint sich in Spiralform zu bewegen – bis hin zu den kosmischen Spiralen vieler Galaxien.

Die Spirale ist also Abbild makrokosmischer Phänomene und wir können sie in unserem persönlichen Mikrokosmos als Wegbegleiter und Inspiration nutzen. Sie hat ihre ganz eigene Magie und wir fühlen uns in ihren vielschichtigen und komplexen Aussagen und ihrer Bildkraft eingebettet in eine höhere Ordnung und Schwingung. Wir erleben uns mehr und mehr als Teil universeller energetischer Phänomene. Wir sind im Kosmos beheimatet und er in uns.

Tatsächlich drückt sich in der Spirale auch sinnbildlich etwas aus, was wir oft erleben: Wir begegnen uns selbst in scheinbar immer wiederkehrenden gleichen Mustern. Manchmal scheinen wir auf der Stelle zu treten und uns lediglich endlos im Kreis zu drehen. Gefangen im Hamsterrad unseres Lebens. Bei näherem Blick wird uns aber deutlich, dass wir zwar Ähnliches immer wieder erleben, aber ebenso auch einen Zuwachs an Klarheit und größer werdender Toleranz gegenüber den schwierigen Seiten des Lebens. Dasselbe Thema präsentiert sich uns aus einer etwas anderen Perspektive. Die Spirale bewegt sich sowohl in die Richtung einer eher übergeordneten Schau auf unser Leben als auch in die Richtung der eigenen Tiefe. Sie bringt uns sowohl uns selbst in unserer Ausrichtung zum Himmel hin näher als auch unserer Verwurzelung auf der Erde. So sind wir aufgefordert – besonders dann, wenn wir alten Mustern begegnen – unseren Zuwachs an Bewusstheit deutlich wahrzunehmen, unsere Intention zu justieren und immer wieder neu auf unser persönliches Wachstum und unsere spirituelle Verankerung auszurichten.

Dies ist der Prozess einer immer wieder neuen und aktuellen persönlichen Inventur. Wir bringen uns dabei selbst auf den neuesten Stand, was unsere Ausrichtung und Intention im Leben ist. Eine konstante persönliche Neuausrichtung ist gefragt, wenn wir den Zauber unseres Lebens erhalten wollen. Ganz wesentlich dabei ist, dass wir uns hier auf uns selbst besinnen und uns selbst aus der eigenen Tiefe unserer Seele heraus zuhören.

Uns nicht in Abhängigkeit unseres Umfeldes begeben, nicht nach außen schielen, um zu spüren, was von uns erwartet wird und wie wir dem am Besten Folge leisten können. Uns nicht unseren inneren Projektionen überlassen, die uns denken lassen, was die Andern wohl denken und uns dann danach ausrichten. Das erfordert Achtsamkeit und Mut. Unsere persönliche Neuausrichtung orientiert sich an all den für uns wirklich wesentlichen inneren Fragestellungen. Wie wir sie beantworten und immer wieder für uns neu gewichten, offenbart unsere Ausrichtung und klärt unsere wahre Intention im Leben.

Was liegt mir wirklich am Herzen? Was sind meine persönlichen inneren Dämonen? Höre ich auf meine innere Stimme? Was ist meine tiefste Sehnsucht? Was möchte ich verwirklichen?

Wer bin ich und was will ich?

Unsere bewusst gesetzte Intention ist ein machtvolles Instrument, uns dem anzunähern, was wir wirklich in diesem Leben realisieren wollen. Auch hier ist es wesentlich, angesichts eines hochkomplexen Zusammenspiels von Ursache und Wirkung nicht einem zu vereinfachten und mechanistisch missverstandenen Wunschdenken aufzusitzen. Vielmehr geht es darum, allmählich mehr und mehr in die eigene Selbstverantwortung hineinzuwachsen, sich seiner Mit-Schöpferkraft bewusster zu werden und eine überkommene Opfermentalität zu transformieren.

Eine innere Kultivierung von gesundem Respekt und ebensolcher Demut in Bezug auf existenzielle Nöte, wie Krankheiten oder auch schicksalhaft erlebte Ereignisse wie Naturkatastrophen, ist in diesem Prozess als innere Balance notwendig, um nicht zynisch, arrogant und voreilig alles als ,selbstverschuldet' zu etikettieren.

Der Kraft unserer Gedanken und unserer bewusst gesetzten Intention kommt dabei dennoch eine große Bedeutung zu. Sie können ein bedeutungsvoller Faktor sein, wenn es um unsere eigene Gestaltungs- und Schöpferkraft in unserem Leben geht. Schon Buddha prägte in seinen Lehrreden die Worte, dass wir mit unseren Gedanken die Welt erschaffen.

Alte Vorstellungen, begrenzende Überzeugungen und destruktive Gewohnheiten stehen dabei auf dem Prüfstand. Klären wir unsere Intention im Leben, können wir allmählich in unsere eigentliche Größe hineinwachsen und immer mehr dazu beitragen, das mit zu erschaffen, was wir uns vorstellen.

Hierbei geht es nicht um den Willen des Ego oder die Machtgelüste unserer Dämonen. Vielmehr um eine bewusst vollzogene Wahl, uns mit dem Licht und der Liebe in uns zu identifizieren. Dies ist unsere tägliche Arbeit. Und auch unser täglich' Brot, denn je mehr wir unsere positive Intention in uns verankern und uns damit identifizieren, desto mehr werden wir davon getragen und genährt werden.

Was sich in unserem Inneren abspielt, bekommen wir manchmal im Außen gespiegelt. Immer wieder erleben wir dabei Situationen oder Begegnungen, die uns eine Rückmeldung über unseren inneren Wachstumsprozess geben können.

Wir erkennen immer deutlicher einen magischen roten Faden, der sich durch unser Leben zieht und allmählich viele Erlebnisse und Eindrücke auffädelt wie die Perlen auf einer Gebetskette. Sie ist unser ganz persönliches magisches Geschenk und unsere Widmung an das Leben.

Das Erleben von Synchronizitäten nimmt in diesem Prozess zu. Es ereignen sich immer mehr scheinbare ‚Zufälle' in unserem Leben, die wir als stimmige und sinnhafte Zusammenhänge erkennen können.

Zeitgleich begegnen wir öfter Omen auf unserem Weg. Wir achten mehr auf sie und lernen, sie zu erkennen und ihre magische Sprache für uns zu übersetzen. Mit einem Omen verhält es sich im Grunde wie mit der Magie selbst. Es ist nicht als etwas okkult Nebelhaftes zu verstehen, das sich undurchsichtig und schicksalhaft über uns ausbreitet. Vielmehr verstehe ich ein Omen als ein Ereignis und Phänomen, das uns eine andere Ebene von Wirklichkeit erschließt, die jenseits unserer materiellen Wirklichkeit liegt, derer wir uns aber nicht immer bewusst sind.

Wenn wir ein solches Omen bemerken, ist es, als ob eine andere Dimension an die Tür unserer Sinneswahrnehmung klopft, um Einlass bittet und damit ein erweitertes Bewusstsein und eine veränderte Sicht auf die Welt ermöglicht.

Ein Omen kann alles sein, was wir als solches wahrnehmen: Ein Buch, das uns wie zufällig in die Hände fällt, ein Satz, den wir im Vorübergehen aufschnappen und der wie für uns ausgesprochen scheint, ein vorbeifliegender Vogel, der vor unserer Nase landet und uns eine Botschaft zwitschert, ein Gegenstand, den wir auf der Straße finden, der Text eines Liedes, den wir beim Einschalten des Radios hören.

Wenn wir Omen begegnen, wird unser Vertrauen gestärkt. Sie wirken wie eine Bestätigung für unser Höheres Selbst und den eingeschlagenen Weg. Auch hier haben wir natürlich mit Selbstzweifeln zu tun. Was ereignet sich wirklich einfach nur zufällig und hat echt rein gar nichts mit uns zu tun? Wir sind tatsächlich nicht der Nabel der Welt! Und wovon fühlen wir uns innerlich gemeint und angesprochen? Manchmal negieren wir auch die

Omen, die uns begegnen und wir spüren den Preis, den wir für die Missachtung bezahlen. Eine innere Haltung von Offenheit und Achtsamkeit dient auch hier als Türöffner. Ebenso wie eine natürliche Haltung von Demut und Hingabe an das, was uns tatsächlich gezeigt werden soll. Denn dies liegt oft weit jenseits dessen, was wir uns ausmalen oder vorstellen und hat rein gar nichts mit Wunschdenken zu tun. Auch dieses Phänomen entzieht sich unserer bewussten Kontrolle. In einer der Lehrreden Buddhas heißt es: ‚Suche nicht weiter nach der Wahrheit – lass nur Deine Überzeugungen los.‘ Das ist für unseren westlichen Geist eine große Herausforderung und vielleicht gerade deshalb ein umso kostbarerer Rat.

Je mehr wir uns unserer inneren Führung überlassen, desto deutlicher nehmen wir eine äußerlich erlebbare Führung wahr. Omen können ein Teil davon sein. Genauso wie das Erleben von Synchronizität. Allmählich lassen wir uns vertrauensvoll auf all das ein und sind im Fluss des Lebens angekommen.

Und immer öfter zur richtigen Zeit am richtigen Ort. Wie insgeheim magisch verabredet!

Spätestens jetzt realisieren wir, dass Magie im Grunde nichts irreales ist oder so etwas wie ein unfassbares Wunder. Es ist eigentlich vielmehr ein völlig logisches Resultat, wenn wir spirituelle Gesetzmäßigkeiten in unser Leben integrieren, wir uns selbst unserer Essenz annähern und unserem Höheren Selbst immer mehr die Führung überlassen.

Das verlorene Gepäck

Am Ende kommt es auf folgendes am meisten an.
Wie rückhaltlos hast Du gelebt?
Wie gut hast du geliebt?
Wie gründlich hast du das Loslassen gelernt?

- Buddha

Der heilige Berg Kailash in Tibet ist seit Jahrtausenden das Ziel unzähliger Pilger. Um ihn ranken sich viele Mythen und er wird sowohl von Hindus als auch Buddhisten als Zentrum eines kosmischen Mandalas gesehen, das in ihm seinen Mittelpunkt hat – inmitten des tibetischen Hochplateaus, umgeben von den majestätischen Bergketten des Himalaya, gegenüber Gurla Mandhata und in der Nähe des ebenfalls als heilig verehrten Manasarovar Sees. Wer in das Kraftfeld seiner Magie eintaucht und ihn umrundet, der wird geläutert und kommt sich selbst und der Erleuchtung ein großes Stück näher – so steht es in den alten Schriften. Doch nur wer klare Omen erhalte und den Ruf des Berges in sich vernehme oder wem in Träumen oder Visionen sein Bild erschiene, der solle zum Kailash aufbrechen, heißt es dort weiter.

Seit vielen Jahren folgte ich diesem Ruf nun schon. Und immer wieder begegnete mir dieser mystische Berg in manchen meiner Träume in seiner einzigartigen Schönheit. Nicht umsonst bezeichnen ihn die Tibeter als ‚Schneejuwel', denn genauso erscheint er, wenn man sich ihm von Süden her nähert: Eine fast vollkommen symmetrische Pyramide mit Schnee bedeckt. Schon viele Male habe ich mich, inspiriert von seiner magischen Ausstrahlung, auf die Pilgerreise zu ihm gemacht.

Und so bin ich auch diesmal wieder unterwegs, mich in sein Kraftfeld zu begeben und mich für all das zu öffnen, was mir und den Menschen in unserer Obhut auf diesem spirituellen inneren und äußeren Weg wohl offenbart werden würde. Ich bin für die Leitung spirituell ausgerichteter Reisegruppen mitverantwortlich, denen sich Menschen anschließen, die sich ihrerseits von seinem Zauber angesprochen fühlen.

Einige sehr anstrengende Trekkingtage durch den Westen Nepals liegen bereits hinter mir. All die vielen Reisen in die Himalayaregion, nach Indien und auch hierher nach Tibet sind immer wieder aufs Neue eine große physische und psychische Herausforderung. Und die letzten Tage kommt es mir fast so vor, als seien die Entfernungen noch größer, die Luft noch dünner und meine Kräfte in all der Zeit noch weniger geworden. Insgesamt spüre ich, dass diese Reisen sehr viel von mir abverlangen und ich frage mich, ob vielleicht eine Veränderung in meinem Leben ansteht. Und so gehen mir manche Gedanken über meine zukünftige Lebensgestaltung durch den Kopf. Ich nehme sie mit auf meine innere Reise und möchte auf diesem Pilgerweg offen sein für Omen und mögliche Antworten.

Ziemlich erschöpft komme ich endlich im West-Tal des Kailash an. Morgen wird das große alljährliche Saka Dawa Fest mit vielen tibetischen Pilgern gefeiert. Danach beginnt die Parikrama, die Umrundung des Berges. Drei Tage wird sie dauern und uns über den Dölma La Pass führen, mit seinen fünftausendsechshundert Höhenmetern der höchste Punkt dieses abenteuerlichen Weges.

Unsere Sherpas sind am verabredeten Platz, und auch das Gepäck ist schon da. Ich bin erleichtert und dankbar für die wunderbare Unterstützung unserer nepalesischen Crew. Ich freue mich auf mein Zelt, frische Wäsche und mein Tagebuch. Alles wird ausgeladen, die Zelte aufgebaut und der erste Tee gekocht. Alle Rucksäcke, Seesäcke, Schlafsäcke, Zeltsäcke liegen auf einem riesigen Haufen in der Mitte unseres Platzes. Ich kann meine große Trekkingtasche nicht finden. Der Riesenberg lichtet sich mit jedem Gepäckstück, das den Weg zu seinem Besitzer findet. Ich kann meines nicht entdecken. Ich frage Tenzin und mutmaße, dass die Sherpas die Tasche noch auf dem Truck gelassen haben. Überall wird emsig nachgeschaut – mein Gepäck ist und bleibt auf unerklärliche Weise verschwunden.

Ich setze mich erst mal, um diese Realität zu erfassen. In dieser Höhe und für die Umrundung, die morgen startet, ist eine einigermaßen gute Ausrüstung absolut notwendig. Ich merke, wie ich

Stück für Stück innerlich mein Gepäck durchgehe und allmählich den Ernst meiner Lage erfasse. Ich habe die Umrundung vor mir, weitere anstrengende Trekkingtage und eine herausfordernde Tour weiter in den Westen Tibets, in das alte Königreich Guge, zurück über das Plateau und dann nach weiteren zwei Wochen schließlich zurück nach Kathmandu.

Soll ich den Aufstieg zum Dölma La in meinen Schläppchen machen oder etwa in Flipflops durch den Schnee und die Eisfelder? Meine kostbaren Trekkingschuhe, die mich schon Tausende von Kilometern all die Jahre über alle Pässe und Täler des Himalaya begleitet haben – weg! Meine über alles geliebte Daunenjacke, die mich vor dem ständigen tibetischen Wind schützte – weg! Meine Mala, die von so vielen Rinpoches gesegnet worden war und immer schon mein magischer Begleiter war – weg! Mein Tagebuch – weg! Meine warmen Pullover, Jeans, Unterwäsche, Zahnbürste, Gesichtscreme – weg!

Schlichtweg einfach alles weg! Nur mein Schlafsack, der Gott sei Dank in einem extra Beutel war, findet sich noch zu guter Letzt zwischen einigen Säcken Reis. Das ist in dieser Höhe und Kälte und bei meiner Verfrorenheit wirklich lebensrettend.

Ich bleibe erst einmal sitzen. Ich kann es nicht fassen. Noch nie in all den Jahren wurde je ein Gepäckstück vermisst. Nur einmal verschwand ein Yak mitsamt meinen Sachen für einige Zeit, tauchte dann aber wieder auf. Wie sollte ich jetzt die nächsten Wochen über die Runden kommen? Es gibt kein Dorf, keinen Laden, nichts – wir sind auf dem tibetischen Hochplateau auf fünftausend Meter Höhe und jeder hat für sich selbst nur das Allernotwendigste dabei.

Nachdem ich den ersten Schreck überwunden habe und auch manch innerem Dämon begegne, der mir weismachen will, die Reise sei jetzt hier für mich beendet, finde ich mich mit dem ab, was nicht zu ändern ist.

Angesichts der majestätischen Ausstrahlung des heiligen Berges Kailash und der Armut der tibetischen Pilger scheint es mir darüber hinaus zudem völlig unangemessen, über fehlende Kleidung zu lamentieren. Alles ist doch relativ, besonders solche Luxusprobleme! Der Himalaya hilft uns immer wieder auf magische Art und Weise, die Dinge zu relativieren und neu einzuordnen. Mir kommt einmal mehr die Pilgerschaft als Symbol für unseren Lebensweg in den Sinn. Eigentlich sind wir doch immer auf der Reise unseres Lebens. Und eigentlich immer nur auf Durchreise. Und auch diese Erde ist doch nur eine Durchgangsstation für uns. Wir kommen nackt und gehen auch wieder so. Welche Rolle spielt also ein Tagebuch oder ein paar Schuhe? Ist es nicht sogar so, dass wir uns auf dieser Reise durch unser Leben manchmal eher mit viel zu viel Gepäck und unnötigem Ballast beschweren?

Ich habe nie zuvor erfahren, dass ich tatsächlich für so lange Zeit und unter solch herausfordernden Bedingungen mit dem, was ich auf dem Leib trage, zurecht kommen kann. Eine Frau aus der Gruppe schenkt mir etwas Creme und eine Garnitur Unterwäsche, ein Sherpa borgt mir seine uralte und viel zu große Fleecejacke. Und ich gehe tatsächlich mit meinen Leinenschläppchen über die Passhöhe und weiter all die kommenden Wegstrecken. Natürlich sehr viel unsicherer als in meinen alten und mir so lieb und teuer gewordenen Trekkingschuhen, aber irgendwie geht alles! Insofern beschert mir das anfängliche Ungemach eigentlich eine sehr schöne und zutiefst bereichernde Erfahrung!

Allerdings beschäftigen mich meine verloren gegangenen Sachen weiterhin – nicht weil ich ohne sie nicht klar komme, sondern weil eine innere Stimme mich immer wieder darauf aufmerksam macht, zu erkunden, was es mit diesem Ereignis eigentlich auf sich hat.

Bei der Umrundung des heiligen Berges, die wir alle am nächsten Morgen antreten, nehme ich mein verlorenes Gepäck innerlich mit auf Pilgerschaft. Ich erinnere mich an die Erschöpfung der letzten Tage und meine Frage nach einer Neuorientierung in meinem Leben.

Ist dies jetzt ein Omen und fügt es sich sinnvoll ein in eine Art Führung und Fügung, die mich in eine andere Richtung weisen und meinem Leben eine neue Wende geben möchte?

Gibt es überhaupt so etwas wie eine innere oder äußere Führung durch Omen oder ist alles in unserem Leben einfach eine Anein-

anderreihung von Zufälligkeiten? Haben wir eine Art Schicksals-
plan, der irgendwo im Äther in einer Akasha-Chronik
geschrieben steht und nichts bleibt einem irgendwie gearteten Zufall überlassen? Und wo bleibt da der freie Wille? Besteht er womöglich lediglich darin, immer nur all das innerlich abzunicken,
was sowieso auf einem unabänderlichen Plan steht? So wie Leo
Tolstoi einmal sagte: ‚Das Glück besteht nicht darin, dass du tun
kannst, was du willst, sondern darin, dass du immer willst, was
du tust.'

Wenn Dinge passieren, die uns gefallen, sind wir dann eher bereit, sie als verheißungsvolle Omen zu interpretieren? Sie gleich
als quasi gottgewollt anzusehen und die Hinweise dann eher
ernst zu nehmen? Und was uns nicht in den Kram passt, sortieren
wir einfach als dummen Zufall gleich wieder aus? Ich nehme all
diese Fragen mit auf meinen Weg um den Kailash.

Das verlorene Gepäck reiht sich für mich dabei immer klarer ein
in die Wahrnehmung von Abschied – ob mir das nun passt oder
nicht. Es ist einfach so. Ich kann dieser inneren Einsicht nicht ausweichen, auch wenn sich einiges in mir noch so sehr dagegen
wehrt und sie mein Herz schwer werden lässt. Während der Umrundung des Berges kommen wir an unzähligen Plätzen vorbei,
denen alle eine ganz spezifische mystische Bedeutung zugeschrie-
ben wird. Hier halten die Pilger inne und vollziehen ihre magischen und kraftvollen Rituale.

Einer dieser Orte ist der Meditationsgottheit Vajrayogini ge-
weiht. Sie trägt ein großes Hackmesser und wird nackt auf einem
Leichnam stehend dargestellt. Sie ist Sinnbild für Befreiung. Das
Hackmesser durchschneidet neurotische Gewohnheiten; der
Leichnam versinnbildlicht den Tod des Ego. Dieser Platz im West-
Tal des Kailash ist eine Art symbolischer Friedhof. Die Pilger lassen etwas von sich zurück, was ihr Ego symbolisiert: Eine Locke
oder ein lieb gewonnenes Kleidungsstück. Nach diesem Platz des
Todes geht es hoch zum Dölma La Pass, der die Wiedergeburt
und das Neue symbolisiert. Das Alte stirbt und wird losgelassen,
um dem Neuen Raum zur Entfaltung zu geben.

An diesem Platz der Vajrayogini mache ich kurz Pause und halte
Zwiesprache mit mir und dem Berg. Bevor ich mich verabschiede,

lasse ich meinen Schal zurück und schneide mir eine Haarlocke ab. Ich bedanke mich für alles, was mir der Berg Kailash an inneren Erkenntnissen und unendlich vielen und wertvollen Erfahrungen hier in seinem Energiefeld all die vielen vergangenen Jahre zuteilwerden ließ. Auch für den Vorfall mit meinem Gepäck.

Es ist wohl wirklich ein Omen für mich. Es steht vielleicht tatsächlich an, Abschied zu nehmen, loszulassen und manches in meinem Leben neu zu überdenken. In einem tiefen meditativen Zustand treffe ich eine innere Verabredung mit mir, dem heiligen Berg und meiner geistigen Führung: Falls die Pilgerreisen nach Tibet weiterhin auf meinem Seelenweg liegen würden, dann würde der Berg Kailash mir wieder in meinen Träumen begegnen.

Er würde mich – wie schon so oft – innerlich rufen und ich würde diesem Ruf folgen. Ohne ein solches Omen aber würde ich mich dem beugen und mich in der Kunst des Loslassens üben.

All das ereignete sich vor vielen Jahren. Ich habe seither nie wieder einen Traum vom Heiligen Berg Kailash gehabt und kam bisher nicht wieder nach Tibet zurück.

Staub aufwirbeln

Die Erde hat etwas Wunderbares.
Ich nenne es die Wirklichkeit.
Verlieben Sie sich in das, was ist.
Alles ist Gott. Alles ist gut.

- Byron Katie

Die Reisegruppe, mit deren Leitung ich betraut war, befand sich auf dem Weg von Lhasa über das tibetische Hochplateau in den Westen Tibets. Wir alle hatten uns auf Pilgerreise zum heiligen Berg Kailash gemacht, um uns selbst und dem Himmel auf dem Dach der Welt näher zu kommen. Die tibetischen Pisten sind staubig und die Jeeps, die wir für unsere Reisegruppe organisieren konnten, nicht immer im allerbesten Zustand. Manchmal war der Innenraum der Jeeps fast so staubig wie der Jeep vor uns, der in einer riesigen Staubwolke völlig zu verschwinden schien. Der konstante Wind auf dem Dach der Welt tat ein Übriges, um ständig neuen Staub aufzuwirbeln.

Angesichts der ständigen Herausforderung, die dieser Staub mit sich brachte, suchte ich verzweifelt nach einer Lösung, wie ich persönlich mit ihm umgehen sollte und dies auch der Gruppe vermitteln könnte. Dieser Staub verschlug mir manchmal den Atem und legte sich über alles. Er war in meinen Augen und Kleidern, fand sich in meinem Tagebuch ebenso wie auf meiner Zahnbürste. Ich schickte ein Stoßgebet zum Himmel und wünschte mir eine Sichtweise auf all den Staub, die die faszinierende Schönheit des tibetischen Hochplateaus nicht in einem Licht von gelblich eingefärbten Staubwolken verschwinden ließ.

Ich versuchte, mich dem Phänomen Staub innerlich anzunähern und eröffnete ein Gespräch darüber. Wir fingen an, uns über Staub zu unterhalten und uns angesichts seiner nicht übersehbaren Existenz mit allerlei Geschichten etwas aufzumuntern. Wir wollten versuchen, ob es uns gelingen könnte, uns mit ihm vielleicht sogar anzufreunden. Die nächsten Wochen würde er unser Begleiter sein. Es gab kein Entrinnen.

Manfred erzählte, dass er sich in schwierigen Situationen am liebsten aus dem Staub macht und Christoph fiel ein, dass er als kleiner Junge einmal heimlich Geld abstaubte für ein Eis am Stiel, als seine Eltern nicht zuhause waren. Iris sagte, sie hasse nichts mehr unter allen häuslichen Tätigkeiten als Staub zu wischen und Dorothea äußerte ihren Groll darüber, dass sich ihr letzter Liebhaber als Abstauber erwies. Frank erzählte von seinem Großvater, der verstaubte Ideen hatte, was aus seinem Enkel werden sollte, gegen die er sich zur Wehr setzen musste. Claudia war besorgt um ihren Teint und sie meinte, mit all dem Staub im Gesicht würde sie angestaubt und um Jahre gealtert nach Hause zurückkehren.

Elisabeth schließlich schilderte ihre Eindrücke als kleines Mädchen: „Meine Großmutter sagte mir immer, ich solle nicht so viel Staub aufwirbeln. Meine Mutter war derselben Meinung. Das sei arrogant und das gehöre sich nicht. Man solle immer bescheiden sein und sich in Zurückhaltung üben. Ich verstand nicht, warum Staub aufwirbeln arrogant sein sollte. Eigentlich verstehe ich es bis heute nicht."

Wir lachten, als wir uns alle einhellig darauf einigen konnten, dass wir alle lieber Staub aufwirbeln wollten in unserem Leben, als selber zu verstauben. Verstauben könnten wir später immer noch.

Wir hatten an einem der beeindruckenden Passübergänge angehalten, wo unzählige Gebetsfahnen wehten. Einige tibetische Pilger hatten dort ebenfalls Rast gemacht und sie waren dabei, ihre heiligen Rituale zu verrichten und sich niederzuwerfen. Wir hielten inne und wurden still. Ich sah zu den Pilgern hinüber und mir schien, als würden sie mir mit ihrem Ritual eine Botschaft und einen Hinweis auf unser Problem im Umgang mit dem Staub senden. Vielleicht war mein Wunsch nach einer anderen Sichtweise und damit dem Umgang mit diesem Staub erhört worden?

Sie vollzogen ihr Ritual für den heiligsten aller Berge, den Mount Kailash. Sie warfen sich nieder, auf den steinigen staubigen Boden und maßen die Umrundung des Berges mit ihrer Körperlänge aus. Sie wirbelten dabei den Staub auf und es war eine Geste tiefster Ehrerbietung und Hingabe an Buddha – und damit gleichzeitig Hingabe an sich selbst als Ausdruck ihrer eigenen Buddhanatur. Jener Essenz, die jedem menschlichen Wesen innewohnt. Angesichts der tibetischen Pilger erschien mir der Begriff vom ‚Staub aufwirbeln' als Ausdruck von Arroganz plötzlich in einem ganz anderen Licht. Es erschien mir das genaue Gegenteil. Es war hier in diesem Moment ein zutiefst menschlicher Ausdruck der Hingabe an eine höhere Ordnung. Ein Moment getragen von tiefer Demut.

Die Pilger wirbelten wahrhaft viel Staub auf – in ihrer Verehrung und Respektbezeugung an das kosmische Mandala, dessen Zentrum der heilige Berg war und das zeitgleich eine Spiegelung der uns als Menschen innewohnenden eigenen Größe war.

Wir machten uns wieder auf den Weg. Nach dieser Rast auf der Passhöhe verloren wir kein Wort mehr über den tibetischen Staub. Er blieb weiterhin unser ständiger Begleiter und wir lauschten den vielen magischen Geschichten, die die Pilgerströme der Jahrhunderte und die Millionen von Niederwerfungen in ihm hinterlassen hatten. Manche davon waren Geschichten von Größe und Demut.

Die Lehre der Maus

Ruhig sitzen, nichts tun,
der Frühling kommt, und das Gras
wächst von selbst.

- Zenrin-Kushu

Ich saß schon geraume Zeit in Meditationshaltung und realisierte, wie der Schmerz in meinen Knien und meinem Rücken zu- und die Qualität meiner Meditation entsprechend abnahm. Schon über eine Woche war ich in diesem Meditationsretreat, das in absolutem Schweigen abgehalten wurde. Der äußerlich einzuhaltenden Ruhe sollte die innere Stille folgen – so war die Intention. Und tatsächlich gab es immer wieder kostbare Momente, in denen meinem ruhelosen Geist die Puste ausging und sich der Raum zwischen zwei Gedanken ausdehnte in ein formloses Nichts, das aber paradoxerweise die Fülle aller Welten umfasste.

So sehr ich mich auch bemühte, die Schmerzen in meinem Rücken einfach nur wahrzunehmen und entspannt weiterzuatmen, anstatt sie mit Geschichten zu versehen, wie: ‚Jetzt habe ich mir hier einen Bandscheibenvorfall geholt' oder ‚Ich werde nie und nimmer eine Chance zur Erleuchtung haben, wenn ich es nicht einmal schaffe, mich nicht länger mit diesen Schmerzen zu identifizieren' – es funktionierte nicht. Ich war aus meiner tiefen Meditation herausgefallen und eine unzufriedene Ungeduld machte sich in mir breit. Das Schweigen erschien mir jetzt wie Folter und am liebsten wäre ich aufgestanden und hätte diese schöne Ruhe einfach gestört. Sie kam mir plötzlich scheinheilig vor.

Ich war in innerer Not. Nicht nur, dass ich diese Schmerzen immer weniger aushielt. Es erschien mir völlig ausgeschlossen, weiterhin schweigend in diesem Klosterraum sitzen zu bleiben, der mir inzwischen zunehmend wie eine Folterkammer erschien. Ich war verzweifelt und mir war nach Schreien zumute, oder zumindest nach einem tiefen Seufzer, durch den ich meine körperlichen Schmerzen und meine inneren Kämpfe hätte entladen können.

Ich wusste mir nicht mehr zu helfen. Ich bat um eine Hilfe des Himmels. Möge er mir doch einen Hinweis geben, wie ich diese Situation für mich lösen könnte. Mir ein Omen schicken, das mir helfen und mich von all dem erretten würde. Oder mich am Besten gleich auf eine Südseeinsel zaubern. An einen weißen feinsandigen Strand – in einer Hängematte liegend und mit einem Cocktail in der Hand.

In genau diesem Moment entdeckte ich an dem riesengroßen tibetischen Tangka an der Wand, welcher hinter dem Altar hing, eine Bewegung. Es war, als schöbe sich, wie von magischer Hand geführt, eine kleine Wölbung dem oberen Ende des Rollbildes entgegen. Dann sah ich sie. Eine kleine Maus bahnte sich eifrig ihren Weg direkt auf dem oberen Rand des Tangkas entlang und schnupperte dabei neugierig. Sicherlich war sie auf der Suche nach etwas Essbarem und hatte vielleicht den Geruch der Reiskörner bereits in der Nase, die in den Schälchen auf dem Altar standen und als Opfergaben an die Buddhas gedacht waren.

Ich fand die Maus amüsant und konnte meinen Blick nicht von ihr abwenden. Je länger ich ihre akrobatisch anmutende Reise über den Tangka verfolgte, desto lustiger und putziger fand ich sie und desto mehr verschwand der Schmerz aus meinem Bewusstsein. Ein fast nicht mehr aufzuhaltendes Lachen bahnte sich seinen Weg aus der Tiefe meines Bauches heraus, das Zwerchfell kitzelnd, entlang der Kehle hoch.

Wäre da nur nicht das Schweigegebot gewesen! Verstohlen versuchte ich aus den Augenwinkeln heraus zu erforschen, ob irgendjemand in meiner näheren Umgebung die Maus auch bemerkt hatte. Gemeinsam hätten wir uns vielleicht nonverbal über die Maus verständigen und dann zusammen loslachen können. Aber alles um mich herum schien versunken in tiefer meditativer Stille. Ich wusste nicht wohin mit dem Lachen. Nur ein Hustenreiz oder eine unkontrollierbare Niesattacke ist ähnlich schlimm, wenn Stille und Konzentration angesagt sind. Unzählige Erinnerungen an Schulzeiten und Ferienlager tauchten auf. Dieses unbändige Lachen, das so ansteckend ist, dass man erst aufhören kann, wenn die Tränen fließen und der Bauch weh tut.

Die Maus war inzwischen in der Mitte des Tangkas angekommen und wenn ich – mit gesenktem Kopf – wagte, etwas aufzublicken, so saß sie jetzt optisch direkt auf dem Kopf des tibetischen Lamas, der das Retreat leitete. Ihr Schwanz schien seinen glatt rasierten Schädel zu kitzeln. Ich biss mir auf die Zunge und kniff mich in den Arm. Ich wusste mir nicht mehr anders zu helfen. Ich musste diese Lachattacke in mir endlich unter Kontrolle bringen! Ich wollte unter keinen Umständen in Gelächter ausbrechen. Ich hätte alle anderen gestört und mich selbst der Lächerlichkeit preisgegeben. Dass ich nur wenige Minuten vorher vollkommen fixiert war auf mein körperliches Leiden und sich mein Empfinden nun plötzlich geändert hatte, nahm ich in dem Moment gar nicht bewusst wahr.

Die Maus setzte unterdessen unbeirrt ihren Weg fort und steuerte zielorientiert die Reiskörner auf dem Altar an. Ich schloss die Augen, um sie nicht mehr zu sehen. Das half wenig. Vor meinem inneren Auge setzte sie ihren Weg in aller Emsigkeit fort. Und tatsächlich! Als ich meine Augen wieder öffnete, turnte sie munter auf dem Altar direkt der ersten Reisschale entgegen. Ich schloss meine Augen wieder und begann, ganz bewusst meine tiefer werdenden Atemzüge zu beobachten. Allmählich kehrte wieder Stille in mir ein.

Ich fühlte mich von diesem kleinen Wesen an eine alte indische Weisheit erinnert: ‚Alles wächst, wenn man ihm Aufmerksamkeit schenkt. Willst du also etwas loslassen, dann entziehe ihm die Aufmerksamkeit.'

Ich dankte dem Himmel für seine klaren Hinweise. Ich fand mich zwar nicht an einem Traumstrand wieder, aber meine Schmerzen waren kaum mehr wahrnehmbar. Ich hatte ihnen einfach keine weitere Aufmerksamkeit mehr schenken können – diese war ausschließlich von der kleinen Maus absorbiert gewesen. Ich genoss in aller Stille ihre humorvolle Art, mir diese Lehre zu erteilen.

Das Zeichen des Swami

Glaube nicht an Wunder –
verlass Dich auf sie.

- Unbekannt

Wir waren schon längere Zeit auf Haussuche. Bernd und ich suchten für unsere selbstständige Arbeit neue Praxis- und Büroräume und für uns selbst ein neues Zuhause. Nach vielen frustrierenden Besichtigungen fanden wir ein großzügiges Haus mit einem schönen großen Garten am Ortsrand eines kleinen Dorfes, das einen freien Blick auf die Felder und die in der Ferne liegenden Hügel freigab. Das Haus entsprach in vielerlei Hinsicht unseren Anforderungen, und so erwogen wir, es zu kaufen. Allerdings erschien uns der Preis etwas zu hoch und auch die Verhandlungen mit dem Besitzer entpuppten sich als unangenehm. Es war, als ob er nicht mit offenen Karten spielte und wir vermuteten irgendwelche versteckten Mängel oder sonstige Unannehmlichkeiten, die dieses Projekt uns bereiten könnte.

Wir machten uns weiter auf die Suche. Aber nichts Neues schien sich am Immobilienmarkt für uns aufzutun und immer wieder tauchte dieses Haus vor unserem inneren Auge auf. Aber am Preis und dem nicht nachzuvollziehenden Verhalten seines Besitzers hatte sich nichts verändert und so blieben wir weiter zurückhaltend.

Eine neue Reisegruppe war geplant und wir waren froh, der stressigen Haussuche und manch frustrierenden und überteuerten Angeboten für eine Weile den Rücken kehren zu können.

Diese Reise führte zur Quelle des Ganges und zu den heiligen Tempeln in der Garhwal Region des südwestlichen Himalaya. Wir wollten den Menschen, die sich für diese Reise entschieden hatten, etwas von den Sitten und Bräuchen des alten spirituellen Indiens vermitteln und sie teilhaben lassen an den Meditationen an einigen der Kraftplätze, die zahllos entlang des als heilig erachteten Flusses zu erspüren waren. Wir kannten von früheren Besuchen einige der Sadhus und Yogis, die sich in die vielen Höhlen in den umliegenden Wäldern zurückgezogen hatten, um dort ihren spirituellen Weg zu vertiefen, sich in der Kunst des Yoga zu üben und Meisterschaft über den Körper und die Sinne zu erlangen.

Einer davon war Swami Sundarandiji. Er lebte in einer einfachen Hütte am Flussufer etwas außerhalb von Gangotri, dem alten Pilgerort, von dem aus die Pilger zur Quelle des Ganges aufbrechen. An dieser Stelle war das Wasser des Ganges von einigen der beeindruckenden Felsen geteilt, die in der Mitte des Flusses in Gangotri diesem Ort sein typisches und unverwechselbares Erscheinungsbild gaben. Schon oft hatte Swami uns zu den Felsen geführt und uns die bizarren Formen als Manifestationen Lord Shivas erklärt und uns ihre spirituelle Bedeutung nahe gebracht.

Sundaranandiji war ein gelehrter Mann. Er hatte alle wesentlichen Schriften studiert und war zeitlebens ein ergebener Schüler seines Meisters Tabovan Guru. Er war ein älterer Mann mit langen weißen Haaren und einem ebensolchen Bart und trug das typisch orangene Gewand der Swamis. Seine großen Augen waren milde und mitfühlend und sein Lachen ansteckend, und ihm wurden manche außerordentlichen Fähigkeiten nachgesagt.

Seine Hütte war sehr einfach und doch ein Juwel. Liebevoll hatte er besondere Steine, Muscheln und Äste gesammelt und sie in der Hütte und dem winzigen Gärtchen, das sie umgab, aufmerksam platziert. Der einfache Lehmboden war immer mit einigen Ästen gekehrt. Alles schien seine eigene Ordnung zu haben in diesem kleinen Kosmos am Ufer des heiligen Flusses. Er verließ seine Hütte fast nie – nur äußerst selten brach er manchmal auf hoch zur Quelle oder zu einer anderen Pilgerreise.

Schon seit einigen Tagen hielten wir uns in Gangotri auf und erkundeten mystische Plätze und hörten von vielen magischen Begebenheiten, die sich an den Ufern des Ganges und in manchen der Höhlen der Sadhus abspielten. Der Immobilienmarkt in Deutschland war weit weg und fast vollständig meinen Gedanken entfallen, bis ich eines Morgens mit einer ersten Tasse Chai-Tee vor der Pilgerherberge saß, in der wir untergebracht waren. Alles war noch in frühmorgendliche Stille getaucht. Die meisten Menschen schliefen noch und selbst die Vögel und das Rauschen des Wassers vom nahen Ganges schien mir etwas ruhiger an diesem Tag als sonst. Es lag ein Hauch von Nebel über dem Wasser und dem Dorf und tauchte alles in ein magisches Licht und eine verzauberte Stimmung. Von meinem Platz aus konnte ich in der Ferne sogar Swami Sundaranandiji's Hütte am gegenüberliegenden Flussufer sehen. Auch sie lag in friedlicher Stille und von leichtem Nebel umgarnt und von riesengroßen Kiefern beschützt.

Immer wieder verschaffte sich das Haus und die Räumlichkeiten, die wir besichtigt hatten, Zugang in meine Gedanken und inneren Bilder. Es passte mir gar nicht, mich damit jetzt innerlich beschäftigen zu müssen. Ich wollte mich auf den Tag einstimmen, an dem wir gegen Mittag zu einem der naheliegenden Tempel aufbrechen wollten, um dort mit all den indischen Pilgern eine Feuerzeremonie mitzuerleben und in die Bhajangesänge der Sadhus und Babas mit einzustimmen.

Das Haus, der Garten und die umliegenden Felder wichen nicht aus meinem Kopf. Wie oft in solchen Momenten erinnerte ich mich an die Magie. Ich dachte mir eine Verabredung mit dem Himmel aus und erhoffte mir so eine Entscheidungshilfe. Ich wollte das Haus innerlich loswerden und so überlegte ich mir eine besonders kniffelige und unmöglich erscheinende Aufgabe. Wenn das Haus wirklich unseres sein sollte und ich mich deshalb weiterhin mit ihm beschäftigen sollte, so würde Swami Sundaranandiji innerhalb der nächsten fünf Minuten aus seiner Hütte treten, das Gartentürchen hinter sich schließen und hinab zum Ganges laufen. Wenn dies nicht geschehe, so wäre dies ein klares Omen dafür, dass dieses Haus nichts mit uns zu tun habe und ich es folge dessen getrost vergessen könnte.

Da ich aus Erfahrung wusste, dass Swami so gut wie nie seine Hütte verließ und schon gar nicht zu dieser Tageszeit, weil er seine morgendlichen Rituale verrichtete, schien mir das unrealistisch genug. Mithilfe dieses von mir zugegebenermaßen reichlich manipulierten Zeichens erhoffte ich mir Unterstützung dabei, mich von meinen störenden Gedanken befreien zu können.

Ich schickte also diese Gedanken gen Himmel und hinüber zu Swami. Kurze Zeit später öffnete sich das Gartentürchen. Swami trat heraus und ging hinab zum Ganges.

Das Haus ist inzwischen in unserem Besitz und wir erfreuen uns an den großzügigen lichtdurchfluteten Räumen, dem Garten und dem Blick auf die umliegenden Hügel. Nach unserer Rückkehr aus Indien hatte sich der Besitzer besonnen und den Preis deutlich gesenkt und auch wir hatten – dank Swami und dem Zeichen – mehr innere Klarheit gewonnen.

Schuhe ohne Sohlen

Man entdeckt keinen neuen Erdteil,
wenn man nicht den Mut hat,
die alte Küste hinter sich zu lassen.

- Andre Gide

Eine neue Reise als Leiterin einer neuen Gruppe stand bevor. Sie sollte mich einmal mehr nach Zanskar in den indischen Himalaya führen. Viele Menschen hatten sich zusammengefunden und wollten diese grandiose Bergwelt erleben, mehr über tibetischen Buddhismus erfahren und in einigen der Klöster für eine gewisse Zeit innehalten, still werden und sich der Meditation widmen.

Auf einigen Reisen, die ich kurz vorher in diese Regionen gemacht hatte, wurde mir deutlich, dass sich eine Neuorientierung in meinem Leben ankündigte. Viele Vorfälle ereigneten sich, die eigentlich eine recht klare Sprache sprachen. So ging mir zum Beispiel in Tibet mein ganzes Gepäck samt meiner Trekkingschuhe verloren oder ein anderes Mal musste manches an geplanten Reiseabläufen durch Naturkatastrophen umorganisiert werden. Mir schien, als ob die Magie des Lebens deutlich an meine Tür klopfte und mir über viele Omen mitteilte, dass eine Veränderung anstand. Oder doch zumindest ein Innehalten und Atemholen.

Trotzdem ließ ich es mir nicht nehmen, weiterhin meine alten Marschrouten beizubehalten. Etwas Neues war nicht in Sicht – noch nicht einmal am entferntesten Horizont. Wieso also sollte ich nicht weiterhin an dem festhalten, was mir als meine Aufgabe erschien und mir auch immer noch sehr viel bedeutete, obwohl ich auch immer mehr wahrnahm, dass meine Kräfte nachließen.

Ich hatte Mühe, den eigentlich recht klaren Omen die Bedeutung zukommen zu lassen, die ihrer Deutlichkeit entsprachen und die ganz eindeutig nach einer Veränderung riefen. Omen sollten mir doch eher mit Engelszungen eingehaucht werden und sich mir nicht als schmerzliche Herausforderung in den Weg stellen!

Jedenfalls war ich bereit, eine weitere Gruppe mit zu leiten und mich wieder auf den Weg in den Himalaya zu machen. Jetzt brauchte ich nur noch neue Schuhe. Meine geliebten alten eingelaufenen Trekkingstiefel waren ja vor einiger Zeit auf ominöse Weise in Tibet verschwunden und nie wieder aufgetaucht.

Nach einer Odyssee durch Sportgeschäfte, die mir vorkam wie eine der anstrengendsten Trekkingtouren, fand ich schließlich ein neues Paar. Es schien sogar noch besser als meine Alten. Trotz allem war mir wehmütig. Ich vermisste meine alten Schuhe. Wann immer ich in sie hineinschlüpfte, gaben sie mir absoluten Halt und ich war sofort in meiner ‚Himalaya' Stimmung, erfüllt von der Magie Indiens und Tibets und in aufgeregter Vorfreude. Diese wollte sich diesmal partout nicht einstellen. Die Faszination blieb aus und der Zauber schien erloschen.

Diese neuen Schuhe passten zwar äußerlich, aber es war mir, als ob ich irgendwie nicht mehr auf meinen alten Pfaden wandeln und mir buchstäblich die ‚alten Schuhe anziehen' konnte. Und doch wünschte ich mir nichts sehnlicher als genau das. Die leise innere Stimme, die mir riet, vielleicht doch diese Reise noch einmal zu überdenken oder vielleicht sogar insgesamt meine ganze Arbeit in diesem Teil der Welt – schien mir doch irgendwie zu weit hergeholt. Im Grunde wollte ich einfach schlicht mit alten Schuhen auf alten Pfaden wandeln.

Irgendwie machte es mich stutzig, wie versiert und geschäftig ich den groben Ablauf der Reise in Windeseile fast schon teilnahmslos vor meinem inneren Auge abspulte: Die neue Gruppe in Empfang nehmen, umsteigen in Delhi, hoch nach Leh fliegen, ein paar Tage an die Höhe akklimatisieren, die Stadt erkunden, erste Klöster besichtigen, dann mit Jeeps weiter nach Lamayuru, die Mannschaft (bestehend aus Köchen und Guides) einführen, dann alles Gepäck auf die Pferde verfrachten, Zelte aufbauen, dann auf zum Trekking und in weiteren zwei Wochen über mehrere Fünftausender und durch ein paar reißende Flüsse, hinunter durch die Berge des Himalaya nach Manali und von dort mit dem Bus in einer holprigen Nachtfahrt zurück nach Delhi.

Bereits nach wenigen Tagen auf der Reise wurde deutlich, dass ich Probleme mit meinen neuen Schuhen hatte. Sie waren nicht eingelaufen und mehrere Druckstellen machten mir das Laufen sehr schwer. Auch alles Andere lief nicht so ganz rund. Ich hatte mir irgendwo unterwegs den Magen verdorben. Mir war anhaltend schlecht und meine Kräfte schwanden von Tag zu Tag. Reichlich erschöpft kam ich abends an meinem Zelt an. Inzwischen hatte ich mich auch noch erkältet. Ich schleppte mich gerade noch so mit letzter Kraft über die Wandertage und wachte in der Nacht oft mit hohem Fieber auf.

An einem Morgen schnürte ich ohne große Lust und ziemlich kraftlos meine neuen Schuhe und machte mich langsam und Schritt für Schritt auf den Weg. Meinen Rucksack hatte mir einer unserer Köche abgenommen, was eine große Erleichterung war. Jeder Schritt tat weh, die Druckstellen hatten mir inzwischen einige Blasen beschert. Ich war im inneren Aufruhr. Mein Darm ebenso. Auch meine Erkältung wollte partout nicht weichen.

Alles erschien mir dadurch wie in einem anderen Licht. Warum hatte ich die vielen Omen und Hinweise der letzten Zeit nicht ernst genommen? Warum hatte ich nur nicht darauf gehört? Es war doch klar gewesen, dass vieles nicht mehr so reibungslos verlief und sich stimmig und im Fluss anfühlte – eher wie Sand im Getriebe. Wo war sie, meine geliebte Magie? Gerade jetzt, wo ich ein irgendwie geartetes Wunder oder doch zumindest ein klares Omen wirklich brauchen würde, versagte sie mir ihre Begleitung, gerade so wie meine Beine und meine Kraft. Meine Gedanken wurden immer düsterer und ich fühlte mich wie am Ende eines Weges angekommen, fand mich vor einer inneren Sackgasse und hatte äußerlich doch noch diesen fürchterlichen endlos langen Weg vor mir, ebenso wie den höchsten Pass, den Shingo-La mit seinen über fünftausend Metern Höhe.

Es war noch früh am Morgen und der Tau der Nacht lag noch auf allem. Es war kühl und die Sonne war noch lange nicht über den schneebedeckten Gipfeln zu sehen. Als ich einen etwas steil bergab fallenden Geröllweg hinunterging, rutschte ich aus und kam ins Stolpern. Ich stürze und verletzte mich am Knie. Benommen und wie unter Schock stand ich auf. Die Hose war zerrissen und blutig. Ich setzte mich auf einen Stein.

Irgendwas stimmte mit diesen verdammten neuen Schuhen nicht! Ich entdeckte, dass sich die Sohle an einem Schuh fast komplett abgelöst hatte. Das hatte mich wohl – neben meiner Kraftlosigkeit – zum Stolpern gebracht. Ich konnte es nicht fassen. Nagelneue hochwertige Schuhe ohne Sohle? Wie konnte das sein? Ich war empört. Wutentbrannt rasten mir allerlei Gedanken durch den Kopf. Wie konnten mir diese Fachverkäufer zu einem enorm hohen Preis Schuhe verkaufen, und dann gehen die schon nach kürzester Zeit kaputt! Meine alten Schuhe trugen mich jahrelang über Berg und Tal und Stock und Stein und alles war bestens! Warum kam überhaupt mein ganzes Gepäck in Tibet weg? Mit meinen alten Schuhen wäre all das gar nicht passiert!

Je mehr ich mich aufregte, desto tiefer verbiss ich mich in Schuldzuweisungen an ein nicht anwesendes nebulöses Gegenüber. Ich ärgerte mich über die Weltpolitik. Ich ärgerte mich über Gott. Und die Welt. Und über mich.

Nach einigem inneren Hader erkannte ich aber allmählich, dass mich eigentlich etwas ganz anderes so wütend machte. All die Omen, die ich nicht hatte sehen wollen, weil mir das Loslassen schwerfiel und ich mich nicht von meiner Arbeit in Indien und Tibet verabschieden wollte. Sie lag mir viel zu sehr am Herzen.

Über mir kreischten ein paar Vögel auf ihrem Flug Richtung Süden und unterbrachen den Strom meiner inneren Schimpftiraden. Ich besann mich und mir kam wieder in den Blick, wo ich mich hier eigentlich befand. Der Himmel über mir war immer noch strahlend blau und der Zanskarfluss bahnte sich immer noch kraftvoll und glasklar seinen Weg durch die Felsen. Irgendetwas in mir gab innerlich nach. Mit einem tiefen Seufzer ließ ich alles los. Und in genau dieser Sekunde ‚verstand' ich plötzlich die ganze fast magisch anmutende Dramaturgie. Alles fügte sich innerhalb des Bruchteils einer Sekunde in ein absolut stimmiges inneres Bild.

Der Fluss des Lebens fließt in seiner ganz eigenen Kraft und Geschwindigkeit. Das Wasser passt sich dem in vollkommener Ergebenheit und ganz natürlich an. Der Fluss bahnt sich seinen Weg an Felsen vorbei und nichts hält ihn auf. Wir alle sind eingebettet in diesen Lebensfluss. Gegen den Strom schwimmen ist kräftezehrend und nicht erfolgversprechend. Die Ziele unseres Lebens liegen flussabwärts!

Alles fiel von mir ab. Mein Festhaltenwollen, meine zwanghaften Versuche, mich dem Strom meines Lebens stur und eigenwillig entgegenzustellen, alles schien plötzlich verwandelt. Das Dilemma meiner neuen Schuhe wandelte sich in ein klares Zeichen des Himmels, ich nahm es als Omen an, und die Magie klopfte wieder an mein Herz und öffnete meinen Geist.

Ich wartete auf einen unserer einheimischen Begleiter, der immer am Ende der Gruppe geht und für Notfälle ein Pferd bei sich führt. Ich zog meine neuen Schuhe aus. Den ganzen Rest des Treks und auch über den Pass musste ich reiten, meine Kraft kehrte nicht zurück. Auf dem Rücken des Pferdes überließ ich mich seinem breiten Rücken und seiner Wärme. Es trug mich über edelweißübersäte Wiesen genauso wie über steile Schluchten hinweg und an manchen Abgründen entlang. Viele Gedanken gingen mir durch den Kopf auf dem Rücken dieses Pferdes, das mich die gesamte Wegstrecke zurück Tag für Tag trug.

Hatte ich den Sturz und diese ganze Erschöpfung dadurch erst provoziert, dass ich partout nicht loslassen wollte? Ist es vielleicht ein typisch menschlicher Zug und gehört sozusagen wie zu unserer existenziellen Ausrüstung, dass wir auf stur schalten und mit anstehenden Veränderungen nicht einfach mitfließen können? Dass wir auf die Hinweise der Magie in unserem Leben, die durch klare Omen zu uns sprechen, einfach nicht hören wollen oder umdeuten und oft genug nicht ernst nehmen?

Mir wurde mit jedem Schritt, den das Pferd voranschritt, deutlicher, worum es eigentlich ging. Ich konnte schlichtweg nicht mehr daran festhalten, auf alten Pfaden zu wandeln. Im Grunde ganz einfach. Die Zeiten waren vorbei, auch wenn mir der Abschied und das Loslassen noch so schwer fielen. Alles hatte seine eigene Zeit. Und für mich war es wohl an der Zeit, weiter zu gehen – bzw. in diesem Fall wohl eher: zu reiten – zumindest während dieser Reise.

Genau in dem Moment kam mir ein alter Song in den Sinn: ‚Komm, Baby, lass uns nach Westen reiten, die Sonne putzen'. Irgendwie amüsierte mich dieser spontane Gedanke, und trotz meiner Kraftlosigkeit musste ich schmunzeln. Diese Worte erheiterten mich und ich sah mich und mein Pferd in einem anderen Licht und spürte darin einen gewissen Zauber.

Vielleicht war es jener Zauber, dem jeder Neubeginn zueigen ist – die Magie des Rufes unseres Lebens und unserer Seele nach uns selbst! Und nach neuen Ufern!

Zurück in Deutschland kontaktierte ich den Hersteller der Schuhe. Er versicherte mir, dass dies noch gar nie vorgekommen sei und es ihm bei diesem hochwertigen Markenschuh absolut unvorstellbar wäre, wie so was passieren könnte. Selbstverständlich würde ich sofort ein anderes neuwertiges Paar Trekkingstiefel bekommen. Diese kamen tatsächlich nach ein paar Tagen – frei Haus geliefert. Sie stehen im Schuhschrank. Ich habe sie bislang nicht getragen.

Auf zu neuen Ufern! Nicht mehr auf alten Pfaden wandeln!

Ich kaufte mir vorsorglich schon mal ein paar bunte Flip-Flops und auch ein paar Pumps – noch nicht wissend, wo diese unbekannten Ufer sind, aber doch neugierig und offen für neue Wege in meinem Leben.

Die Kurskorrektur

Erwarte, dass jedes Deiner Bedürfnisse erfüllt wird,
erwarte die Antwort auf jedes Deiner Probleme,
erwarte Überfluss auf jeder Ebene,
erwarte, spirituell zu wachsen.

- Eileen Caddy

Einer Sache war ich mir in meinem Leben immer relativ sicher. Es ist mir ein Herzensanliegen, Menschen auf dem Weg zu sich selbst und ihrer wahren Essenz zu begleiten und sie darin zu unterstützen, ihr Potenzial zu erkennen und es zu leben. Darin liegt ein großer Teil meiner Berufung. Diese spürte ich sehr früh in meinem Leben und ich folgte diesem inneren Ruf mit großer Ergebenheit und Begeisterung. Ich begann, selbst therapeutische Erfahrungen zu sammeln – in vielen Einzelsitzungen, Workshops, zahllosen Fortbildungsseminaren und einem intensiven Studium sämtlicher verfügbarer Literatur.

Irgendwann wusste ich, was es aus all dem Interessanten und Neuen für mich sein sollte. Ich hatte mich am allermeisten in der Bioenergetik wiederfinden können. Ich ließ mich also persönlich immer mehr auf diese Arbeit ein und auch mein Wunsch und die klare Intention, eine entsprechende Ausbildung zu machen, wurde mir immer deutlicher.

Manchmal vermisste ich allerdings ein wenig eine gewisse spirituelle Note in diesem therapeutischen Ansatz. Ich selbst spürte sie immer so deutlich und doch fehlte mir ihr Ausdruck in deren Inhalten und dem zugrunde liegenden Menschenbild. Irgendwas fehlte mir, irgendeine innere Rechnung ging für mich nicht so recht auf. Eine leise Stimme in mir rebellierte. Diese Stimme in mir war aber verglichen mit der überwältigenden Begeisterung und Bejahung nicht so recht hörbar. Was wäre außerdem die Alternative gewesen? Die gab es nicht. Ich hörte also so gut wie möglich weg und besann mich auf das, was vor meiner Nase lag. Ich ignorierte die Stimme in mir und verbuchte sie unter meinen vielleicht zu hohen Erwartungen und meinen womöglich zu perfektionistischen Ansprüchen.

Irgendwann war es so weit. Nach reiflicher Überlegung und Auseinandersetzung mit der Materie schien es an der Zeit, meiner Berufung noch mehr zu folgen und meinen Traum deutlicher Gestalt annehmen zu lassen. Ich wollte eine bioenergetische Ausbildung machen!

Die Aufnahme in das Institut zur Ausbildung ist strengen Regeln unterworfen. Es gab zwei Eingangsinterviews, denen die Klärung weiterer Aufnahmebedingungen folgten. Ich war mir absolut sicher, dass ich auf dem richtigen Weg war, und sehnte die Termine herbei. Endlich sollte der Abschnitt in meinem Leben beginnen, auf den ich mich innerlich intensiv vorbereitet hatte und der mir schon seit vielen Jahren in ganz klaren inneren Bildern und Visionen eindeutig vor Augen stand und mir so sehr am Herzen lag!

Ich fuhr zum ersten Interview, stellte mich vor, beantwortete einige Fragen und ging nach einer knappen Stunde guter Dinge wieder nach Hause. Das nächste Interview sollte eine Woche später sein. Ich hoffte, bald den positiven Bescheid in der Hand zu halten, sodass alles Weitere seinen Gang nehmen konnte.

Der Bescheid kam zügig. Es war eine Ablehnung. Ohne Kommentar.

Es war, als ob man einen imaginären Stecker aus mir herausziehen würde. Meine ganze Lebensenergie, meine Vision, alles war innerhalb einer Sekunde wie weg. Ich konnte diese Ablehnung nicht verstehen. Und schon gar nicht als einen Wink des Schicksals. Ich war schockiert. Ich war im Hader mit mir selbst und Gott, mit meiner inneren Stimme und der spirituellen Führung in meinem Leben. Wo blieb sie, die Magie, die mich bisher so oft zu begleiten schien und mir immer Wegweiser war an den Schaltstellen des Lebens? Hatte ich alles missverstanden? Was hatte ich falsch gemacht? War ich einer Illusion aufgesessen?

„Weißt du, vielleicht kommt was Besseres – etwas, das einfach noch mehr zu Dir passt", meinte eine Freundin, die mich trösten wollte. Ein netter Versuch. Ich dankte ihr für die gut gemeinte Aufmunterung. Allerdings erreichte sie mich nicht wirklich.

‚Etwas Besseres' gab es in meinen Augen nicht, ich hatte ja schon alles genauestens studiert und ausgewählt. ‚Etwas, das noch mehr zu mir passt', konnte ich mir nicht im Entferntesten vorstellen. Oder sollte diese Ablehnung etwa tatsächlich eine Art Fingerzeig des Himmels sein, dass ich mich auf dem Holzweg befand und meine getroffenen Entscheidungen einer Kurskorrektur bedurften? Das konnte ich mir beim besten Willen nicht vorstellen. Zu sehr hatte mich diese Ablehnung schmerzlich getroffen und viel zu sehr war ich überzeugt, dass meine Wahl die einzig richtige und darüber hinaus die einzig mögliche gewesen war.

Einige Wochen später flatterte das neueste Programm eines großen Therapiezentrums in München auf meinen Tisch. Gelangweilt und immer noch wie unter einer Dunsthaube und einer gewissen Schockstarre sitzend blätterte ich die Angebote durch. Auf einer der letzten Seiten wurde ein Workshop angeboten mit dem Titel ‚Core Energetics'. Davon hatte ich noch nie gehört, und es interessierte mich auch nicht. Der Leiter war ein gewisser Dr. John Pierrakos. Auch diesen Namen hatte ich noch nie gehört und das Bild von ihm fand ich völlig unansprechend. John Pierrakos, so hieß es, soll die Aura eines Menschen sehen und lesen können, und viele der medialen Aussagen aus einer geistigen Welt, die von seiner Frau Eva schon seit Jahrzehnten durchgegeben wurden, werden in seine therapeutische Arbeit mit aufgenommen. Es sei ihm damit eine fruchtbare Synthese aus Psychologie und Spiritualität gelungen. In genau dieser Sekunde wurde ich blitzschnell hellwach. Meine inneren Stecker schienen wieder an einen magischen Stromkreis angebunden zu sein. Ich meldete mich sofort an.

Ich begegnete John und er beschrieb in den ersten fünf Minuten des Workshops die Prinzipien seiner Arbeit. Mit jedem Wort drückte er das aus, was meine eigene leise innere Stimme mir all die vergangenen Jahre immer wieder zuflüsterte und der ich kein Gehör geschenkt hatte – aus Angst, dass es nicht genau das gäbe, wonach sie verlangte und mich immer wieder leise aufmerksam machen wollte.

Ich fühlte mich wie von Zauberhand geführt. Ich hatte das Bild eines Schachbretts vor meinem inneren Auge. Es kam mir so vor, als sei ich eine Schachfigur, die abrupt auf genau den Platz versetzt worden wäre, von dem aus mich die nächsten vor mir liegenden Züge meinem Herzenswunsch viel näher bringen würden als meine vorherige Position in diesem Spiel des Lebens.

Jedes einzelne Wort von John fand ein tiefes Echo in meiner Seele und meinen Träumen. Ich hatte genau das gefunden, wonach ich mich immer sehnte! Erst jetzt konnte ich in der Ablehnung das Omen erkennen, das die Magie des Lebens für mich im Außen bereithielt, um mir den Weg noch mehr zu ebnen, den meine Seele längst eingeschlagen hatte und den ich als klare Intention und eindeutige geistige Ausrichtung schon so lange in meinem Inneren bewegt hatte. Die Ablehnung erschien mir jetzt in einem völlig anderen Licht. Ich verdankte diesem magischen Schachzug intensive und erfüllende Lehrjahre bei John Pierrakos.

Manchmal erleben wir Omen als schmerzliche Herausforderung. Nehmen wir sie an, überhäuft uns die Magie des Lebens mit ihrer überbordenden Fülle.

Das Armband vom Broadway

Unsere tiefste Angst ist nicht,
dass wir ungenügend sind.
Unsere tiefste Angst ist,
dass wir kraftvoll sind über alle Maßen...
Es ist unser Licht,
was uns am meisten erschreckt,
nicht unsere Dunkelheit.

- Marianne Williamson

Gedankenverloren schlendere ich durch die Straßenschluchten Manhattans und lasse mich von der vibrierenden Energie verzaubern, die sich in den Glasfassaden ihrer unzähligen Wolkenkratzer ebenso spiegelt wie in den Gesichtern der Menschen, die sich aus allen Kontinenten der Welt hier versammeln.

Alle Sprachen, alle Hautfarben, alle Kulturen, alle Religionen begegnen sich auf dieser Insel. Manche hechten gierig dem Geld hinterher, andere sind Künstler und wollen ihren Traum verwirklichen. New York scheint allem Raum zu geben, was menschliche Bedürfnisse und auch unerfüllte Sehnsüchte betrifft. Kein Wunder, zeigen die Wolkenkratzer doch direkt in den Himmel; der Stadt scheint es ganz offensichtlich schwer zu fallen, auf dem Boden zu bleiben. Der amerikanische Autor E. B. White schrieb einmal: ‚Niemand sollte hierher kommen, der nicht gewillt ist, Glück zu haben.'

Tatsächlich erscheint Manhattan manchmal als ein Ort, über dem eine Art magischer Verheißung hängt, eine Art Aura, durchtränkt von einem unausgesprochenen Versprechen, dass sich hier alle möglichen Wünsche verwirklichen lassen.

Das Empfinden von persönlichem Glück hängt aber immer auch davon ab, ob wir uns ein solches zugestehen und selbst gönnen können. Ob wir genügend Selbstwert in uns tragen, sodass wir zutiefst der Überzeugung sein können, Glück auch verdient zu haben. Unser eigener Selbstwert ist ein kostbares Juwel, ohne das wir uns arm fühlen – egal was uns an realen Werten und Glück im Außen entgegen kommt.

Ich selbst war in einer Phase meines Lebens angekommen, in der ich immer wieder zweifelte – an meinem eingeschlagenen Weg, den Dingen und Menschen, denen ich in meinem Leben bisher große Wertigkeit beimaß und nicht zuletzt an meinem eigenen inneren Gefühl von Selbstwert.

Während ich bei meinem ersten Besuch in NYC über die Bedeutung nachsinne, die man dieser Weltmetropole beimisst, laufe ich durch die Straßen von Manhattan und wäre nur zu froh, wenn sich dieses Gefühl von Großartigkeit und positiver Energie etwas auf meine eigene Stimmung übertragen würde. Von Glück ist in meinem Bewusstsein an diesem Tag keine Spur. Statt dessen gehe ich in etwas gedrückter Stimmung und in Selbstzweifeln versunken durch die Straßenschluchten, hänge weiter meinen Gedanken nach und lasse mich vom Zufall leiten, in welche Straßenecken ich abbiege oder vor welchem Gebäude ich verweile, um die Stadt immer wieder aus einem neuen Blickwinkel zu sehen. Diesen wünschte ich mir auch für meinen eigenen Umgang mit mir selbst, meinen Werten und meiner eigenen Wertigkeit. Insgeheim erhoffe ich mir irgendeinen Hinweis, ein Omen, das mir als Resonanz auf meine inneren Fragen von einem freundlichen Universum oder stellvertretend von der Stadt und ihrem glücksverheißenden Flair entgegengebracht werden könnte.

Zufällig fällt mein Blick auf den Boden anstatt wie sonst üblich in die Höhe der Wolkenkratzer und ich entdecke dieses schimmernde Etwas, auf das ich beinahe getreten wäre. Ich hebe es auf. Es ist ein Armband, golden glänzend, mit Glitzersteinen durchsetzt und etwas, das aussieht wie Perlmutt, aber vermutlich Plastik ist. Ich freue mich über meinen Fund und befreie es vom Straßenschmutz.

Dieses Armband entspricht nicht gerade meinem Geschmack von Schmuck und es scheint mir auch nicht echt oder wertvoll zu sein. Ich würde es sowieso nicht tragen wollen, sondern als Symbol betrachten. Die Anordnung der Glitzersteine um das Plastik herum erinnern mich an eine liegende Acht, dem Symbol für Unendlichkeit. Im Geiste habe ich schon einen Platz in meinem Zimmer daheim in Deutschland gefunden, und das Armband würde mich immer wieder an die Unendlichkeit erinnern, an die unendliche Ausdehnung unseres Kosmos, an die unendlichen Reichtümer unserer Erde und die unendlichen Schätze in uns selbst. Zurück in Deutschland findet das Armband den von mir bereits dafür vorgesehenen Platz. Immer wenn ich es sehe, erfreue ich mich an seiner Botschaft.

Viele Jahre später mache ich mich auf den Weg zu einem Juwelier. Ich möchte den an mich vererbten Familienschmuck schätzen lassen, und da ich mich mit Schmuck nicht gut auskenne, brauche ich professionelle Hilfe. Meine Freundin schlägt vor, ich solle doch das Armband gleich mitnehmen. Sie hatte es bei einem Besuch kurz zuvor zufällig gesehen und sie hatte den Eindruck, es könne aus echtem Gold sein. Ich hielt das für ausgeschlossen, diente es mir doch nun schon so viele Jahre einfach nur als Symbol für die unendlichen Schätze, die das Leben manchmal für uns bereithält.

Der Familienschmuck entpuppt sich als ziemlich wertlos. Das Armband dagegen ist ein wertvoll und aufwendig gearbeitetes Schmuckstück aus purem Gold. Die Glitzersteine sind echte Diamanten und die von mir als Plastik gedeuteten Intarsienarbeiten sind aus Perlmutt. Der Juwelier fragt mich nach der Geschichte des Armbandes, weil er selten ein so fein gearbeitetes und außergewöhnliches Schmuckstück in seinen erfahrenen Händen hielt.

Fassungslos verlasse ich das Juweliergeschäft. Wie kommt es, dass ich den wahren Wert des Armbandes nicht erfasste? Nicht sofort am Broadway und auch jahrelang in Deutschland nicht. Ich hätte völlig anders damit umgehen können. Ich hätte es irgendwo abgeben können, sodass es den Weg zu seinem Besitzer zurückfinden kann. Wieso deute ich Perlmutt als Plastik? Wieso echte Diamanten als billige Glitzersteine? Warum schiebe ich ein Symbol zwischen die echte und wahrhafte Schönheit und den Reichtum im Innen und Außen? Glaube ich nicht wirklich an echte und ganz reale Schätze? An echten Wert – in mir selbst und in der Welt? Ist Gold nicht das edelste und wertvollste aller Metalle? Es bleibt immer rein – gerade so wie unser Wesenskern und unsere innerste Essenz. Unser wahrer Wert.

Ist es nicht tatsächlich oft so, dass wir unsere inneren Schätze abwerten, uns unter Wert verkaufen und den Diamanten, der wir in unserer Essenz sind, als billigen Klunker abtun? Wir scheinen eine unergründliche Angst vor unserer eigenen Brillanz zu haben.

Ich trage das Armband jetzt ab und zu. Es liegt nicht mehr am alten Platz. Es ist kein Symbol mehr für inneren und äußeren Reichtum. Es ist real. Wie innen – so außen. Es erinnert mich an die tatsächlich wirklich und wahrhaftig existierenden Schätze und Reichtümer – in uns selbst und in der Welt.

5. ÖFFNE DICH FÜR MAGISCHE PHÄNOMENE UND LASSE DICH INSPIRIEREN

Das Schönste, was wir erleben können,
ist das Geheimnisvolle.

- Albert Einstein

Wir haben viele Möglichkeiten, uns der Magie anzunähern, sie in allem Lebendigen, in allen uns umgebenden Phänomenen und schließlich auch in uns selbst wiederzuentdecken. Je eher wir uns berühren lassen können von magischen Geschehnissen und auch damit vielleicht verbundenen eigenen Erfahrungen, umso mehr können wir die Magie als wesentlichen Bestandteil in unser Leben integrieren. Sie bleibt dann nicht etwas abgehoben Sonderbares, sondern wird immer mehr alltäglich gelebte Wirklichkeit.

Dabei können wir sehr viel von anderen Kulturen lernen und uns auch von ihnen inspirieren lassen. Ihre ganz anderen Vorstellungen von dem, was ‚normal‘ ist und wie ‚man zu sein hat‘, kann unsere Augen wieder mehr öffnen und uns hinter so manchen Vorhang blicken lassen.

Besonders in der östlichen Kultur und Spiritualität lebt die Magie als etwas ganz Selbstverständliches. In Indien und Tibet – sowie insgesamt im asiatischen Raum – sind Begebenheiten von für uns wirklich fast unvorstellbaren Phänomenen ganz ‚normal‘.

Es gibt den indischen Yogi, der sich begraben lässt und erst nach Wochen wieder putzmunter ausgegraben wird; der Guru, der seit Jahrzehnten lediglich ein Glas Milch zu sich nimmt und jetzt weit über hundert Jahre alt ist; die Frau, die als Heilige verehrt wird, die nicht schläft und seit Jahren die zu ihr strömenden Menschen heilt; der Sadhu, der einen Shivalingam, einen heiligen Shivastein oder Schutzamulette für seine Anhänger materialisiert; der tibetische Lama, der fast nackt in Eiseskälte in den Höhen des Himalaya meditiert und mithilfe bestimmter Mantren seine Körpertemperatur so erhöht, dass er nasse und um den Leib gewickelte Tücher damit trocknen kann; der Rinpoche, der sich in Phowa, in der tibetischen Kunst des Sterbens, übt und über Meditation und der Kraft intensiv praktizierter Mantrarezitation eine Art energetischen Durchgang in seinem Schädelknochen manifestiert, durch den die Seele dann im bewusst erlebten Sterbeprozess den Körper verlassen kann; der kleine Tulku, der als Reinkarnation erkannt wird und der sich an frühere Leben erinnert und detailliert darüber nachprüfbare Auskünfte erteilt; die balinesische Schamanin, die mithilfe ihrer Pflanzenmedizin, ihrem ,Blütenzauber' und bestimmten Ritualen einem unheilbar erkrankten Menschen die Lebenskraft zurückbringt; das Orakel, das in einer tiefen Trance die genauen Umstände der nächsten Wiedergeburt eines ehrwürdigen Lehrers vorhersagt ... die Liste ist unendlich und letztlich unfassbar wie die schier unglaublichen Phänomene, die sie umfasst.

Wir mögen nun mit einigen dieser magischen Phänomene – auch bei aller Offenheit – unsere Mühe haben, sie als wahrhaftig zu akzeptieren. Das Befreiende ist zu erkennen, dass es darum gar nicht geht. Es geht nicht um Dogmen oder Glaubensbekenntnisse. Wir erfahren ja schon zur Genüge und mit aller dramatischen Deutlichkeit, welchen Schaden das in uns selbst und somit auch auf unserem Planeten anrichtet.

Nein, es geht vielmehr darum, uns von dieser Welt des Nicht-Alltäglichen berühren und inspirieren zu lassen. Uns der Inspiration zu öffnen, die wir erleben, wenn wir uns mit magischem und mystischem Erleben beschäftigen und auseinandersetzen. Zu sehen und zu fühlen, dass es einfach Dinge gibt, die wir mit unserem rationalen Verstand nicht erfassen können, die außerhalb unserer materiellen und kausalen Wirklichkeit liegen.

Wenn wir uns diesen Erfahrungen überlassen stoßen wir zunächst auf unsere eng gesetzten rationalen und auch emotionalen Grenzen. ,Das gibt's doch nicht – das ist völlig unmöglich!' kommentiert unser Intellekt. Je mehr wir uns aber magisch erscheinenden Phänomenen öffnen, desto verständnisvoller werden wir allmählich gegenüber all dem, was wir in uns selbst auf den ersten Blick als ,anders' wahrnehmen – und infolgedessen werden wir auch im Hinblick auf ,die Anderen' und ,das Fremde' toleranter. Wir vertiefen unseren Blick auf die Dinge und fangen an, hinter den Vorhang zu blicken. Auch hinter unsere eigene Maske. Unsere Wahrnehmung wird erweitert und wir können all das integrieren, was uns zunächst als komisch oder unmöglich oder abstrus erscheint.

Östliche Weisheit und Erlebniswelt ist dabei natürlich nur einer der möglichen Zugänge. Selbstverständlich gibt es auch in der westlichen Welt magische Zugänge zu einer entsprechenden Weltsicht. Die Tradition der Mystik ist im Westen tief verankert. Jesus hat Wunder gewirkt und die grundlegende Botschaft der Liebe verbreitet. Ebenso wie die, dass unser Glaube heilend wirkt und uns der Eintritt in das Reich des Himmels gewährt wird, wenn wir wieder werden wie die Kinder. Ja – denn diese haben ja bekanntlich noch den Zugang zu einer magischen Sicht der Welt. Dies kann eine Inspiration sein, unser eigenes inneres magisches Kind wieder zu entdecken.

Auch westliche Schamanen bewirken wundersam erscheinende Heilungen und integrieren überliefertes Wissen mit neueren Erkenntnissen interdisziplinärer Forschung. Lichtheilung zum Beispiel befasst sich mit der Heilung unserer Energiekörper, die jenseits des materiell Sichtbaren in unserer Aura, dem uns umgebenden Energiefeld, liegen. In neueren, ganzheitlichen therapeutischen Ansätzen sind nicht-alltägliche Wahrnehmungen und Erkenntnisse wie selbstverständlich integriert. Der Begriff der Geistheilung ist auch in unserer westlichen Kultur inzwischen kein Fremdwort mehr.

Mehr und mehr schafft sich ein neues Bewusstsein Raum, in dem die Aussagen alter mystischer Traditionen denen neuerer Erkenntnisse begegnen, sodass dadurch eine fruchtbare Synthese entstehen kann. Danach leben wir in einer energetischen Welt von Schwingung. Alles ist dabei in ständigem Wandel und in einer letztendlichen Einheit miteinander verbunden. Geist ist das eigentlich verbindende Element, das alles durchwirkt. Geist beeinflusst Materie, die in ihrer Essenz aber auch selbst Geist ist. Alles ist letztendlich Leere und alles ist Bewusstsein.

Hier begegnen Buddha und die Meister vor und nach ihm – im Westen wie im Osten – jenen Bereichen von Wissenschaft, die offen dafür sind, ihre eigenen Grenzen zu transzendieren.

Einstein sagte einmal: ‚Wer immer sich zum Richter über Wahrheit und Wissen erhebt, erleidet durch das Gelächter der Götter Schiffbruch.'

Welch wunderbare Einladung, jeden Erklärungsversuch und auch jeden wissenschaftlichen Ansatz zur Klärung dessen, was die Welt im Innersten zusammenhält, nicht als endgültig und dogmatisch einzuzementieren, sondern sich auf den sich ständig wandelnden Prozess auf der Suche nach Wahrheit einzulassen!

Integrale Ansätze, die sich in einer interdisziplinären Schau um ein immer tiefer gehendes Begreifen und Erkennen des menschlichen Geistes bemühen, können uns dabei wegweisend zur Seite stehen. Pioniere der Bewusstseinsforschung wie etwa Sri Aurobindo oder Ken Wilber eröffnen mit einer transpersonalen Sicht auf die Evolution von Bewusstsein neue Horizonte.

So können uns spirituelle Traditionen ebenso wie neuere Konzepte ganzheitlicher und holistischer Modelle zur Erklärung von Wirklichkeit dabei unterstützen, uns magischen Phänomenen anzunähern und uns ihrer Inspiration zu öffnen.

Ein besonderer Zugang für magische Inspiration kann auch die Natur sein. Das Wunder, wie aus einer Raupe ein Schmetterling wird, die unglaubliche Vielfalt an Lebewesen unter Wasser, die kosmische Symmetrie in Blumen, die höchste Intelligenz von Mikroorganismen. Auch diese Auflistung ist genauso unendlich wie die ganze Ausdehnung unseres gesamten Kosmos. Wir können uns im Erleben eines Naturschauspiels wie eines gewaltigen Gewitters oder eines rot glühenden Sonnenuntergangs, eines überwältigenden Vollmonds oder Sternenhimmels plötzlich wieder mehr an das Wunder erinnern, das die gesamte Schöpfung eigentlich darstellt. In seltenen Momenten fühlen wir uns eins mit dieser Natur und erleben uns als Teil davon. Dasselbe Erleben kann uns Poesie oder Musik und natürlich die Liebe vermitteln. All dies kann uns auf unserem Weg berühren und Inspiration sein.

Die Magie braucht jedoch nicht immer das Außergewöhnliche. Auch unser ganz normal gelebter Alltag bietet uns immer wieder magische Momente: Eine Begegnung auf der Straße, die uns berührt, ein kurzer Blickwechsel, der uns beflügelt, eine zufällige Beobachtung im Vorbeigehen, die unser Herz öffnet oder uns in Staunen versetzt.

Nicht zuletzt kann auch das Phänomen der Zeit, die ihr eigentlich zugrunde liegende geheimnisvolle Dimension und das Erforschen ihres Wesens uns deutlich machen, dass alle uns umgebenden Phänomene durchwirkt sind von Magie und dem Wunder der Schöpfung.

Wir erleben Zeit als linear verlaufend. Von Montag auf Dienstag, von Mai auf Juni, von Jahr zu Jahr. Aber entspricht das wirklich dem Wesen der Zeit? Oder sind wir einmal mehr gefangen in der Begrenztheit unserer Wahrnehmung? Ist nicht in jedem Moment des Hier und Jetzt alles enthalten und gleichzeitig aufgehoben? Eröffnen sich dadurch nicht ganze Parallelwelten? Ist unser Erleben von Vergangenheit – Gegenwart – Zukunft eine Sinnestäuschung? Die spirituellen Lehren des Ostens, die esoterischen Schulen des Westens und auch die Physik legen uns diese herausfordernde und für uns oft nicht wirklich nachvollziehbare Sicht auf die Zeit nahe.

Wie immer wir persönlich das Phänomen der Zeit wahrnehmen – in seiner Essenz bleibt es doch letztlich ein Rätsel. Die Relativität der Zeit, wie wir sie erleben und wir mit ihr umgehen, beschäftigt seit alters her Physiker ebenso wie Mystiker.

Das Alter unserer Erde ist circa viereinhalb Milliarden Jahre – das des Weltalls vierzehn Milliarden. Inzwischen arbeiten Computer auf den rasenden Datenautobahnen des Netzes im Bereich von Pikosekunden. Eine solche ist der billionste Teil einer Sekunde, das heißt eine Pikosekunde verhält sich zu ihr wie die Sekunde zu über dreißigtausend Jahren. Und die Pikosekunde ist noch längst nicht die kleinste erfasste Zeiteinheit. Können wir diese unterschiedlichen Zeiteinheiten wirklich verstehen?

Wohl kaum, aber wir können uns dem magischen Phänomen der Zeit öffnen und uns von ihm inspirieren lassen. Es erzählt uns von einer Dimension des Seins, die uns immer wieder auf's Neue staunen lässt und unsere Neugier weckt, den Wundern aller uns umgebenden Phänomene näher zu kommen und uns selbst als Teil davon und eingebettet in sie zu erfahren und zu begreifen.

Wenn wir die Magie wieder mehr in unser Leben und unser Bewusstsein einladen wollen, können wir uns von all dem berühren lassen, was unser eigenes Leben und alles um uns herum Existierende immer schon beinhaltet und sich uns offenbart, wenn wir uns dafür öffnen. Alles ist bereits vorhanden. Wir müssen es nur wieder erkennen als das, was es in der Essenz ist, nämlich ein Wunder! Wir haben nur allzu oft verlernt, es auch als solches zu sehen.

Ein Blick in uns fremde Kulturen, in spirituelle Traditionen aus Ost und West, in andere Vorstellungs- und Wahrnehmungswelten inspiriert uns, über unseren eigenen Tellerrand hinaus und hinter die Kulisse einer rein rationalen Weltsicht zu blicken und nicht nur das zu erkennen, was objektiv als ,real' wahrgenommen werden kann. Wir öffnen uns der Inspiration und spätestens die nächste Sternschnuppe erweckt in uns wieder die Magie: Wir haben einen Wunsch frei!

Im Ashram von Anandamayi

Das Geheimnis des Glücks liegt darin,
alle Wunder der Welt zu betrachten.

- Paulo Coelho

Mein Weg führt mich am Narmada entlang. Oder besser, entlang der Göttin Narmada, wie die Inder diesen Fluss liebevoll und voller Respekt nennen. Neben dem Ganges – der aber eigentlich im Indischen ebenso in der weiblichen Form angesprochen wird als Mata Ganga – wird Narmada als einer der heiligsten Flüsse Indiens betrachtet und verehrt. Er fließt von Amarkhand in Madhya Pradesh bis hin zum Arabischen Meer. An seinen Ufern befinden sich unendlich viele Ashrams und Pilgerstätten, verwunschene Höhlen und Wälder. Die berühmten Shivalingams werden aus der Narmada geborgen. Diese Steine repräsentieren die Präsenz Shivas auf der Erde und sind wesentlicher Bestandteil vieler Rituale und auch der kraftvollen reinigenden Feuerzeremonien.

Die meisten der Ashrams liegen im Bundesstaat Gujarat. Hier ließ sich neben vielen anderen auch Shri Anandamayi Ma vorübergehend nieder. Zu ihr empfand ich schon seit vielen Jahren eine innere geistige Verbindung.

Anandamayi starb 1982 im Alter von 86 Jahren. Sie wurde auch ‚Die Glückselige Mutter' genannt. Schon sehr früh in ihrem Leben zeigte sie ganz außergewöhnliche Phänomene, als Kind unterhielt sie sich selbstverständlich mit Bäumen, Tieren und unsichtbaren Wesen. Später versank sie beim Singen religiöser Lieder in tiefe Trancen. Tage- und nächtelang entströmten ihr Mantren, Mudras und Yogastellungen, ohne dass sie diese je gelernt hätte. Mit 26 Jahren begann sie, für drei Jahre zu schweigen, und über viele Monate hinweg nahm sie täglich nur eine Fingerspitze Nahrung zu sich. Dann hörte sie ganz auf, zu essen. Damit sie nicht starb, gab man ihr Nahrung. Sie hätte nie von sich aus selbst etwas genommen oder jemanden darum gebeten.

Viele Menschen wurden auf ihr grenzenloses Bewusstsein, ihre Gottverwirklichung und die vielen übernatürlichen Begebenheiten in ihrer Gegenwart aufmerksam. Sie selbst bezeichnete sich nie als Guru und doch wurde sie von vielen Menschen sämtlicher Glaubensrichtungen geliebt und um Segen und Rat aufgesucht. Von sich selbst sprach sie oft als von ‚diesem Körper' oder ‚diesem kleinen Mädchen'. Ihre wesentliche Botschaft war, dass die höchste Berufung des Menschen darin bestehe, nach Selbstverwirklichung zu streben. „Alle anderen Verpflichtungen sind zweitrangig", sagte sie.

Ihr Leben und Wirken war für mich schon seit langer Zeit immer wieder eine Quelle, die mich spirituell nährte und inspirierte. Mein inniger Wunsch war, ihr auf dieser Reise noch ein wenig näher zu kommen. So machte ich mich auf den Weg in einen der unzähligen Ashrams, die sie aufbaute. Ich entschied mich für den Bhimpura Ashram am Narmada, zu dem ich auch aus anderen Gründen bereits eine innige Verbindung hatte. Ich war Jahre zuvor als Leiterin einer unserer spirituellen Reisegruppen auf den alten traditionellen Lastenkähnen ihre Flussufer entlang gesegelt, hatte viele der Pilgerstätten an ihren Ufern besucht und mit den Gruppenteilnehmern dort meditiert und die Geschichte dieses magischen Flusses und der Meister, Gurus und Yogis studiert, die ihrerseits dem Zauber der heiligen Narmada folgten und sich dort mehr oder weniger lange niederließen.

An einem klaren Morgen verlasse ich also mein bequemes Hotel in Baroda, einer bezaubernden und altehrwürdigen Stadt in Gujarat und mache mich auf den Weg zu dem uralten und von unzähligen weisen Geschichten umrankten Pilgerort Chandod.

Chandod liegt direkt am Fluss und alte Lastensegler prägen das Bild ebenso wie die Ghats, die Treppen hinunter zum Fluss, auf deren Stufen sich so vieles vom typisch indischen Leben abspielt: Frauen, die ihre Wäsche dort waschen, Mädchen, die die bunten Saris zum Trocknen ausbreiten, Bettler, die um Almosen bitten, Musiker, die Sitar spielen, Männer, die dreimal im heiligen Wasser untertauchen, ihr rituelles Bad nehmen und Göttin Narmada um Segen und Schutz bitten, um Wohlstand oder den Erlass von Sünden und ein Wohlergehen im nächsten Leben.

Hier wohne ich in einer alten und reichlich heruntergekommenen Pilgerherberge. Das Leben wird einfacher und dem Fluss angepasster. Alles fließt hier langsamer als in der Stadt und in einer größeren geistigen Tiefe. In dieser Umgebung fällt es leichter, sich dessen bewusst zu werden und darin einzutauchen.

Ich lasse mich mit einer Rikscha zum Ashram von Anandamayi Ma bringen. Es ist ein brütend heißer Tag – wie jeder Tag zu dieser Jahreszeit. Ich bin froh, nach einer staubigen Fahrt endlich ans Flussufer zu kommen. Die leichte Brise und der Anblick des Wassers machen das Atmen leichter. Es scheinen heute keine Besucher da zu sein. An bestimmten Festtagen oder auch astrologisch bedeutenden Terminen strömen viele Menschen hierher, um Anandamayi zu verehren und ihr geistig nahe zu sein.

Ich betrete die große Versammlungshalle, die einer der Plätze war, an denen Anandamayi einst saß und zu ihren Anhängern sprach und Darshan gab. Alles ist sehr einfach. Alte knarrende Holzdielen, ein paar vergilbte Bilder an der Wand. Ganz vorne hängt ein großes Bild von ihr, davor steht eine frische Lotusblüte. Ma war eine wunderschöne Frau. Die Schlichtheit berührt mich, die Stille umhüllt mich liebevoll. Ich bin für wenige köstliche Momente eins mit der Ausstrahlung des Bildes und der Energie des Raumes.

Meine Neugier treibt mich hinaus in die gleißende Mittagssonne, vorbei an den Klausen, in denen die Bewohner des Ashrams untergebracht sind. Auch hier begegnet mir dieselbe Einfachheit. Die Steinwege sind gekehrt, die Pflanzen gepflegt, und alles scheint in eine fürsorgliche Atmosphäre getaucht. Hin und wieder begegnet mir ein Schild, das besagt, dass Fotografieren nicht erlaubt ist. Ich empfinde das als Entlastung; vielleicht wäre ich sonst womöglich in Versuchung geraten, den Zauber des Ortes in meine Kamera bannen zu wollen. Was ja bekanntlich meistens sowieso schief geht. So also unterstützt mich dieses Verbot darin, dieser Versuchung zu widerstehen und mich stattdessen mit all meinen Sinnen auf die Magie des Platzes einzulassen.

Ich trete hinaus auf die riesengroße Terrasse, die hoch über der Narmada gebaut ist. Ein überdimensional riesiger Banyanbaum spendet Schatten. Seine Wurzeln reichen bis tief hinab in das Tal des Flusses und die Seitenwurzeln bilden fast so etwas wie einen kleinen Wald um die Terrasse herum. Ich fühle mich wie magisch zu einer Ecke hingezogen und entdecke dort einige Shivalingams unter den Wurzeln. Ich setze mich auf die Erde und spüre, wie eine Welle von Energie meinen ganzen Körper durchströmt. Es ist wie eine Dusche aus purem Licht und absoluter Liebe. Ich möchte am liebsten für immer und ewig nur hier sitzen. Raum und Zeit verschwinden in ein wunderbares Nichts. Momente – oder Stunden? – von absoluter Glückseligkeit. Meine Meditation ist mühelos, sie ereignet sich einfach.

Oder vielleicht ist es auch gar keine Meditation, sondern einfach ein Eintauchen in etwas jenseits von Begriffen. Spätestens diese Gedanken und mein vergeblicher Versuch, diese schwer zu begreifende Erfahrung gleich wieder rational einsortieren zu wollen, holen mich dann zügig wieder zurück in meine wieder mehr alltäglich geprägte Wahrnehmung der Welt!

Ich bleibe noch eine ganze Weile und genieße einfach den Baum und den atemberaubenden Blick auf Göttin Narmada. Dann mache ich mich auf den Rückweg. Als ich wieder an den Klausen vorbeikomme, fällt mein Blick auf eine Frau. Sie ist mit einem weißen Sari bekleidet, ganz so, wie Anandamayi es auch immer war. Auch sie ist von überwältigender Schönheit. Sie erscheint mir wie eine Lichtgestalt. Sie hat eine fast ätherische Ausstrahlung und drückt nichts als Stille aus. Sie kommt langsam auf mich zu, wir begrüßen uns leise mit einem „Namaste" und den gefalteten Händen vor der Brust. Wir wechseln leise flüsternd ein paar Worte. Sie lebt hier und steht im Dienst des Platzes und dem Gedenken und der Arbeit für Ma. Sie hat sie noch zu ihren Lebzeiten als ihre Meisterin erkannt und ihr Leben ganz der Spiritualität gewidmet, der Anbetung und Verehrung des Göttlichen. Sie erzählt mir, dass der Platz vor dem großen Banyanbaum, an dem sie mich sitzen sah, der Platz war, an dem Anandamayi saß und zu all den vielen Menschen sprach oder auch nur in Stille mit ihnen verweilte. Wir verneigen uns noch einmal zum Abschied und unsere Augen treffen sich für einen wunderbaren Moment in tiefer innerer Begegnung. Sie dreht sich um und geht durch das schöne alte schmiedeeiserne Gartentor zurück in Richtung ihrer Klause.

Ich möchte diesen Moment und diese Begegnung für immer festhalten, ich möchte am liebsten nie wieder hier weg, ich möchte die Welt anhalten, zurück unter den Baum und in endlose Meditation versinken. Alles soll so bleiben wie es jetzt gerade ist, weil mich diese Begegnung zutiefst in meinem Herzen berührt hat.

Ich bin mir des Verbotes zu Fotografieren in diesem Moment wohl bewusst. Irgendwie versuche ich aber, es mir innerlich zurechtzubiegen, dass ein einziges schnell gemachtes Bild doch niemandem schaden kann! Halb verstohlen und hastig hole ich meine Kamera aus der Tasche und mache aufgeregt ein Foto von der wunderschön in Stille und Licht gehüllten Frau in ihrem weißen Sari. Auch wenn es nur aus der Ferne ist und es sie von hinten zeigt – so werde ich mich dann doch immer an diesen zutiefst berührenden Moment erinnern, ihn hiermit festhalten und so etwas haben, was mir immer wieder zeigt, dass all dies tatsächlich passiert ist und eine Realität hat.

Zurück in Deutschland lasse ich den Film entwickeln. Der Blick aus meinem Hotelzimmer in Baroda auf den Park und die märchenhaften Türme des Maharaja Palastes, die alten Gassen von Chandod, die Lastensegler auf dem Fluss, die bunte Vielfalt der Saris über die Ghats zerstreut– alles klar und deutlich und in den herrlich knalligen Farben, die so typisch sind für Indien. Ein farbenprächtiges Kaleidoskop!

Das Bild mit der Frau zeigt in Licht gehauchte verschwommene Konturen des Gartentores. An der Stelle, an der sie stand, geht ein weißer Lichtstrahl längs durch das Bild. Außer diesem Licht ist auf diesem Bild nichts zu erkennen. Das nächste Bild ist wieder klar und deutlich. Es zeigt eines der liebevollen Details an der Fassade meiner Herberge in Chandod, die ich nach meiner Rückkehr vom Ashram fotografierte: Ein kleiner Ganesha in Stein gemeißelt. Klar und deutlich.

Vom Ganges getragen

Hier in diesem Körper sind die heiligen Flüsse:
hier sind Sonne und Mond und ebenso die ganzen Pilgerstätten...
ich habe noch keinen anderen Tempel gefunden,
der so viel Glückseligkeit ausströmte wie mein eigener Körper.

- Saraha

Ich hatte mich auf den Weg zur Quelle des Ganges im Himalaya gemacht. Viele magische Geschichten ranken sich um Mata Ganga, die heilige Mutter Ganga, wie die Inder voller Liebe und Huldigung diesen machtvollen und riesigen Fluss nennen. Er bahnt sich von seiner Quelle im südwestlichen Himalaya unbeirrt seinen Weg bis hinunter in die indische Tiefebene und fließt nach zweieinhalbtausend Kilometern schließlich in den Golf von Bengalen und damit in den Indischen Ozean. Hier gibt er seine Identität auf und wird eins mit den unendlichen und alle Kontinente umspülenden Wassern unserer Erde.

Viele Yogis und Sadhus leben am Ganges und einige der heiligsten Städte Indiens haben ihr Zentrum an seinen Ufern, wie etwa Varanasi, die Stadt des ewigen Lichts mit ihren unzähligen Ghats, die tausende und abertausende Gläubige immer wieder anziehen, hier ein rituelles Bad zu nehmen oder deren einziger Wunsch es ist, hier sterben zu dürfen, so dass die Asche dem Fluss und der heiligen Mutter Ganga anvertraut werden kann.

In Rishikesh, weit mehr im Norden des Landes gelegen, haben sich viele Ashrams direkt am Flussufer von Mata Ganga niedergelassen. Yoga und Mantrarezitation gehören hier selbstverständlich zum täglichen Ablauf wie die rituellen Bäder in den heiligen Fluten. Es heißt, wer hier dreimal untertaucht, befreie sich von Sünden, erfahre Reinigung des Körpers, Läuterung des Geistes und Befreiung der Seele.

Ich fühlte mich nicht als Sünderin, aber ich wollte gerne der Magie des Lebens begegnen und war offen und neugierig auf die energetischen Schwingungen, die ich an den Ufern von Ganga, ihren Kraftplätzen und in der Begegnung mit den Menschen erleben würde, die den alten Traditionen folgend das Leben eines Yogis oder Sadhus führen und sich in einsame und oft nur mühselig zu erreichende Eremitagen zurückziehen. Diese befanden sich versteckt in den tiefen Wäldern und zwischen den Felsen bis hinauf zur Quelle.

Der Quelle selbst wird besonders kraftvolle, reinigende und spirituelle Kraft nachgesagt. Sie wird auf Hindi Gaumukh, das Kuhmaul, genannt und liegt auf knapp viertausend Metern Höhe am Fuße eines riesigen Gletschers. Nicht so sehr von realem Schmutz wollen sich die Pilger hier befreien. Ein wirklich reinigendes Bad mit ausgiebigen Waschungen ist in dieser Kälte völlig undenkbar. Das Wasser kommt direkt aus dem Gletscher und führt immer wieder Eisschollen mit sich. Nein, es geht vielmehr um die symbolische Läuterung von emotional Belastendem, seelischen Verunreinigungen und geistigen Verkrustungen. Die alten Schriften überliefern, dass das rituelle Bad im Ganges gar die Sünden eines ganzen Lebens in seinem kraftvollen Strom mit sich nehmen kann.

In vielen magischen Momenten konnte ich miterleben, mit welcher Hingabe die Menschen die rituellen Handlungen an den Ufern des Flusses vollzogen. Dabei war es für sie völlig unwesentlich, ob der Fluss reines und klares Wasser mit sich führte wie oben in den Bergen um Gangotri und noch nahe der Quelle, oder ob die rituellen Handlungen in Varanasi oder gar Calcutta vollzogen wurden, wo der Ganges rein optisch gesehen nichts weiter als eine braune und oft sogar übel riechende Brühe ist. Die geistige Essenz des Wassers und der tiefe Glaube, dass Mata Ganga eine gute und heilige Mutter sei, die in völliger Akzeptanz und bedingungsloser Liebe alles vergebe, ist für die Menschen viel wesentlicher als die äußere Erscheinungsform. Schließlich wird der Fluss als weibliche Gottheit verehrt, die keinerlei furchterregende oder dunkle Aspekte verkörpert wie so manch andere Hindugöttinnen, etwa Kali.

Eine Pilgerreise zu dem von den Indern als heiligsten Ort des Landes betrachteten Quelle des Ganges beginnt in Gangotri auf dreitausend Metern Höhe und führt von da aus weiter durch Wälder und immer gebirgiger und steiniger werdende Pfade vorbei an Chirbasa und Bhojbasa. Hier hat der Pilger noch einmal die Gelegenheit, etwas auszuruhen oder sogar ein einfaches Dach über dem Kopf zu finden, wenn ein Wetterumschwung das Weitergehen unmöglich machen sollte.

Ich machte mich in der Morgendämmerung auf den Weg hinauf zur Quelle. Unterwegs wollte ich Ashokananda Baba wieder begegnen. Ich kannte ihn von früheren Reisen, die ich zusammen mit Bernd leitete und die uns in die sagenumwobenen Tempel Badrinath und Kedernath der Garhwal Region führten. Bernd hatte schon vor Jahren einen Film über diesen faszinierenden Yogi gedreht, der rituelle Feuerzeremonien in seiner abgelegenen Höhle oberhalb Gangotris zelebrierte und ein Meister des Yoga war.

Oftmals hatten wir schon vor einigen Jahren dort gesessen, schweigend oder Bhajans singend, manchmal alleine mit ihm oder in der Gemeinschaft von anderen Babas. Manche von ihnen waren verwegen aussehende Männer ganz unterschiedlichen Alters, die zum Teil nur mit einem Lendenschurz bekleidet waren und den ganzen Körper mit Asche bedeckt hatten und die beeindruckenden langen Haare als verfilzte Mähnen zu einem Zopf gebunden und hochgesteckt.

Eine Begegnung mit den Babas war wie ein Eintauchen in eine andere Welt. Manchmal waren sie todernst und schwiegen oder zelebrierten ein magisches Ritual, dessen Sinn sich mir auch nach vielen Indienaufenthalten und einigen Kenntnissen der Mythologie und Symbolik nur in einzelnen Teilen erschließen konnte. Sie konnten aber auch im nächsten Moment ohne für mich ersichtlichen Grund lauthals loslachen und völlig verspielt sein. Ihnen zu begegnen war immer ein Abenteuer, das sich jeder persönlichen Kontrolle entzog. Ich ließ mich gerne darauf ein, forderte es doch immer wieder meine rationalen und verstandesmäßigen Grenzen heraus.

Auch an diesem frühen Morgen saß Ashokananda mit einem anderen Baba wieder vor seiner Höhle und trank Chai. Er erkannte mich sofort wieder und lud mich zu einem Tee ein. Ich erzählte von meinem Vorhaben, hinauf zur Quelle zu gehen. Da er und der andere Baba für diesen Tag dasselbe geplant hatten, luden die beiden mich ein, sie zu begleiten. Diese Idee begeisterte mich sofort. Welch ein verwegenes Abenteuer, mit diesen beiden Babas in der Gangesquelle hoch oben am eisigen Gletscher ein rituelles Bad zu nehmen!

Meine eigene Zeitplanung war, so bald wie möglich aufzubrechen, um rechtzeitig gegen Mittag da zu sein, unterwegs vielleicht ein paar Verschnaufpausen einzulegen und dann das Bad in der Wärme der Mittagssonne zu nehmen. Vor allem wollte ich auf jeden Fall vor Einbruch der Dunkelheit wieder zuhause sein. ‚Zuhause' bedeutete in den Höhen des Himalaya immer die Wärme meines Schlafsacks. Diesen hatte ich, zusammen mit meinen anderen paar Habseligkeiten, in einer der einfachen Pilgerherbergen Gangotris zurückgelassen.

Ashokananda hatte es indes nicht eilig. Auch der andere Baba machte keinerlei Anstalten, sich endlich auf den Weg zu machen. Im Gegenteil. Ein Chai nach dem anderen wurde nachgeschenkt. Dabei schwiegen wir oder stimmten ein Bhajan zu Ehren Lord Shivas an. Ich war innerlich unruhig und ungeduldig. Ich hatte das unbestimmte Gefühl, zu spät zur Quelle zu kommen und dann den Heimweg nicht mehr zu schaffen. Es schien mir aber völlig unangemessen, die Babas auf die Zeit hinzuweisen. Zeit spielt in Indien eine ganz andere Rolle als bei uns im Westen und umso mehr im Bewusstsein dieser beiden Yogis. Sie lebten völlig jenseits von Zeitplänen. Ihre inneren Uhren tickten völlig anders als unsere. Oft habe ich erlebt, dass sie ohne äußere Absprache gleichzeitig aufstanden oder etwas taten, wozu es ihrer inneren Uhr nach offensichtlich – und für mich nicht nachvollziehbar – genau jetzt an der Zeit war.

An diesem Morgen jedenfalls schienen sie endlos Zeit zu haben und es war für sie keinerlei Eile geboten. Je ungeduldiger ich innerlich wurde, desto mehr entspannten sie sich. Nachdem ich mich entschieden hatte, mich auf die beiden einzulassen und mich ihnen anzupassen, ging es mir etwas besser, und meine Ungeduld wich der Bewusstheit, welch außergewöhnliches Glück ich doch hatte, mit diesen beiden Babas zur Quelle von Mata Ganga gehen zu können. Viele Shiva Bhajans und noch mehr Chais später standen sie beide wortlos auf und wir machten uns endlich auf den Weg.

Die beiden Yogis waren durchtrainiert und kannten jeden Stein auf dem Weg. Ich musste mich anstrengen, um mit ihnen mitzuhalten. Die Höhe tat das ihre, mich recht schnell außer Atem kommen zu lassen. Aber die faszinierenden Ausblicke auf die Berge, der Duft der riesigen Kiefern, das Rauschen von Mata Ganga und die kraftvolle Energie dieses Weges, den schon abertausende Menschen vor mir gegangen waren, beflügelten mich. Irgendwann waren wir an Chirbasa vorbei. Je näher wir der Quelle kamen desto aufgeregter wurde ich. Ich stellte mir innerlich vor, welche Altlasten emotionaler und mentaler Natur ich gerne Mata Ganga beim Untertauchen überlassen würde. Ich hatte allerdings auch Angst vor der Eiseskälte des Wassers. Ob ich mich überhaupt trauen würde, mich ihr auszusetzen?

Als wir in Bhojbasa ankamen, war es bereits Nachmittag geworden. Ashokananda erkannte in einem der auf einem Felsen sitzenden Gruppe von Yogis einen alten Freund. Das bedeutete weitere Chais und Shiva Bhajans und eine weitere zeitliche Verzögerung.

Ich dachte daran, vielleicht doch wieder umzukehren. Es wurde immer später und meine Ungeduld meldete sich ebenso wieder wie meine Angst, den Heimweg nicht mehr bei Tageslicht zu schaffen. Ich hatte keine Taschenlampe dabei und wurde immer nervöser. Meine Neugier und mein Vertrauen in das ominöse Verhalten der Babas war aber letztlich stärker und so blieb ich bei ihnen, bis sie endlich wieder aufbrachen.

Das letzte Stück Weges bis zur Quelle war beeindruckend. Die Höhe war deutlich spürbar und je näher wir uns Gaumukh näherten, desto öfter sah ich Eisschollen vorbeischwimmen. Die Luft wurde immer dünner und auch kälter. Irgendwann stand ich vor dem riesigen Gletscher, aus dem sich Mata Ganga kraftvoll ergoss. Ab und zu brach ein Stück des weiß-bläulichen Eises ab und der Fluss schwoll vorübergehend an. Die Babas legten ihre Kleidung ab und stiegen in ihren Lendenschürzen in das eiskalte Wasser. Sie tauchten mit dem ganzen Körper drei Mal unter, rezitierten ihre reinigenden Mantren und lobpreisten Lord Shiva und Mata Ganga: „Om Namah Shivaya! Ganga khi jayhe!!!"

Ohne weiter viel nachzudenken, versuchte ich, es ihnen gleichzutun. Den Badeanzug hatte ich schon vorsorglich am Morgen angezogen. Jetzt brauchte ich nur noch unterzutauchen. Die erste Berührung mit dem fast gefrorenen Wasser ließ mich zurückschrecken. Mir stockte der Atem. Es war wirklich eiskalt, und mich verließen plötzlich sowohl mein Mut als auch meine spirituellen Ambitionen. Es war später Nachmittag geworden und die Sonne verabschiedete sich gerade hinter dem Gletscher. Die Luft kühlte merklich ab und ein frischer Wind kam auf. Ich wollte aber die Quelle auf keinen Fall ohne rituelles Bad verlassen. Ich erinnerte mich an all die Pilger, die ich in Varanasi, in Rishikesh und am heiligen Narmadafluss beobachten konnte. Manche tauchten mit dem ganzen Körper unter, wieder andere nahmen einen kleinen Becher oder beide Handflächen als Gefäß und gossen sich so das Wasser über Kopf und Körper.

Ich nahm allen noch übrig gebliebenen Mut zusammen, watete in die eiskalten Fluten bis in Kniehöhe, ging dann in die Hocke und goss dreimal in aller Windeseile mit meinen Händen so viel Gangeswasser über meinen Kopf und Oberkörper, wie ich nur fassen konnte. Nach Atem ringend sprang ich so schnell wie möglich wieder heraus und zog mich hinter einem Felsen um.

Die Kälte des Wassers hatte meine Füße völlig taub gemacht. Auch meinen Kopf nahm ich nicht mehr so recht wahr. Ich war wie benommen und konnte nicht mehr richtig denken. Die Babas hatten bereits den Rückweg angetreten. Plötzlich schienen sie es sehr eilig zu haben. Ich versuchte, sie einzuholen und Ashokananda rief mir etwas zu, was ich aber nicht verstand. Die Abenddämmerung war längst hereingebrochen und es wurde zusehends dunkel.

Benommen machte ich mich, so schnell es mir in diesem eigenartigen Zustand möglich war, auf den Heimweg zurück zu meinem Schlafsack. Ich war besorgt, denn mehr als fünfzehn lange Kilometer lagen vor mir. Weder konnte ich klar denken noch sah ich in der inzwischen hereinbrechenden Nacht, wo ich genau lang lief. Wie von einer magischen Kraft geführt wurden meine Schritte immer schneller und mein Atem dabei immer ruhiger. Ohne auch nur einmal auf den Boden zu blicken, lief ich den ganzen Weg zurück zu Ashokanandas Höhle – fast wie in einer Art Trance. Ich schien den Weg in Windeseile zu bewältigen, fast so, als ob meine Füße die Erde dabei gar nicht berührten.

Ich stolperte über keine der endlosen Wurzeln oder die vielen Steine. Auch schien ich, ohne den Weg wirklich zu erinnern, jede notwendige Abzweigung zu erfassen. Nicht ein einziges Mal habe ich mich auf dem ganzen Rückweg verlaufen. Ich schien fast zu fliegen und fand mich irgendwann in tiefer Nacht vor der Höhle Ashokanandas wieder, wo der Baba und er inzwischen ein Feuer gemacht hatten.

"Om Namah Shivaya !" begrüßten sie mich lachend und boten mir einen heißen Tee an. „Holy Ganga carry you!".

Lange habe ich die darauf folgenden Tage über mein Erleben nachgedacht. Bis heute kann ich mir nicht erklären, was es mit diesem Phänomen auf sich hatte. Ich weiß nur, dass ich die nächsten Tage mit viel innerer Ruhe und Gelassenheit am Ufer von Mata Ganga saß und mich in Frieden mit mir selbst und der Welt empfand.

Der Tanz mit dem Schatten

Vergessen wir den Lauf der Zeiten,
vergessen wir die Zwietracht der Meinungen.
Wenden wir uns an die Unendlichkeit,
beziehen wir dort unsere Stellung.

- Zhuangzi

„Du kannst der Magie auf dieser Insel nicht entkommen. Dazu ist Bali viel zu klein und die Magie auf ihr viel zu groß", lächelte mir Andy freudestrahlend entgegen. Er holte mich gerade vom Flughafen in Denpasar ab und wir wollten in Richtung Kuta am Meer entlang und weiter nach Legian und Seminyak fahren. Andy lebte schon lange auf der Insel der Götter. Er war ein begnadeter Designer für Schmuck und Mode. Bali lieferte seiner Kreativität nicht nur ständig neue Impulse, sondern auch die entsprechenden Materialien und emsigen Helfer, deren Handwerkskünste vortrefflich zu seinen passten.

Schon öfter hatten wir uns auf Bali getroffen, um unsere wertvolle Freundschaft zu vertiefen und uns der Schönheit der Insel und ihrer Magie hinzugeben. Andy kannte Bali nach vielen Jahren in- und auswendig und entlockte der Insel doch immer wieder neue Geheimnisse. Wir saßen stundenlang am Meer oder in den Hügeln um Ubud, unterhielten uns über die Glaubenswelt der Balinesen, und wie diese ihren Ausdruck findet in den unzähligen Tempeln, den täglichen Ritualen und den bunten Prozessionen. Die kleine Insel wird nicht umsonst die Insel der tausend Tempel genannt. Sie sind allgegenwärtig. Der mächtige dreitausend Meter hohe Vulkan Gunung Agung ist in der Sicht der Balinesen der Sitz der Götter, während die Wasser des Meeres Dämonen beherbergen. Der Kampf zwischen gut und böse, Licht und Schatten ist in den Schattenspielen des Wayang Kulit ebenso Thema wie in den traditionellen Tänzen des Barong.

„Du solltest wissen, dass es auf Bali neben der lichten Magie und all der zauberhaften Schönheit auch viel schwarze Magie gibt ...", eröffnete er das Gespräch, als wir uns am Abend zum Sonnenuntergang am Meer trafen.

Er erzählte mir von vielen Vorfällen, die ihm die letzten Monate das Leben schwer gemacht und ihm persönlich und auch seinem Geschäft viel abverlangt hatten. Einige der balinesischen Händler, die für ihn arbeiteten, hatten durch kleinere Diebstähle und Unzuverlässigkeiten sein Vertrauen verspielt, und er war auf der Suche nach einem neuen Team. Doch so sehr er sich auch bemühte, jemanden zu finden, immer kam etwas dazwischen genau in dem Moment, als es darum ging, endgültige Verabredungen zu treffen. Ein Mann wurde plötzlich krank, ein anderer hatte einen kleinen Unfall mit seinem Moped, eine Frau, die er gerne mit im Team gehabt hätte, musste urplötzlich auf die Nachbarinsel Lombok reisen, um dort angeblich wichtige Rituale abzuhalten. Seine angestrengte Suche nach zuverlässigen Mitarbeitern nahm kein Ende. Kurz, alles schien schief zu gehen.

„Es kam mir gerade so vor, als sei alles wie verhext!", fuhr Andy kopfschüttelnd fort. „Irgendwann konnte ich einfach nicht mehr. Meine Kraft war alle und ich wurde ziemlich krank. Ich konnte meinen Geschäften nicht mehr nachgehen. Meine Kreativität war versiegt wie eine ausgetrocknete Quelle, ich war echt am Ende. Mein Bankkonto natürlich auch."

Der westlich orientierte Arzt, den er schließlich völlig erschöpft aufsuchte, konnte nichts finden: „Nothing wrong", war seine Diagnose. „But maybe black magic."

„Ich wollte das natürlich zunächst gar nicht wahrhaben – schließlich lebe ich schon lange hier auf Bali. Natürlich wusste ich um das Phänomen, aber letztendlich dachte ich, es könne mich irgendwie nie wirklich selbst betreffen!"

Es war Andy deutlich anzusehen, wie sehr ihn das Erlebte immer noch bewegte. Er machte sich irgendwann mit letzter Kraft auf zu einer Heilerin, die abgelegen in einem kleinen versteckten Winkel der Insel nahe Batubalan ihrer Kunst nachging, von den Balinesen sehr verehrt wurde und hohes Ansehen genoss. Diese schlug die Hände über dem Kopf zusammen, als sie Andy sah. Sie war fest davon überzeugt, dass er dem Angriff von negativen Kräften und Zaubern ausgesetzt war, die ihn schädigen wollten. Persönlich und vor allem auch geschäftlich.

Sie gab ihm preis, dass es auf der Insel fast ebenso viele sogenannte Heiler gäbe, die ihre Kunst für schwarzmagische Verwünschungen missbrauchten, wie jene, die sie für echte Heilung, für das Gute und Lichtvolle einsetzten. Schwarze Magie wird angewandt, um Menschen zu manipulieren oder zu schädigen und um sich persönliche Vorteile zu verschaffen.

Die Heilerin gab Andy von ihr selbst zusammengestellte Kräutermedizin mit. Außerdem ein kleines Säckchen gefüllt mit besprochenen Blütenblättern. Er sollte sich täglich damit reinigen und dazu bestimmte Mantren sprechen. Diese sollten seine eigene Lichtkraft stärken und ihn gegen negative Energien schützen.

Dann beschrieb ihm die Heilerin bis ins Detail bestimmte Gegenstände, auf die hin er seine nähere Umgebung, sein Haus und seinen kleinen Garten absuchen sollte. Diese seien von destruktiven Kräften und Verwünschungen besetzt und er müsse sie baldmöglichst allesamt entsorgen. Andy ging zurück in sein Zuhause und fand tatsächlich die von der Heilerin beschriebenen Gegenstände: Einen in Papier eingewickelten Stein; einen mit Bindfäden umgarnten Zweig; ein Stück beschriebenes Palmblatt. Er fand alles genau so, wie es die Heilerin zuvor in der geistigen Schau gesehen hatte.

„Ich konnte es kaum fassen. Wenn ich nicht alles mit meinen eigenen Augen gesehen hätte – nie und nimmer hätte ich mir das vorstellen können!

Ich wusste überhaupt nicht, wie ich all das einschätzen und wie ich damit umgehen sollte. Mir wurde allerdings während der Zeit meiner Kraftlosigkeit schmerzlich bewusst, wie sehr ich selbst oftmals gefangen gewesen war in wirklich dunklen Gedanken und auch negativen Gefühlen. Ich hatte mich immer mehr verrannt gehabt in eine nur noch materialistische Ausrichtung. Es zählte nur noch mein Geschäft. Alles Andere war mir entglitten. Und wann immer ich mich über unzuverlässige Geschäftspartner aufregte, habe ich ihnen wirklich das Schlimmste an den Hals gewünscht. Ich habe gelesen, dass Buddha sogar buchstäblich von Geistesgiften redet und all jene Emotionen und Gedanken damit meint, die sich tatsächlich destruktiv auf uns selbst und andere auswirken.

Irgendwie hatte ich das Gefühl, als müsste ich innerlich meinen eigenen Standort neu bestimmen. Allmählich dämmerte mir, dass ich selbst innerlich entweder Giftcocktails mixen kann oder aber etwas wirklich Nährendes und Heilsames. Ich habe mich dann doch mehr für die Süße des Lebens und für Milch und Honig entschieden. Seither fühle ich mich dem Paradies wieder etwas näher und auch auf dieser wirklich paradiesischen Insel hier wieder wohler. Meine Kraft ist auch zurückgekehrt, aber ich setze sie jetzt anders ein als früher."

Andy und ich saßen lange Zeit schweigend am Strand, nachdem er die Geschichte erzählt hatte. Der Sand war von der Hitze des Tages immer noch angenehm warm. Die Sonne war längst als glutroter Ball in den Wellen des Indischen Ozean versunken.

Die Nacht senkte sich allmählich über die Insel der tausend Tempel. Ich hatte in diesem Moment das Bild des traditionellen balinesischen Barongtanzes vor Augen. Barong ist eine Art Tanzdrama, bei dem es um die Auseinandersetzung zwischen Gut und Böse geht und um die Balance zwischen diesen beiden Polen. Die Tänzer bemühen sich dabei um einen Ausgleich dieser Dualitäten. Barong verkörpert das Gute, die Hexe Rangda das Böse. Der Tanz endet unentschieden.

Die Magie des Lebens ist allgegenwärtig als Energie und Bewusstheit für uns bereitgestellt. Wie wir sie verwenden, bleibt uns selbst überlassen und liegt in unserer eigenen Verantwortung. Wir haben die Wahl zwischen Licht und Schatten.

Ein geheimnisvoller Auftrag

Wunder stehen nicht im Widerspruch zur Natur,
sondern im Widerspruch zu unserem
Wissen von der Natur.

- Augustinus

Es war mein vorletzter Tag in Bangkok. Einige wertvolle Wochen lang hatte ich mich in Thailand aufgehalten, mich in den traumhaften türkisklaren Wassern des Golfs von Siam und der Andamannen See getummelt, thailändisches Essen genossen und mir an mancher sehr scharfen Tom Yum Suppe, die ich über alles liebte, die Zunge verbrannt, viele der reich geschmückten Tempel besucht und mich vom allgegenwärtigen Lächeln der Thai verzaubern lassen.

Ich kannte Bangkok schon von vorhergegangenen Reisen und wollte für ein paar wenige Tage noch einmal durch seine Straßen schlendern. Ich hatte mich auf Anhieb in Bangkok, die Stadt der Engel, wie sie auch genannt wird, verliebt. Ich wollte noch einmal das faszinierende Netz von Kanälen, die Khlongs aufsuchen, derentwegen Bangkok oftmals als Venedig des Ostens bezeichnet wird, mit dem Boot den mächtigen Chao Phraya Fluss entlang fahren, wieder einmal in der Lobby des legendären Oriental Hotels sitzen und direkt am Fluss den Sonnenuntergang genießen. Mein Budget erlaubte nie eine Übernachtung hier, wohl aber einen Besuch seiner Terrasse.

Da ich die großen und bekannten Tempel der Stadt bereits mehrmals erlebt hatte, machte ich mich diesmal auf den Weg in entlegenere Seitenstraßen und immer kleiner und unübersichtlich werdende Gassen. Ich hatte kein Ziel vor Augen und ließ mich leiten – von Gerüchen, von Tönen, von Menschen, die vor mir zufällig in eine weitere enger werdende Gasse abbogen und von der Magie des Moments und seiner faszinierenden Choreografie.

Eine alte Frau zog meine Aufmerksamkeit auf sich. Sie war nicht gut zu Fuß und humpelte langsam eine der Gassen entlang. Trotz der Schmerzen, die sie offensichtlich hatte, war doch ein gütiges und freundliches Lächeln in die vielen Falten ihres Gesichtes geschrieben. Sie war ärmlich gekleidet und hatte mehrere frische Lotusblüten im Arm und ein großes Bündel langer Räucherstäbchen. Ich folgte ihr in einigem Abstand, bis ich mich vor einem recht kleinen und von außen kaum erkennbaren Tempel wiederfand. Die Frau streifte ihre einfachen Sandalen ab und ging in den Tempel. Ich tat es ihr gleich. Unsere Blicke trafen sich für eine Weile und wir lächelten uns wohlwollend zu. Der Raum beherbergte mehrere Buddhastatuen und einen reich geschmückten Altar mit Lotusblüten, Obst, Räucherwerk, Plastikblumen und bunt flackernden Lichterketten.

Die Frau gab ihre Lotusblüten in die dafür vorgesehene große Schale mit Wasser, zündete die Räucherstäbchen an und kniete sich vor eine der Buddhafiguren. Diese war – verglichen mit den anderen Statuen – recht klein, und ihre Konturen verschwanden fast völlig unter all den unzähligen Goldblättchen, die die Thais an ihr festgeklebt hatten. Es ist thailändische Tradition, dass dem Buddha als Zeichen der Verehrung Gold dargebracht wird.

Ich war beeindruckt und stellte mir vor, wie unendlich viele Menschen und wie viel Hingabe es wohl gebraucht hatte, um den Buddha unter diesen einzelnen hauchdünnen winzigen Blättchen von Blattgold fast verschwinden zu lassen. Es musste offensichtlich eine ganz besondere Statue sein mit einer eigenen mystischen Geschichte, und sicherlich wurden ihr besondere magische, heilerische oder Glück verheißende Fähigkeiten zugesprochen. Ich setzte mich in respektvollem Abstand zu der Frau auf den Boden des kleinen Tempels, schloss meine Augen und gab mich ganz seiner Atmosphäre, der Ausstrahlung des Buddhas und dem Duft der Räucherstäbchen hin.

Plötzlich kam es mir so vor, als hätten hinter mir Menschen Platz genommen. Ich nahm an, sie waren vielleicht, ohne dass ich sie gehört hätte, in den Tempel gekommen und hätten sich hinter mich gesetzt. Ich schaute mich um, aber es war niemand da. Ich schloss erneut die Augen. Wieder war die Wahrnehmung, dass hinter mir jemand Platz nahm, so deutlich, dass ich mich noch einmal umdrehte und nachschaute. Abermals konnte ich niemanden sehen.

Ich versuchte, meine meditative Haltung wieder aufzunehmen und entspannte mich mit ein paar tiefen Atemzügen. In diesem Moment nahm ich plötzlich deutlich die Präsenz von John und Eva wahr. Mir war so, als würden sie direkt hinter mir sitzen. John Pierrakos war über viele Jahre mein Lehrer in Core Energetics gewesen, einer spirituell orientierten Therapieform, die Menschen darin unterstützt, ihr Potenzial zu erkennen, es zu leben und dem Plan ihrer Seele und deren Lebensaufgabe zu folgen. John war seit einigen Jahren tot. Seine Frau Eva war ein Trancemedium und trug mit den von ihr gechannelten Guide Lectures ganz wesentlich zu den Inhalten von Core Energetics bei. Viele Menschen versammelten sich um sie, lasen und bearbeiteten gemeinsam das von Eva gechannelte Material. Eva starb Ende der siebziger Jahre.

Ich tat mich schwer mit dieser Wahrnehmung. Ich hatte auf meiner Reise durch Thailand nicht ein einziges Mal an Eva oder John gedacht. Ich war im Urlaub weitaus mehr mit den thailändischen Buddhas und dem Zauber des Landes beschäftigt gewesen, als mit meiner Arbeit, meinen Seminaren oder irgendetwas, was damit zusammenhing. Dieses ominöse Gefühl der Präsenz von John und Eva in einer abgelegenen Seitengasse in einem winzigen Tempel Bangkoks konnte ich nicht einordnen. Ich nahm ein paar weitere Atemzüge. Die Wahrnehmung der Präsenz in meinem Rücken blieb deutlich. Plötzlich hörte ich in aller Deutlichkeit die Worte: ‚Do Pathwork!' Es war, als ob sie mir von John und Eva zugeflüstert worden wären.

Das ging mir eindeutig zu weit. Ich riss meine Augen auf und drehte mich ruckartig um. Vielleicht hatte inzwischen doch jemand hinter mir unbemerkt Platz genommen und ich deutete thailändisch gemurmelte Gebete als englischsprachige Botschaft. Es war immer noch niemand da außer mir und der alten Frau, die immer noch vor mir zu Füßen des goldenen Buddhas saß. Schließlich versuchte ich, die Situation so anzunehmen, wie ich sie in diesem Moment erlebte. Denn, so sagte ich mir, schließlich war ich doch auf der Suche nach Magie; und nun wollte ich sie gar nicht wahrhaben! In diesem Moment veränderte sich meine Wahrnehmung. Die Energie in meinem Rücken verschwand. Ich atmete auf und war gleichzeitig tief berührt von diesem Erlebnis.

Ich verneigte mich vor dem goldenen Buddha, verabschiedete mich von der alten Frau und nahm deren gütigen und weise lächelnden Blick mit auf meinen Weg zurück in mein Hotel durch die Gassen Bangkoks.

Ich ließ mir viel Zeit dabei und mit jedem neuen Schritt versuchte ich, die Botschaft ‚Do Pathwork' für mich zu verstehen. Schon immer fühlte ich mich den medialen Lesungen von Eva innerlich sehr verbunden. Aber mein direkter Kontakt dazu war nach meinem Training mit John, das ich schon vor vielen Jahren abgeschlossen hatte, leider wieder abgebrochen. Pathwork war in Deutschland nicht so bekannt wie in den USA, und ich fühlte mich mit meinem Interesse daran alleine. Sollte ‚Do Pathwork' etwa bedeuten, dass ich in die von mir neu geplante Gruppe, die ich nach meinem Thailandurlaub ins Leben rufen wollte, das Material von Eva mehr mit einbeziehen sollte? Dazu waren mir die Lectures nach all den Jahren nicht mehr geläufig genug. Ich konnte es in meinem Kopf drehen und wenden, wie ich wollte. Ich verstand die Botschaft nicht.

Als ich später am Chao Phraya ankam, in den Sonnenuntergang und die im Abendlicht goldorange scheinenden umliegenden Tempeldächer Bangkoks schaute, die sich im Fluss spiegelten, schien mir das nicht mehr wesentlich. Die Begegnungen mit der alten Frau, dem goldenen Buddha und John und Eva hinterließen ein Gefühl tiefer Dankbarkeit. Ich konnte mir rational immer noch nicht erklären, was genau in diesen Momenten vor sich gegangen war, aber ich fühlte die Magie, die sich in ihnen verbarg und ließ mich von ihnen und der Abendstimmung in der Stadt der Engel verzaubern.

Viele Jahre später hatte ich New York für mich entdeckt. Wie durch ein Wunder kam ich in dieser Riesenmetropole genau mit den Menschen in Kontakt, die mit Pathwork verbunden waren und die teilweise Eva noch zu Lebzeiten kannten und ihr nahe waren. Gleich bei meinem zweiten Besuch wurde ich eingeladen, mich einer Gruppe fortgeschrittener Studenten anzuschließen, die im New Yorker Pathwork Center für ein Training eingeschrieben war, das sich intensiv mit dem Studium und der damit verbundenen persönlichen Erfahrung der medialen Lesungen von Eva Pierrakos beschäftigt. Für viele Jahre wurde Pathwork ein wichtiger Teil meiner Aufenthalte in der Stadt. Manchmal fragen mich Bekannte oder Klienten, was genau ich eigentlich immer so lange in New York mache.

„I do Pathwork!" ist meine Standardantwort und ich lächle dabei innerlich John und Eva zu.

Der Würfel

Der Zufall ist das Pseudonym,
das der liebe Gott wählt,
wenn er inkognito bleiben will.

- Albert Schweizer

Als Kinder sind wir alle noch ganz ursprünglich und natürlich verbunden mit der magischen Wahrnehmung einer verzauberten Welt. Wir entern als Piraten imaginäre Schiffe, sind Prinzessin unseres Königreichs, das sich zwischen zwei Bäumen im Garten erstreckt oder unterhalten uns angeregt mit den Elfen, die unter dem Farn hinter der Hausecke wohnen.

Meist geht uns diese Wahrnehmung fast ganz verloren. Doch manchmal können wir noch etwas davon herüberretten in unser rational geprägtes Dasein als ,vernünftige Erwachsene'.

So war es mir schon als Kind eine Riesenfreude, Dinge auf der Straße, auf verschlungenen geheimnisumwitterten Waldpfaden oder in kaulquappenübersäten trüben Tümpeln zu finden. Und seltsamerweise fand ich auch immer etwas: Münzen oder Kettchen, Muscheln, schöne schillernde Steine, wunderbar symmetrisch gebaute Schneckenhäuser, bunte Scherben. Es gab immer etwas, was meinen Blick auf sich zog, mich für einen kurzen Moment in Schatzsucherlaune versetzte und eine besondere Anziehung für mich besaß. Ein Teil dieser Faszination hielt sich bis heute.

Manches so Entdeckte fand dann seinen Weg heim auf meinen persönlichen Altar oder wurde als Schmuck oder Inspiration verwendet – manches hatte seinen Dienst bereits im Moment des Findens getan und blieb einfach liegen. Oft waren es magische Botschaften, die sich mir auf diese Weise vermittelten.

Während einer meiner Aufenthalte in Manhattan schlenderte ich durch Greenwich Village, den alten Stadtteil von Manhattan, der nicht so ganz symmetrisch angeordnet ist wie der Rest der Stadt. Ich hatte kein Ziel und ließ mich, wie schon so oft, einfach von der Stadt selbst führen. Ich folgte dem entfernt zu hörenden Ton eines Saxophons, dem Sirenengeheul aus einer Seitenstraße, oder für eine Weile dem süßen schwarzen Mädchen vor mir, das gerade wahrscheinlich aus der Schule kam und kaum größer war als sein überdimensionaler Schulranzen und dessen gedrehte schwarze Locken mit den herrlich knallbunten Schleifchen bei jedem Schritt auf und ab wippten.

Dabei fiel mein Blick auf den Boden und ich sah schon aus der Ferne etwas liegen. Ich überquerte noch den Rest der Straße und barg meinen neuesten Schatz. Es war ein Würfel. Spontan schoss mir ein Satz von Albert Einstein durch den Kopf: ‚Gott würfelt nicht'.

Lächelnd wanderte der Würfel in meine Hosentasche und für den Rest des Weges, der mich hinunter an das Pier am Hudson führte, begleitete mich der Satz. Ich sann darüber nach, was wohl seine Bedeutung und seine Botschaft für mich und mein Leben an diesem sonnigen Mittag sein könnte. Und gar für die gesamte Schöpfung und die Gesetze des Universums.

Spätestens als ich am Flussufer saß, überliess ich mich aber lieber dem Beobachten der Wellen, dem Einatmen des Duftes des naheliegenden Atlantiks, dem überwältigenden Anblick der Wolkenkratzer von Manhattan und der Freiheitsstatue, die wie eine winzig kleine Spielzeugfigur unten am Horizont gerade noch so zu erkennen war.

Am Nachmittag traf ich einen meiner New Yorker Freunde auf einen Kaffee. Er wusste um meine ‚Schatzsucherleidenschaft'.

„Na, neuerdings mal wieder was gefunden?", fragte er.

„Ja! Einen Würfel."

„Ja, Evelyn, Gott würfelt nicht!", war seine Antwort.

Ich war sprachlos angesichts dieser wortwörtlichen Wiederholung meines ersten spontanen inneren Gedankens, nachdem ich den Würfel aufgehoben hatte. Als ob es nur eine passende Assoziation zu ‚Würfel' gäbe! Er hätte mich ja auch zu einer Runde Mensch-ärgere-Dich-nicht einladen können oder meinen, ich sei begeisterte und leidenschaftliche Pokerin mit Würfeln oder endlich seien die Würfel in irgendeiner Entscheidung gefallen. Und so weiter!

Schier gar endlose andere Varianten und Geschichten zu ‚Würfel' gingen mir durch den Kopf. Aber nur eine einzige Version davon war mein erster Gedanke dazu gewesen und auch die meines Freundes. War das nun einfach Zufall? Oder würfelt Gott tatsächlich nicht?

Als ich mich auf den Heimweg machte, fiel mir aus der Ferne die Gruppe puertoricanischer Männer auf, die leidenschaftlich lachten und wild gestikulierten. Sie saßen in einem Kreis auf dem Boden. Ich war neugierig und fragte mich, was sie so in ihren Bann zog. Als ich ihnen näher kam, sah ich, dass sie würfelten und immer wieder neu im Spaß darüber stritten, wie die gewürfelten Zahlen zu verrechnen seien und wer als Sieger aus dem Würfelspiel hervorging.

Ich lächelte in mich hinein und fragte mich, ob wohl mein Würfel in der Tasche andere magisch anziehe. Mir kamen Phänomene wie die morphogenetischen Felder in den Sinn oder das geistige Gesetz der Anziehung. Letztlich blieb aber mein rationaler Verstand doch eher beim Konzept des ‚Zufalls' hängen.

Ich setzte meinen Heimweg fort und stieg in eine U-Bahn. Am nächsten Halt an der 50. Straße stieg eine attraktive junge dunkelhäutige Frau ein. Sie hatte ihre Ohrstöpsel locker um den Hals hängen und die Musik so laut, dass man sie andeutungsweise mithören konnte. Sie lehnte sich lässig an die Tür und bewegte ihren grazilen Körper im Beat des coolen Rap. Als sie sich beim Aussteigen umdrehte, sah ich ihr T-Shirt von hinten. Es zeigte einen überdimensional großen Würfel in schwarz-weiß. Darunter in knallroter Schrift: ‚Come play with me!'

Der Satz meines Freundes schoss mir wieder durch den Kopf: ‚Gott würfelt nicht.' Ich nahm ihn beim Wort und den Würfel mit über den Atlantik. Er ist für mich eine Erinnerung daran, dass nichts in diesem Universum dem Zufall überlassen bleibt und alles innerhalb einer kosmischen Ordnung seinen Platz hat. Nichts passiert darin zufällig oder sinnentleert. Alles ist mit allem verbunden: Dinge, Menschen, Gedanken, Ereignisse – alles steht in einem Zusammenhang. Auch wenn ich dies nicht immer erkennen oder gar begreifen kann, und mir manches deshalb tatsächlich oft nur wie ein Zufall erscheint.

Die Zeit steht still

Es gibt zwei Arten, sein Leben zu leben:
Entweder so, als wäre nichts ein Wunder,
oder so, als wäre alles eines.
Ich glaube an Letzteres.

- Albert Einstein

Ich sitze inmitten der quirligen Betriebsamkeit des Times Square in New York auf einer der Treppenstufen, von der aus man das Treiben in diesem Zentrum Manhattans gut beobachten und miterleben kann. Es zieht mich nicht oft an diesen lauten und chaotisch anmutenden Platz, aber manchmal in der Abenddämmerung, wenn die Lichter der Stadt die bereits knallbunt und hell erleuchteten Riesenreklamewände des Times Square noch mehr zum Strahlen bringen und zusätzlich die untergehende Sonne sich pink und knallorange in den unzähligen Fenstern der umliegenden Wolkenkratzer widerspiegelt – kann dieser Platz eine eigene Magie entwickeln und in kurzen Momenten scheint es, als sei dies nicht nur das Herz Manhattans sondern der Mittelpunkt der Welt. Die endlosen Lichterketten der vorbeifahrenden Autos und Taxis verschmelzen mit den unzähligen Lichtern der Reklamewände und der Fenster und es entsteht ein Ozean von Licht.

Es ist ein Tummelplatz für Menschen aus aller Welt. Und doch fällt mir auf, dass ich selten alte Menschen hier sehe. Manhattan gibt sich gerne jung und dynamisch. Und die Reklametafeln spiegeln das wider. Kein faltiges Gesicht, keine Konturen, die an gelebtes Leben erinnern oder einfach nur menschliche Regungen widerspiegeln. Stattdessen neueste Trends in Sachen Mode, perfekt gestylte glatte Gesichter, noch perfektere Körper. Jung. Sexy. Cool. Ohne Spuren von Zeit.

Plötzlich entdecke ich eine alte Frau im Rollstuhl. Sie erscheint mir in dieser Umgebung uralt. Sie macht einen verwahrlosten

Eindruck. Sie sitzt inmitten dieses Platzes, der wie kein anderer auf der Welt Erfolg, Dynamik, Schönes und Junges anpreist. Welch ein Widerspruch! Sie ist unfrisiert, hat keine Schuhe an und einen ihrer beiden alten verrunzelten Wollstrümpfe hat sie halb verloren. Sie sitzt zahnlos in einer selbstvergessenen Selbstverständlichkeit in ihrem vorsintflutlichen Rollstuhl. Ein Rad ist verbogen und eine Halterung an den Griffen fehlt gänzlich.

Ein alter Mann, der ihr Sohn sein könnte, macht ein Bild von ihr. Mit einer Kamera, die mir so vorkommt, als sei sie noch älter als die beiden zusammen. Die beiden scheinen wie aus einer anderen Zeit. Fast wie von einem anderen Planeten. Das quirlige Treiben um sie herum nehmen sie nicht wirklich wahr und auch die Menschen, die an ihnen vorbeilaufen, nehmen keine Notiz von ihnen. Sie sind mit ihren Kameras und Handys und den riesigen Plakatwänden beschäftigt. Die beiden ziehen mich in ihren Bann. Ich kann meinen Blick nicht von ihnen wenden. Sie nehmen mich mit auf eine Zeitreise und ich verschwinde für eine Weile in einer anderen Zeit und einer anderen Welt.

The naked Cowboy, der dafür bekannt ist, nur mit knappem Slip bekleidet auf dem Times Square Gitarre zu spielen und der sein Geld damit verdient, sich und seinen makellosen braun gebrannten Superkörper mit Touristen ablichten zu lassen, schlägt einen seiner Westernsongs an und erinnert mich wieder daran, wo ich bin.

Die alte zahnlose Frau im Rollstuhl winkt den Cowboy kraftlos zu sich her. In diesem Moment begegnen sich die beiden Welten und für einen magischen Moment lang gibt es weder alt noch jung. Es gibt nur die zutiefst empfundene menschliche Begegnung zwischen zwei Welten, die kurz zuvor fast wie zwei auseinanderdriftende Planeten Lichtjahre voneinander entfernt gewesen zu sein schienen. Der halbnackte Cowboy beugt sich zu der alten Frau herunter und zieht ihr fürsorglich den herunterhängenden Strumpf hoch. Dann fragt er sie nach ihrem Lieblingslied und stimmt ,Amazing Grace' an.

Die quirligen Menschenströme verebben und bilden innerhalb von Sekunden einen Kreis um die uralte Frau im Rollstuhl und ihren alten Sohn. Die beiden sind plötzlich der Mittelpunkt des Universums. Die Zeit hält für ein paar magische Momente lang inne und läuft nicht weiter. Die Menschen stimmen in das Lieblingslied der alten Frau mit ein, und ein kraftvoller Chor von unzähligen Stimmen übertönt alle anderen Geräusche der hektischen Betriebsamkeit des Platzes. Viele halten sich dabei an den Händen und manchen laufen die Tränen herunter. Es kommt mir vor wie eine Hymne an die Menschlichkeit und an die Liebe, die ihre kraftvollen magischen Bande über alle Zeiten und alle Grenzen hinweg webt und alles miteinander verbindet. Die Zeit steht still. Ihre Spuren in den Gesichtern der Menschen sind verblasst. Alt oder jung – alles scheint zeitlos miteinander verbunden und gar jenseits des Phänomens der Zeit zu existieren.

Manchmal erleben wir magische Momente in Situationen oder Umgebungen, in denen wir sie nicht vermutet und schon gar nicht erwartet hätten. Sie sind eingebettet in ganz alltägliches Treiben und Geschehen – auf Straßen, auf Plätzen, in der Begegnung mit Fremden.

Umso mehr berühren sie uns mit einem Hauch des Himmels und erinnern uns an die immer gegenwärtige Magie des Lebens. Die Zeit scheint für einen wertvollen Moment stillzustehen und lässt uns innehalten. In einem kurzen und gleichzeitig ewig erscheinenden Moment, der uns das magische Phänomen der Zeit nahe bringt, erleben wir einmal mehr die Magie des Lebens.

The magic wonderland

Die Weisen sehen das Leben als ein Rad,
bei dem jedes Individuum immer wieder Geburt und Tod durchläuft.
Jeder Einzelne bleibt so lange auf diesem Rad,
wie er sich als getrennt wahrnimmt;
hat er jedoch die Einheit mit Gott verwirklicht,
kann er aus diesem Rad in die Freiheit ausbrechen.

- Upanischaden

Mehrmals im Jahr fliege ich nach New York und immer wieder fällt mir auf dem Landeanflug Richtung JFK Airport dieses große Riesenrad auf. Und immer spricht es mich in seiner tieferen Symbolik für unser Leben an. Gleicht nicht unser Leben manchmal einem solchen Riesenrad?

Es dreht sich immer im Kreis. Und doch: Wenn wir in unserer Gondel sitzend ganz oben ankommen, eröffnet sich uns ein fantastischer Blick in die Weite und ebenso in die Tiefe unserer Existenz. Für eine kurze Weile erhalten wir einen Überblick und sehen über unseren engen Blickwinkel hinaus, erkennen die Konturen am Horizont, die uns einen Blick auf neue Ufer erhaschen lassen. Visionen, die noch im Nebel zu liegen scheinen, sich aber bereits ankündigen als vage Hinweise auf unsere Zukunft. Und wir blicken hinab in all das, was an Wegstrecke schon hinter uns liegt und was wir in unserer eigenen Tiefe verankert haben als unsere gelebte Vergangenheit.

Kommen wir wieder unten an, scheint der Überblick verloren zu gehen. Dabei ist er nur vorübergehend aus dem Blickfeld verschwunden. Ganz automatisch dreht das Rad sich weiter und eröffnet wie von selbst nach einer gewissen Zeit wieder eine andere, weitere Perspektive.

In Amerika findet sich der Kreis als kraftvolles Symbol in allen Mythologien seiner Ureinwohner. Es gibt das indianische Medizinrad, die Kreistänze, den Kreis der Ältesten und den Kreis als

Symbol für die ohne Anfang und Ende ewig fortwährende Bewegung – der Erde, der Gestirne, allen Lebens. Auch in ganz Indien und Tibet wird vom Rad des Lebens gesprochen – vom ewigen Kreislauf von Geburt und Wiedergeburt. Schenken wir den alten Überlieferungen Glauben, kehren wir wieder und wieder in einem ewigen Kreislauf, bis wir endlich Erleuchtung erlangen und uns aus dem Rad des Lebens und der ewigen Wiedergeburten befreien können. Dann steigen wir aus – aus dem Riesenrad.

Ich kann dieses Riesenrad bei jedem neuen Anflug auch in der Höhe vom Flugzeug aus immer noch sehr deutlich erkennen und je öfter ich es sehe, desto mehr formt sich in mir der Wunsch, es einmal zu besuchen. Mir ist allerdings nicht bekannt, in welcher Region sich das Riesenrad genau befindet. Und immer, spätestens wenn ich in New York gelandet bin, habe ich es auch schon wieder vergessen – bis zum nächsten Landeanflug. So ergeht es mir auch an diesem sonnigen klaren Frühlingstag. Die Maschine ist gelandet, das Riesenrad aus meinem Blick und meinem Geist verschwunden. Die peinlichst genau auszufüllenden Papiere für die Immigration erfordern meine ganze Aufmerksamkeit und dann tauche ich ein in das vibrierende Energiefeld Manhattans.

Jedes Mal, wenn ich in der Stadt bin, treffe ich Oliver, einen meiner New Yorker Freunde. Es kommt höchst selten vor, dass er die Stadt verlässt. New Yorker haben in der Regel tatsächlich nicht viel Veranlassung dazu. Wozu auch? Alles liegt direkt vor der Haustür und wenn nicht direkt da, dann spätestens zwei, drei Straßen weiter.

An einem Sonntagmorgen jedoch ruft er mich trotzdem an und fragt mich, ob ich ganz spontan – das heißt sofort! – mitwolle auf einen Trip in seinem Auto und raus aus Manhattan.

„Klar", sage ich. „Super Idee, wohin fahren wir?"

„Überraschung", meint er.

Wir verlassen die Stadt über eine der gigantischen Brücken, die einem einen jener überwältigenden Blicke auf die Skyline bieten, die einen süchtig machen könnten. Wir reden nicht viel. Er macht das Radio an und die Musik, die dort spielt, passt perfekt zu der

Stimmung. Trancemusik gemischt mit coolem Rap und Ethno. Alte überlieferte Rhythmen abgemischt mit Hightech Sound. Welch faszinierende Mischung aus Zeiten und Kulturen! Wir fahren schon eine geraume Zeit und ich habe längst keine Orientierung mehr wo wir sind. Endlose Straßen, eintönige Abbiegungen, verwahrloste Häuserfronten, winzig kleine Vorgärten, heruntergekommene und traurig wirkende riesige Supermärkte, gerade brandneu hochgezogene Wohnsiedlungen. Dieser spannende Mix aus alt und neu, morbide verkommen und hypermodern erinnert mich wieder einmal mehr daran, wie vergänglich alles ist und auch, welch magisches und unergründliches Phänomen die Zeit eigentlich ist und welche Spuren sie hinterlässt.

Als wir irgendwann in eine etwas kleinere Seitenstraße abbiegen, bin ich wie elektrisiert. Mir stockt der Atem und ich kann meinen Blick nicht abwenden. Wie hypnotisiert starre ich auf ein Haus am Ende der Straße. Es ist ziemlich alt und heruntergekommen. Es reiht sich ein in viele andere Häuser und doch zieht es meine Aufmerksamkeit auf sich. Ein uralter Balkon erhebt sich im dritten oder vierten Stock, notdürftig gestützt mit ein paar alten Eisenpfosten, um das Ganze vor dem Zusammenfallen zu retten.

Ab diesem Moment kommen mir auch die anderen Häuser etwas vertrauter vor, und die Straßenzüge ebenso. Ich bitte Oliver, etwas langsamer zu fahren. Er biegt in eine noch kleinere Seitenstraße ab und ich weiß, ohne es eigentlich wissen zu können, dass sich an deren Ende ein großer weiter Platz eröffnen wird. Genauso wie ich meine, mich nach der nächsten Abbiegung an einen Ausblick zu erinnern, der sich einem auftut, sobald man um die Ecke biegt. Alles kommt mir plötzlich wie ein einziges Déjà-vu-Erlebnis vor. Ich sehe vor meinem inneren Auge Menschen in andersartiger Kleidung, die mir sehr ärmlich scheint, aus alt und grau anmutenden abgetragenen und zerschlissenen Leinenstoffen fabriziert und irgendwie notdürftig zusammengeschustert. Sie tragen einfache Karaffen aus Ton, ihre Hände sind faltig und scheinen ledern von vieler Arbeit, von Sonne und Wind. Sie wirken alt und verbraucht und von Mühsal gezeichnet.

Mir ist, als ob ich in eine andere Dimension eingetaucht wäre, eine andere Zeit, die an ein längst vergangenes Jahrhundert erinnert. Ich habe kein Zeitgefühl und für eine Weile, die mir weder lang noch kurz erscheint, verfolge ich die inneren Bilder und Eindrücke. Raum und Zeit scheinen aufgehoben. Ich fühle mich in eine Art Zeitloch eingetaucht, verzaubert und in einen magischen Kokon versponnen.

„Alles okay?" fragt Oliver irgendwann und bringt damit meine Aufmerksamkeit wieder in die Gegenwart zurück.

„Alles okay. Wo sind wir hier eigentlich?"

„Wir sind hier auf Coney Island. Da vorne ist übrigens das berühmte Riesenrad – es ist eines der Wahrzeichen von New York!"

Ich erinnere mich nicht, Oliver je von meinem Wunsch erzählt zu haben, jenes Riesenrad besuchen zu wollen, das mich schon so oft im Landeanflug wie magisch in seinen Bann zog. Ich bin mir wirklich absolut sicher, es nie erwähnt zu haben. Jetzt habe ich es gefunden!

Sollte mich womöglich das Riesenrad, das ich immer vom Flugzeug aus sah, zu diesem Viertel und zu dieser Erfahrung führen, die mir vorkam wie eine Erinnerung an ein früheres Leben? Und wie kommt es, dass Oliver mich ausgerechnet zu diesen Plätzen führt – auf seinem Ausflug raus aus der Stadt?

War dieses Empfinden vom Eintauchen in eine andere Zeit und das klare Wiedererkennen der Häuser und Straßen vielleicht tatsächlich so etwas wie eine Erinnerung und eine kurze Anbindung an ein vergangenes Leben? Mir war so, als sei ich ein paar wertvolle Momente lang in eine andere, längst vergangene Zeit gereist gewesen.

Habe ich – gerade im Riesenrad meines Lebens wieder mal oben angekommen – etwa wirklich einen kurzen Blick in die Tiefe der Vergangenheit werfen können, der mir normalerweise verwehrt bleibt? Ich möchte zu gerne all diesen magisch anmutenden Phänomenen mit meinem rationalen Verstand beikommen. Es gelingt mir nicht.

Ein paar Tage später finde ich im Shop vom Metropolitan Museum eine Sammlung alter Postkarten von New York. Ich sehe mir die Kollektion an, wunderbare alte Karten in Schwarz-weiß im

Stil der zwanziger Jahre. Eine zeigt auch das Riesenrad. Darunter steht in großen roten Buchstaben: ‚The wonderwheel on Coney Island – welcome in a magic wonderland!'

Ja, manchmal finden wir uns tatsächlich in einem magischen Wunderland wieder. Und manchmal eröffnen sich uns dabei Perspektiven und Einblicke in unsere eigene Weite und Tiefe, und somit in unsere eigene Zukunft und Vergangenheit, die uns erahnen lassen, dass der große Kreis des Lebens ohne Anfang ist. Und ohne Ende.

6. VERTRAUE UND LASS LOS

Ich bin der allgegenwärtige Schöpfer,
der in Dir lebt ...und sich in Dir ausdrückt.
Du bist Ich, und Ich bin Du.
Ich kann auf dieser Ebene nicht handeln
ohne dass Du mir Deine Mitwirkung schenkst.
Ich bin Dir nicht fern, sondern hier, in jeder Faser Deines Wesens.
Erfüllst Du Meinen Willen, wachsen Du und Ich zusammen,
und ich kann den Deinen erfüllen.

- The Guide

Manchmal erleben wir, dass wir trotz aller Bemühung und Klärung und innerer Arbeit nicht das erfahren, was wir gerne hätten. Wir sind dann wie Kinder, die die ganze Zeit brav waren und jetzt aber auch auf das Bonbon warten. Und wehe, es bleibt aus!

Auch haben wir oft sehr genaue Vorstellungen davon, was ‚Erfüllung' für uns wäre und wie sie auszusehen habe. Wir meinen, selbst immer am allerbesten zu wissen, was in unserem Leben ansteht und zu geschehen hat, sodass wir glücklich sein können und der Erleuchtung oder Heilung, oder was auch immer auf unserem Plan steht, endlich näher zu kommen.

Wenn sich die Dinge ganz anders entwickeln, sind wir enttäuscht, und nicht selten zweifeln wir dann an unseren Werten und dem eingeschlagenen Weg. Es scheint doch alles nicht so zu funktionieren – mit der Intuition und Intention ... und wo bleibt sie denn nun, die Magie im Leben?

Wir können in diesen Momenten oft nicht erkennen und innerlich integrieren, dass Raum und Zeit ganz eigene Dimensionen sind, deren Gesetzmäßigkeiten sich oft genug schlichtweg unserem Bewusstsein entziehen und wir sie auch nur manchmal wirklich verstehen. Unsere Ungeduld und auch unser Anhaften an bestimmte Vorstellungen stehen uns im Weg.

Was uns jetzt fehlt, ist Geduld und Vertrauen. Geduld üben in der tiefen Überzeugung und dem Wissen, dass alles seine eigene Zeit hat und ein tiefes Vertrauen in ein Universum, das in seiner Essenz gut ist; ein Vertrauen in einen Gott, der es gut mit uns meint und ein Vertrauen in uns selbst, dass alles was kommt, für uns das Richtige ist, sich zur richtigen Zeit ereignet und wir damit umgehen können – selbst, und gerade dann, wenn wir mit etwas konfrontiert sind, was nicht unserer bewusst gesetzten Intention entspricht; das Vertrauen, dass selbst wenn wir etwas nicht bekommen, dies womöglich auch ein Geschenk sein kann; das Vertrauen, wenn etwas nicht so kommt wie geplant, womöglich etwas Besseres auf uns wartet.

Spätestens an dieser Stelle werden wir mit unserem persönlichen Gottesbild konfrontiert. Nicht selten ist es so, dass wir auch hier in alten verzerrten Mustern hängen geblieben sind. Wir haben eine Tendenz, unser Bild von Gott entsprechend unseren Kindheitserfahrungen mit unseren Eltern und anderen Autoritätsfiguren zu modellieren. Wir projizieren auf Gott das, was wir an alten Eindrücken und Erlebnissen oft unbewusst in uns gespeichert haben.

Waren unsere Eltern gut und standen uns mit allem jederzeit hilfsbereit zur Verfügung, sehen wir Gott ganz ähnlich. Er ist für uns da und ,dient' ganz unseren Bedürfnissen. Unsere eigene Verantwortung bleibt in diesem Bild etwas auf der Strecke.

Erlebten wir unsere Eltern und andere frühe Autoritätspersonen als streng und kontrollierend, entwickeln wir auch Gott gegenüber eher eine ängstliche Haltung. Wir wollen das brave Kind sein, um Strafe zu entgehen. Wir degradieren Gott zu einer Art persönlicher Kontrollinstanz.

Aber wer oder was ist Gott? Und wer möchte sich anmaßen, Gott definieren zu wollen? Nikolaus von Kues versuchte sich einer möglichen Vorstellung von Gott auf eine Weise anzunähern, die Raum bietet und Weite versinnbildlicht: ,Die Natur Gottes ist ein Kreis, dessen Zentrum überall und dessen Umfang nirgendwo ist.'

Wir sind aufgerufen, unser inneres Bild von Gott zu überprüfen, vielleicht auch zu korrigieren und dementsprechend zu erweitern. Dabei ist es relativ unwesentlich ob sich unser innerer Gott als ein Buddha, ein übergeordnetes kosmisches Prinzip oder eine Heerschar von Engeln zeigt. Nicht die äußere Erscheinung steht hier auf dem inneren Prüfstand, sondern die emotionalen und geistigen Qualitäten, die wir einem göttlichen und höheren Ordnungsprinzip zuschreiben.

Alles, was dabei während unserer inneren Inventur von bedingungsloser Liebe, Güte, Gnade, Freude und Fülle abweicht, dürfen wir korrigieren. Wir wollen uns mehr und mehr vertrauensvoll auf ein Universum und einen Gott einlassen, der uns überschüttet mit Segnungen und liebevoller Begleitung auf unserem Weg. Der zu uns spricht über unsere innere Stimme und Intuition, der uns über unsere Sehnsucht erreicht und sich im Willen unseres Herzens offenbart. Der uns durch die Magie in unserem Leben immer wieder neu begegnet und sich über sie immer wieder Zutritt verschafft in unsere Träume und Visionen.

Oft erkennen wir erst nach einem gewissen Zeitraum und mehr in einer übergeordneten Gesamtschau auf unser Leben die Sinnhaftigkeit und Folgerichtigkeit, mit der sich an bestimmten Schaltstellen in unserem Leben die Weichen in eine bestimmte Richtung für uns gestellt haben, die wir weder selbst geplant noch gedacht noch je bewusst gewählt hätten. Erst jetzt zeigt sich uns das ganze Bild und wie magisch fügen sich die Puzzleteile zusammen. Und erst jetzt erkennen wir, dass sich alles stimmig einfügt in den roten Faden unseres Lebens.

Magie hebt Raum und Zeit auf. Spirituelle Gesetze wirken jenseits unseres rationalen Denkens und dem Willen unseres Egos. Uns bleibt an dieser Stelle nichts übrig, als uns dem Fluss des Lebens hinzugeben in dem tiefen Vertrauen, dass letztendlich alles seine Richtigkeit hat.

Bevor wir in das Vertrauen gehen können, sind unseren Dämonen noch einmal Tür und Tor geöffnet. Urängste sind aktiviert, uraltes Misstrauen macht sich breit und scheint den Zugang zu versperren. Auch an unserem Vertrauen müssen wir also immer wieder neu arbeiten. Und oft genug haben wir es natürlich am wenigsten in den Momenten, wo wir es am meisten brauchen. Die Rückbesinnung auf unsere innere Führung, auf unser Höheres

Selbst und den Willen unseres Herzens unterstützt uns, immer wieder neu Mut zu fassen und uns immer tiefer im Vertrauen zu verankern. Unser Vertrauen unterstützt uns auch im Prozess des Loslassens.

Nun bedeutet Loslassen nicht, etwas loszuwerden, sondern vielmehr, etwas so sein zu lassen, wie es eben ist. Wir können uns nicht dazu zwingen, loszulassen. Das wäre ein ebenso paradoxes Unternehmen wie der Aufforderung zu folgen: ‚Sei jetzt spontan!‘

Auch ‚Loslassen‘ ereignet sich einfach. In entspannten Momenten mit uns selbst, während eines tiefen Aufatmens in der Natur oder in beglückenden Begegnungen mit nahestehenden Menschen, während wir meditieren oder wir unserem Alltag gerecht werden und rein zufällig zwischendurch für eine halbe Sekunde mal an gar nichts denken.

Lao Tse sagt, wahre Meisterschaft wird dadurch erlangt, den Dingen ihren Lauf zu lassen. Eine große Herausforderung für uns, die wir uns so sehr bemühen, alles ‚im Griff‘ zu haben.

Dennoch wachsen wir immer mehr in unser Vertrauen hinein und es gelingt uns immer öfter, die Dinge auch mal aus der Hand zu geben. Nicht mein, sondern ‚Dein Wille geschehe‘!

Wenn wir die tiefe Wahrheit in unserem Leben immer deutlicher erkennen und leibhaftig erfahren, dass ‚mein‘ und ‚Dein‘ Wille sich immer mehr angleichen und auch andere scheinbare Gegensätze immer mehr aufgehoben sind, dann tauchen wir ein in die Gnade und den Segen der Magie in unserem Leben. Wir sind angekommen.

Der Reisepass

Der Tropfen mag schon wissen,
dass er im Ozean ist,
aber weiß er auch,
dass der Ozean in ihm ist?

- Karlfried Graf Dürckheim

Ich war auf dem Weg in ein buddhistisches Meditationsretreat. Es fand in einem der wunderschönen Klöster von Dharamsala statt, dem Sitz des Dalai Lama. Für die nächsten zehn Tage wollte ich mich zurückziehen und mich der Meditation widmen. Bedingung für die Teilnahme am Retreat war, bestimmte Regeln zu beachten. Keinerlei Kontakt mit der Außenwelt zu haben war eine davon. Das fiel mir nicht schwer, denn ich sehnte mich nach Stille und Einkehr. Allerdings hatte ich mich etwas zu spät um meinen Rückflug nach Delhi gekümmert, sodass ich mich fast genötigt sah, zwischendurch doch diese Formalitäten noch zu erledigen. Gleichzeitig aber wollte ich nicht gegen die mir sinnvoll erscheinenden Regeln des Retreats verstoßen.

„No problem, Madame. Sie geben mir Pass, ich manage", meinte der freundlich erscheinende Inder in gebrochenem Englisch, den ich nach einem Flugticket gefragt hatte. Er saß auf einer Art offenen und recht heruntergekommenen Bretterverschlag, auf dem mit einer Reisszwecke ein vergilbter alter Fetzen Papier festgepinnt war, auf dem stand: ‚Flight booking'. All das sah nicht im Entferntesten nach einem irgendwie gearteten Reisebüro aus und auch nicht sehr vertrauenerweckend.

Jetzt hatte ich ein Problem. Ich wollte auf gar keinen Fall mein Retreat unterbrechen, um mich dem geschäftigen Treiben Dharamsalas auszusetzen und den Flug zu buchen. Zudem hatte ich nicht das Vertrauen, einem mir wildfremden Inder meinen Reisepass zu überlassen und mein Geld anzuvertrauen. Immer wieder hatte ich gehört, dass mit Pässen gehandelt wird, denn es ist sehr lukrativ, sie zu stehlen, um sie dann zu verhökern.

Ich schaute dem Mann in die Augen. Konnte ich ihm vertrauen? Sollte ich mich darauf einlassen? Mir war ganz schlecht. „No problem, Madame. Sie meditieren, ich manage. Brauche nur Pass und Geld."

Mir wurde immer schwindeliger. Ich verstand nicht, warum ich meine Brieftasche öffnete, ihm das Geld für das Flugticket gab und meinen Pass gleich mit. „Meditation ist gut für Geist", lächelte er mich an, während er mein Geld nachzählte und meinen Pass in einen alten vergammelten Karton legte.

Ich verabschiedete mich mit einem flauen Gefühl in der Magengegend und begab mich in das Kloster und meine Retreathütte, die weit abseits am Ende eines Waldes lag. Ich richtete mich mit ein paar wenigen Habseligkeiten für die kommenden zehn Tage ein. Je länger ich darüber nachdachte, desto unbegreiflicher war mir mein eigenes Handeln. Mein Geld hatte ich schon gleich ganz abgeschrieben. Immer wieder geriet ich in Panik und stellte mir vor, meinen Pass nie wieder zu sehen und wie ich ohne jeglichen Identitätsnachweis vor unlösbaren Problemen stehen würde. Da saß ich also irgendwo in Indien und hatte buchstäblich meine Identität verloren!

Am nächsten Tag begann offiziell das Retreat. Die Eingangsworte der ersten Belehrung durch den altehrwürdigen Rinpoche des Klosters trafen mich wie ein Donnerschlag: „Zu aller erst müsst ihr eure Identität loslassen!", sagte er und lachte verschmitzt dabei. Ich hatte das Gefühl, er schaute mir dabei genau in die Augen und direkt in meine von ängstlichen Fantasien gepeinigte Seele. Er fuhr fort, über die Fallstricke unserer Identifikation mit unserem Ego zu sprechen, und das ganze Retreat war auf diese Thematik hin ausgerichtet. Mein nicht mehr vorhandener Identitätsnachweis entpuppte sich dabei nach und nach als eine große Hilfe.

War es nicht wirklich so, dass ich der Frage ‚Wer bin ich?' vorschnell und oberflächlich mit plakativen Etiketten wie Name, Alter, Familienstand, Beruf und Wohnort begegnete? Wie ist diese tiefgehendste aller existenziellen Fragen zu beantworten? ‚Wer bin ich?' jenseits der Tatsache, dass ich zu einer bestimmten Zeit an einem bestimmten Ort mit einer bestimmten Augenfarbe geboren wurde? Und auch jenseits einer vorschnellen Antwort, die wie spirituell auswendig gelernt erscheint: ‚Tat Tvam Asi – Ich bin das!' – was so viel heißt wie: ‚Ich bin eins mit der letztendlichen Realität, mit Brahman, mit dem Göttlichen.'

Wer bin ich denn eigentlich? Bin ich meine Gefühle oder all die Gedanken, die mich tagein tagaus beschäftigen? Bin ich die Therapeutin meiner Klienten? Die Tochter meiner Mutter? Die Schülerin von Rinpoche? Wer bin ich? Was bleibt von mir, wenn ich all das loslasse? Mir kam ein Zen Koan in den Sinn: 'Zeige mir Dein Gesicht vor Deiner Geburt!'

Wie lautet meine Antwort?

Gab es denn überhaupt so etwas wie ein Gesicht vor meiner Geburt? Eine Art Identität, die sich womöglich über viele Inkarnationen hinweg als eine Art von Bewusstseinsstrom in immer wieder neuen Körpern manifestiert? Bringen wir dann eine Identität schon mit? Oder gewisse Seelenaspekte? Wodurch formt sich Identität? Und wann? Bei der Zeugung? Oder der Geburt? Mit dem Beginn bewussten Denkens? Ab wann bin ich denn eigentlich ‚Ich'? Ist Identität dann irgendwann mal abgeschlossen? Und wo ist das ‚Ich' dann vorher? Ist es ein Teil der Seele? Und was ist das Ego? Meine Identifikation mit diesem Körper, meinen Gefühlen, Gedanken und meiner Geschichte? Bin ich etwas darüber hinaus? Und was? Wer bin ich???

Statt einer stimmigen Antwort entfaltete sich vor meinem Inneren ein schier endloses Kaleidoskop an immer weiterführenden Fragen. Und obwohl sie mich manchmal zu überwältigen schienen und eine mögliche Aufklärung in immer weitere Ferne zu rücken schien, spürte ich doch paradoxerweise, dass ich gerade dadurch einer Antwort immer näher kam. Ganz innerlich – und fast ohne Worte.

Eine innere Stimme hauchte mir einen Satz ein, den ich einmal irgendwo gelesen hatte: ‚Stille ist die Sprache Gottes. Alles Andere ist eine schlechte Übersetzung.'

Ich lauschte dieser Stille. Sie fand die richtigen Worte.

Zehn Tage später verließ ich meine Retreathütte. Der freundliche Inder stand zur verabredeten Zeit am Eingangstor zum Kloster und hielt mir freudestrahlend meinen Pass samt Flugticket entgegen. „No problem, Madame! Here flight ticket! And identity back!"

Der Wunsch des Buddha

Wenn Du in jedem lebendigen Wesen die
Seele erkennst, siehst Du wahrhaftig.
Wenn Du im Herzen eines jeden sterblichen Wesens
Unsterblichkeit siehst, siehst Du wahrhaftig.

- Aus der Bhagavadgita

Amchi begleitete die Trekkingtouren durch Ladakh und Zanskar im indischen Himalaya, die Bernd und ich gemeinsam leiten, schon seit vielen Jahren. Er war ein guter Koch, immer gleichbleibend gut gelaunt und absolut zuverlässig. Darüber hinaus war er mit tibetischer Medizin vertraut und der Naturheilkunde mächtig. Er sammelte Kräuter in den Höhen der Berge und den Tiefen der Täler und stellte wirkungsvolle Tinkturen, Pulver und Pillen her. ‚Amchi' bedeutet in der Sprache der Ladakhi so viel wie ‚Heiler'. Kaum einer wusste Amchis eigentlichen Namen. Über viele Jahre hinweg war Amchi ein vertrauensvoller Partner, der unsere Gruppen mit köstlichem Essen versorgte und auch unter den schwierigsten Bedingungen in den Höhen der Berge ein Kräfte spendendes Abendessen zauberte. Im Notfall versorgte er uns darüber hinaus mit tibetischer Medizin.

Amchi war ein tief religiöser Mensch, sein Vertrauen in die Existenz Buddhas und seiner Lehre war tief verwurzelt und bedingungslos. Es verging kein Tag, an dem wir nicht sahen, wie er seine Gebete verrichtete und die alten Schriften studierte. Obwohl er ein angesehener Amchi war und der beste Mann, den eine Frau sich nur wünschen konnte, blieb er lange Zeit unverheiratet, was in dieser Region Indiens sehr unüblich war. Und obwohl ich neugierig war, warum dem so sei und wie es ihm damit ergehen möge, hielt ich mich doch an die asiatische Mentalität, die es verbietet, direkt persönliche Fragen über sehr private Angelegenheiten zu stellen oder gar ausführlich über das Gefühlsleben zu reden.

Als wir uns wieder einmal in Leh, der Hauptstadt Ladakhs, aufhielten, warteten wir eines Abends im Garten unseres Hotels auf Amchi, um letzte Dinge vor Aufbruch zu einer dreiwöchigen Trekkingtour zu besprechen. Amchi kam mit einer Frau an seiner Seite und stellte sie uns vor. Sie hatten sich vor einigen Monaten kennengelernt und schienen beide beseelt. Wir freuten uns über Amchis Glück. Die beiden schienen wie füreinander geschaffen und gaben ein wunderbares Paar ab.

„This Buddha's wish and big blessing", sagte Amchi, als ich ihn fragte, wie und wo denn genau sie sich begegneten. Damit war das Gespräch darüber beendet und meine Neugier wieder einmal in typisch asiatischer Weise auf Eis gelegt. Wieder einmal wurde mir deutlich, wie Amchi alles in seinem Leben mit vollem Vertrauen und großer Akzeptanz willkommen hieß – die guten wie die weniger guten Zeiten.

Als wir im nächsten Jahr wiederkamen, war Tenzin Nyigma geboren, ein süßer kleiner Junge, der der Augapfel beider war und alle mit seinen großen braunen Augen bezirzte. Wir hatten die Ehre, die Patenschaft des Jungen zu übernehmen. Amchi hatte uns danach gefragt, und voller Freude sagten wir zu. Er liebte seinen Sohn über alles und war stolz, wie ein Vater nur sein kann.

Als Tenzin Nyigma vier Jahre alt war, erhielten wir einen aufgeregten Anruf von Pasang, seiner Mutter. „Tenzin is Tulku. Now he have to go to monastery, but he still baby." Nach und nach erfuhren wir trotz Pasangs gebrochenem Englisch die ganze Geschichte. Eines Tages klopften einige hoch angesehene Rinpoches und Lamas an die Tür des bescheidenen winzigen Häuschens in Manali, in dem Amchi und Pasang nach ihrer Heirat zusammen lebten. Der Rinpoche sagte, dass es Hinweise darauf gebe, dass Nyigma die Reinkarnation eines vor einigen Jahren verstorbenen hoch verehrten Lehrers sei und er damals sein Schüler gewesen war. Auf dem Sterbebett habe er ihm versprochen, nach seinem Tod sofort die Suche nach seiner Wiedergeburt aufzunehmen. Über geistige Visionen und vielerlei magische Hinweise sei er zuversichtlich, in Nyigma sehr wahrscheinlich seinen alten verehrten Lehrer Dorje Bulu gefunden zu haben. Aber selbstverständlich würden die Rinpoches mit den üblichen Prüfungen beginnen, um herauszufinden, ob es sich tatsächlich um die Reinkarnation handelt. Das letzte Wort habe in jedem Fall wie immer der Dalai Lama, der in seiner eigenen Introspektion in letzter Instanz darüber entscheiden werde.

Was Pasang erzählte, erinnerte mich an all die vielen Filme, die ich über das Auffinden von reinkarnierten Lamas gesehen hatte, an viele Bücher, die ich darüber gelesen hatte und nicht zuletzt an die Geschichte des Dalai Lama selbst. Bis zu diesem Zeitpunkt war dies aber immer noch mit einem Hauch von Hollywood belegt. Nicht wirklich fassbar und fast irreal. Es betraf mich nicht persönlich, und so blieb die Auseinandersetzung um Reinkarnation eine interessante metaphysische Spekulation.

War es wirklich denkbar, dass dieses kleine Kind, das wir von Geburt an kannten, eine alte Seele war? Konnten wir uns wirklich vorstellen, dass er ein alter Lehrer war? Wie fanden die Rinpoches die Kinder? Durch welche magischen Rituale und geistigen Visionen öffneten sich ihnen die Türen in eine unsichtbare Welt hinter die Schleier der Illusion? Und wie konnte es sein, dass sehr hohen Rinpoches aus der Linie der Karmapas nachgesagt wird, dass sie in solch hohem Bewusstsein lebten, dass sie die näheren Umstände ihrer eigenen nächsten Wiedergeburt sogar selbst benennen konnten, was die Suche nach ihnen entsprechend erleichtern würde? All diese Fragen sprengen den westlich denkenden Verstand. Für Inder und Tibeter ist indes die Frage der Reinkarnation keine offene Frage, sondern täglich gelebte Gewissheit.

Ich meinte, in Pasangs Stimme die Sorge und Not einer Mutter zu hören sowie ihre Hoffnung, dass wir ihr in dieser schwerwiegenden Entscheidung Beistand leisten. Schließlich war Tenzin unser Patenkind. Als ich sie fragte, wie Amchis Haltung dazu sei, seinen Sohn ins Kloster zu geben, gab sie seine Antwort wieder:

„This Buddha's wish and big blessing."

Wir waren angesichts der Komplexität der Thematik hin- und hergerissen. Wir wussten, dass Amchi und Pasang ihren Sohn über alles liebten und es ihnen das Herz brechen musste, ihn als kleines Kind in ein Kloster zu geben und ihn loszulassen. Wir wussten auch, wie tief verwurzelt sie in ihrem buddhistischen

Glauben waren und welch hohe Ehre ihnen zukommt, dass in ihrem Sohn die Seele eines hoch verehrten Lehrers wiedergeboren wurde. Wir wussten um die tibetisch-buddhistische Tradition und um die sozialen Verhältnisse der Region. Oftmals gaben Eltern ihre Kinder von sich aus in ein Kloster, weil dort ihre Versorgung und Ausbildung gesichert war. Wir dachten an Tenzin und was es wohl emotional und geistig für ihn und seine weitere Entwicklung bedeuten mochte, von den Eltern getrennt zu werden und in einer Klostergemeinschaft aufzuwachsen.

Der kleine Tenzin Nyigma bestätigte in den ihm vorgelegten Prüfungen die von den Rinpoches in ihm vermuteten und noch verborgenen Fähigkeiten. Es werden den Kindern Utensilien aus ihrem Vorleben gezeigt, vermischt mit anderen Gegenständen, und die Kinder wählen diejenigen aus, mit denen sie in ihrem Vorleben in Berührung waren: Gebetsketten, Tsampadosen, Kleidungsstücke oder Schriften. Es wird auch erzählt, dass die Kinder sich an Episoden ihres Vorlebens erinnern, an Plätze oder an die Menschen selbst, mit denen sie in ihrem Vorleben verbunden waren. Nachdem die Mönche zu einem eindeutigen Urteil gekommen waren, legten sie die Geschichte des kleinen Tenzin Nyigma dem Dalai Lama vor. Der Junge wurde von ihm als Reinkarnation von Dorje Bulu anerkannt und bestätigt.

Eine erste wichtige Station auf dem Weg zu seiner Inthronisation war ein Besuch im Kloster Likir, das zwischen Leh und Lamayuru in Ladakh liegt und das Kloster war, in dem er laut den Aussagen der Rinpoches als Dorje Bulu gelebt und gewirkt hatte. Tenzin Nyigma wurde danach im Kloster Tashilumpo offiziell inthronisiert, als er acht Jahre alt war. Wir hatten uns auf die Reise nach Bylakuppe in Südindien gemacht, um bei diesem wichtigen Ritual unseres Patenkindes mit dabei sein zu können und ihn und auch seine Eltern zu unterstützen.

Seither lebt er dort im Kloster, im tiefen Süden Indiens und weit entfernt von seiner Heimat. Bei unserem letzten Besuch war er zehn Jahre alt. Er wächst und gedeiht, ist ein fröhlicher und aufgeweckter Junge. Seine Lehrer sind sehr zufrieden mit ihm. Sie sagen, er lerne außergewöhnlich schnell und könne vor allem die alten Schriften auswendig rezitieren, ohne dass er sie vorher gelesen habe.

Als wir wieder einmal in Manali waren, besuchten wir Amchi und Pasang in ihrem bescheidenen Heim. Trotz Respekt vor asiatischen Gepflogenheiten und zurückhaltender Vorsicht wollte ich wissen, wie es ihnen damit gehe, dass Nyigma so weit weg von seiner Heimat und seiner Familie im Süden Indiens lebe.

Sie schauten mich beide an und lächelten.

„This Buddha's wish and big blessing."

Der rote Teppich

Ich erkannte ihn sofort. Es war eindeutig Richard Gere, der an der Lobby des einfachen Hotels stand, in das ich ebenfalls einchecken wollte. Eine Kalachakra Initiation mit dem Dalai Lama sollte hier in Salugara zelebriert werden. Zweihunderttausend Pilger würden erwartet und in riesigen Zeltlagern untergebracht sein, um die nächsten sieben Tage den Belehrungen des Dalai Lama zu lauschen, in die Weisheit des Kalachakra Tantra einzutauchen und seinen Segen zu empfangen. Auch ich hatte mich dafür auf den Weg nach Indien gemacht, um hier in West Bengalen an diesem machtvollen Einweihungsweg teilzuhaben und etwas mehr Verständnis seiner komplexen Inhalte zu entwickeln. Nicht zuletzt aber interessierte ich mich für die Magie des Sandmandalas, der Schwingung der kraftvollen Mantren und Mönchsgesänge und die inspirierende Ausstrahlung des Dalai Lama.

Ich wusste um das Engagement von Richard Gere für Tibet und seine Nähe zum Dalai Lama. Seine Anwesenheit hier in Indien brachte mich trotzdem durcheinander, verkörperte er doch eine Welt, die ich hier nicht erwartete: Hollywood, Showbiz, Blitzlichter, rote Teppiche und Glamour. Ich wollte mich die nächsten Tage ausschließlich meiner Spiritualität widmen. Hollywood und Richard Gere störten irgendwie in diesem Bild. Wie Wasser und Feuer. Beides wertvolle Elemente, aber sie verbinden sich einfach nicht. Es war mir fast so, als ob mir seine Anwesenheit immer wieder meine eng gefassten Konzepte von Ost und West und wo nur echte Spiritualität zu finden sei, vor Augen führte.

Manchmal widersetzte sich mein Kopf der Vorstellung von der ‚Einheit alles Seienden'. Individualität schien mir dann weitaus

206

attraktiver. Sie erleichtert die Orientierung und das Ego braucht sich nicht davor zu fürchten, sich in dieser ominösen Einheit zu verlieren.

Der Hotelmanager buchte mich im Zimmer direkt neben ihm ein. Wir begegneten uns morgens beim Verlassen des Zimmers und manchmal abends nach den tibetischen Belehrungen. Manchmal wechselten wir ein paar Worte und bestätigen uns immer wieder darin, wie gesegnet wir doch seien, Teil davon zu sein.

Nachdem ich mich in Salugara etwas eingelebt hatte und ich mit den Abläufen der Kalachakra Initiation vertraut war, hatte ich mich um die Mittagszeit mit einem befreundeten Mönch verabredet. Ich kannte Jamyang Lama schon seit einigen Jahren. Er hatte uns in der Leitung von Reisegruppen mit seinem profunden Wissen der tibetisch buddhistischen Lehre und vor allem auch mit seinem unwiderstehlichen Humor schon öfter tatkräftig unterstützt. Jamyang Lama war Ende zwanzig. Er war von Kindesbeinen an behindert und konnte nur gebeugt und humpelnd gehen. Seine tiefe Weisheit und seine Lebensfreude waren ungebrochen. Auch war ich immer tief berührt von dem fast kindlich anmutenden tiefen Vertrauen, das er in den Lauf der Dinge und auch sein persönliches Schicksal hatte, obwohl ihm dies zuweilen schon viel Herausforderndes abverlangte. Ich war gespannt auf ein Wiedersehen, hatten wir doch schon längere Zeit keinen Kontakt mehr gehabt.

Jamyang Lama kam wie immer freudestrahlend auf mich zu. Wir hatten uns in der geräumigen Hotellobby verabredet. Ich genoss deren etwas heruntergekommene Polstersessel, die mir im Vergleich mit meinem Meditationskissen erschienen wie Himmelsboten, und den süßen würzigen indischen Chai, den ich für uns bestellt hatte.

Es gehe ihm ausgezeichnet, antwortete er auf meine neugierigen Fragen. Das Aufregendste, was er inzwischen erlebt habe, war ein Filmshooting. Es gäbe diesen US Regisseur, einen gewissen Martin Scorsese. Dieser habe das Leben des Dalai Lama verfilmt und dabei ausschließlich mit Tibetern gearbeitet. Er sei mit einer großen Gruppe tibetischer Mönche nach Marokko gereist. Er habe eine winzig kleine Statistenrolle gehabt. Das sei für ihn eine ganz neue Welt und sehr spannend gewesen. Jamyang Lama schaute mir direkt verschmitzt in die Augen und in seinem typisch indisch gefärbten gebrochenen Englisch fuhr er fort.

„Jetzt bin ich in Hollywoodfilm – wie Richard Gere! Kennst Du Richard? Er auch hier für Segen von Dalai Lama. Er sehr berühmt in Hollywood! Richard Gere und Seine Heiligkeit – beide große Superstars. Gleich. Roter Teppich für Richard. Roter Teppich für Dalai Lama. Wenn Film fertig vielleicht roter Teppich für Jamyang Lama!"

Er hielt inne und sein spitzbübischer Humor verschwand. Für eine kleine Weile war er still und mit veränderter und besinnlicher Stimme meinte er: „Mit Gnade von Lord Buddha alles möglich. Aber nicht so wichtig. Alle Menschen gleich. Gleicher roter Teppich. Lord Buddha weise."

Ich bestellte eine weitere große Kanne Chai nach. Wir saßen noch lange in der Lobby und Jamyang Lama beschämte mich immer mehr mit seiner offenherzigen, weitsichtigen und tiefgründigen Art, alles in seinem Leben auf wunderbare Art und Weise miteinander zu verbinden und zu integrieren. Sein Humor dabei war ansteckend, die Tiefe seiner einfachen Worte inspirierend und sein tiefes Vertrauen bemerkenswert.

Als Richard Gere gegen Nachmittag an der Rezeption seinen Zimmerschlüssel im Empfang nahm, musste ich schmunzeln.

„Da kommt Richard!", klärte mich Jamyang Lama auf.

Spontan und völlig unbefangen humpelte er voller Selbstvertrauen und gleichzeitig in fast kindlicher Freude Richard Gere entgegen und berichtete diesem von seinen persönlichen Erfahrungen mit Scorsese. Dieser schien sich über die Begegnung mit Jamyang Lama zu freuen. Ich blieb auf meinem bequemen Polstersessel sitzen und ließ mich von der Magie dieses Momentes tief berühren.

Jamyang Lama hatte meinen Blick geöffnet und meinen Geist geklärt: Hollywood und West Bengalen, der Dalai Lama und Richard Gere, Ost und West, Weltliches und Spirituelles – alles gehörte in diesem Augenblick zusammen. Es gab keine Trennung und keine Hierarchie.

Es fiel mir angesichts dieses magischen Momentes leicht, alte Konzepte und Sichtweisen loszulassen und der tieferen Wahrheit von der Einheit alles Seienden zu vertrauen. Spiritualität ist lebendig und wir können ihr immer und überall begegnen. Wir sind alle gleich erschaffen. Und wir alle wandeln als der leuchtende Stern, der wir sind auf dem roten Teppich unseres Lebens, der ausgerollt zu unseren Füßen liegt!

Der Baum der Erkenntnis

Vertrauen verwandelt Sehnsüchte
in magische Magnete.

- Andreas Tenzer

Conny, wie ihre Freunde sie nannten, war eine bildhübsche junge Frau Anfang dreißig und hatte ein bezauberndes Wesen. Sie hatte blonde lange Haare, große tiefbraune Augen und das Lachen eines Engels. Jeder Mensch, der in Kontakt mit ihr war, schätzte sie und ihren ansteckenden Humor, ihre wache Intelligenz und liebevolle Warmherzigkeit.

Als sie sich für die vor uns liegende Gruppenreise ‚Auf den Spuren Buddhas' zu den heiligen Stätten des Buddhismus anmeldete, fragte ich sie, warum sie diese Pilgerreise antreten wolle.

„Ach weißt Du – ich sehne mich schon lange nach einer erfüllenden Partnerschaft, aber so sehr ich es mir auch wünsche und so sehr ich mich auch bemühe, es hat doch alles keinen Zweck!"

Traurig fuhr sie fort, dass einfach kein Mann bisher an ihrem Horizont auftauchen wollte, in den sie sich hätte verlieben können. Mit einem tiefen Seufzer fügte sie hinzu:

„Ich will mir jetzt endgültig Klarheit verschaffen, woran das liegen könnte und was ich wohl falsch mache. Ich will meditieren und Antworten erhalten. Ich will in mich gehen – es kann ja auch sein, dass es mir gar nicht vorherbestimmt ist, mit einem Mann glücklich zu werden ... dann kann ich mich anstrengen, wie ich will und alles nützt nichts. Vielleicht sollte ich mich viel mehr der Meditation widmen und einen spirituellen Weg einschlagen ... vielleicht sollte ich meinen Wunsch nach einer Beziehung endgültig loslassen und auf den Spuren Buddhas wandeln. Ich weiß es einfach nicht", endete Conny und senkte resigniert ihren Blick.

Die Reise führte zu den wesentlichen Wirkungsstätten Buddhas. In die alte Stadt Rajgir, auf deren Geierberg er meditierte, zu der

Höhle, in der er sich fast zu Tode fastete, den Park von Sarnath, an dem er seine erste Lehrrede hielt und nach Kushinagar, wo Buddha seinen Körper verließ. Ein bedeutsamer Teil der Reise führte natürlich auch zum Bodhibaum nach Bodhgaya, ein Ableger jenes Baumes, unter dem sitzend er der Geschichte nach Erleuchtung erlangt hatte. Viele dieser Stätten besuchten wir während dieser Pilgerreise, hielten Einkehr, verweilten in ihrem Kraftfeld und ließen uns von ihrer Magie inspirieren. Conny wurde im Verlauf dieser Tage immer einsilbiger. Eines Abends, nachdem wir den Tag in Schweigen in der Umgebung Bodhgayas verbracht hatten, suchte sie den Kontakt mit mir.

„Weißt Du, ich bin vielleicht einfach anders," begann Conny das Gespräch. „Ich hatte in meiner Kindheit einige schwierige Situationen zu bewältigen. Es fällt mir nicht leicht, Vertrauen zu fassen in andere Menschen und schon gar nicht zu Männern. Ich wünsche mir zwar eine Beziehung, aber es muss der Richtige sein. Und der kam bisher einfach nicht. Neulich sagte eine meiner besten Freundinnen, ob ich denn tatsächlich annehme, dass wenn ich ewig nur auf der Couch sitzen bleiben würde, ich etwa glaube, dass der Traumprinz an meiner Tür klingeln würde? Das hat mich sehr verletzt. Sie meinte, ich solle mich endlich bewegen, ins Internet gehen oder in die umliegenden Diskotheken. Aber ich möchte das nicht. Das entspricht mir einfach nicht. Aber vielleicht finde ich so den Richtigen tatsächlich nie. Ich weiß nicht, was ich tun soll – vielleicht mache ich wirklich alles falsch und ich sollte einfach mehr meditieren und mich in mein Schicksal fügen."

Wir unterhielten uns noch lange in dieser lauen Sommernacht. Über die Liebe, das Suchen und Finden, über die Frage eines vorherbestimmten schicksalhaften Weges und die sogenannten Zufälle im Leben. Ich machte Conny Mut, sich auf ihre innere Stimme zu verlassen, der Sehnsucht ihres Herzens zu vertrauen, sich in den Bedürfnissen ihres innersten Wesenskerns ernst zu nehmen und alle begrenzenden Glaubenssätze und Ängste loszulassen.

Am nächsten Tag stand eine letzte Meditation für die Reisegruppe unter dem Bodhibaum auf dem Plan. Bevor wir die Heimreise antraten, kam Conny freudig auf mich zu.

„Der Bodhibaum hat zu mir gesprochen," strahlte sie mich an. „Er erzählte mir von den Versuchungen der dunklen Kräfte, denen auch einst Buddha ausgesetzt war, als er unter seinen Ästen verweilte und nach Selbsterkenntnis und Befreiung strebte. Ich habe erkannt, dass ich mich erst einmal bedingungslos selbst annehmen und lieben muss, bevor ein Mann dies tun kann. Ob ich dabei auf der Couch sitze oder nicht, spielt überhaupt keine Rolle. Wenn es den Richtigen für mich gibt, dann klingelt der auch an meiner Tür, wenn's denn sein soll. Ich muss dafür nicht jemand anders werden und ich kann auch nichts falsch machen. Ich bin nun mal, wie ich bin."

Nach ein paar Monaten zurück in Deutschland erhielt ich einen Anruf.

„Stell Dir nur vor, was passiert ist – das glaubst Du nicht! Es kommt mir selbst immer noch vor wie ein einziges Wunder!" Aufgeregt und mit freudig erregter Stimme purzelten ihr die Worte nur so aus dem Mund.

Sie erzählte mir, dass sie eines Abends nach einem nicht enden wollenden Arbeitstag hungrig und erschöpft auf ihrer Couch saß. Sie war müde und wollte nicht mehr in der Küche am Herd stehen. Sie beschloss, den Service anzurufen, von dem sie bereits öfter hörte, dass er köstliches Essen auslieferte. Sie rief an und bestellte eine leckeres Gericht. Als sie die Tür öffnete, blickte sie in die Augen jenes Mannes, der kurze Zeit später um ihre Hand anhielt.

Es war der Besitzer des Restaurants, der zufälligerweise selber am Apparat war, um Connys Bestellung entgegenzunehmen.

„Es war irgendwas in ihrer Stimme, was mich magisch anzog. Ich fühlte, ich musste unbedingt dieser Frau begegnen, der sie gehörte," erzählte er später. So beschloss er – ganz entgegen seinen sonstigen Gewohnheiten – diese Bestellung ausnahmsweise persönlich auszuliefern.

Es war der Richtige.

Das Verbot

Alles ist zweifach, alles hat zwei Pole
alles hat ein Paar von Gegensätzlichkeit
gleich und ungleich ist dasselbe
Gegensätze sind identisch in der Natur
nur verschieden im Grad
Extreme berühren sich
alle Wahrheiten sind nur halbe Wahrheiten
alle Widersprüche können miteinander
in Ein-Klang gebracht werden.

- Hermes Trismegistos

Ich empfinde es als diskriminierend. Ich reise um die halbe Welt, um den Weg des Yoga zu vertiefen, mich mit seinen geistigen Wurzeln zu verbinden und die Kraft seiner Lehre auf allen Ebenen des Seins zu erfahren – sowohl in den körperlichen Übungen der Asanas als auch in den spirituellen Lehren des Patanjali und anderen grundlegenden Werken. Und kaum bin ich hier in Rishikesh angekommen, das wie kein anderer Ort in Indien mit Yoga in Verbindung gebracht wird, werde ich für gleich mehrere Tage vom Besuch des Yoga und auch der Tempelzeremonien ausgeschlossen. Aufgrund des Umstandes, den jede Frau einmal im Monat durchlebt. Ich empfinde diese Regelung frauenfeindlich und finde mich schlecht damit ab.

Schon auf anderen Reisen durch Indien begegnete mir diese Vorschrift und meine feministische Ader wurde durch dieses Verbot immer wieder neu zu leidenschaftlichem Leben erweckt. Das Verbot erinnerte mich daran, wie in vielen Religionen mit Frauen umgegangen wird. Sie sind von Priesterämtern ausgeschlossen oder haben gleich vorneweg keinen Zutritt in das Haus Gottes, das ebenso patriarchal daherkommt wie der Gott selbst, den es beherbergt. Über das Blut der Frau und damit über den ihr eigenen Zugang zu den Zyklen der Natur und des Kosmos und der ihr damit innewohnenden magischen Kraft als traditionelle Heilerin und Priesterin Kontrolle zu erlangen, ist seit Jahrtausenden Teil der Auseinandersetzung mit patriarchalen Strukturen jeder organisierten Religion.

In den Teilen Nordindiens, die buddhistisch geprägt sind, erzählten mir Nonnen, dass es für sie viel schwieriger sei, Zugang zu den tieferen Lehren zu bekommen, als für ihre männlichen Weggefährten. Einmal gibt es nicht sehr viele Nonnenklöster und zum anderen sind sie oft an die Männerklöster angekoppelt und die Nonnen stehen nicht selten genug in den Diensten der Mönche für manche der typischen Frauenarbeiten. Im hinduistisch geprägten Süden Indiens gilt die Frau während ihrer Menstruation als unrein und sollte während dieser Zeit weder in den Tempel gehen, noch an Ritualen teilhaben, noch Nahrung zubereiten.

Da sitze ich am Ufer des Ganges, will auf den Spuren der ganz großen Yogis und Yoginis wandeln und bin mit diesem Verbot konfrontiert. Eine erste rebellische Stimme in mir sagt, dass der Yogalehrer, der den Unterricht in der wunderschönen großzügigen und lichtdurchfluteten Halle in der Nähe des Flusses leitet, mit Sicherheit nicht kontrollieren wird – und auch gar nicht kann – wer von seinen weiblichen Adepten mit der Thematik im Moment zu tun hat. Warum also nicht einfach selbstverständlich zum frühmorgendlichen Yoga erscheinen? Dasselbe gilt für die Männer, die die vielen Tempel in Rishikesh behüten und die Pujaris, die die Rituale abhalten.

Diese Gedanken sind noch nicht zu Ende gedacht, als mir klar wird, dass ich mit Unwahrheiten und Betrügereien nicht entspannt am Yoga würde teilnehmen können. Lügen oder auch nur Halbwahrheiten vertragen sich weder mit meiner persönlichen Ethik noch mit meiner Intention, mich dem Yogaweg zu widmen. Ich würde ein Geheimnis und eine Verletzung der spirituellen Kultur mit mir herumtragen und mich unwohl dabei fühlen. Dasselbe gilt für den Besuch der Tempel. Auch verbietet es mir mein Respekt vor den Sitten und Gebräuchen des Landes, dessen Gast ich bin, gegen diese zu verstoßen – auch wenn ich mich inhaltlich mit dem Verbot im Moment nicht identifizieren kann und es mir so gar nicht passt. Es wird mir schnell deutlich, dass mit nichts übrig bleibt, als mich an das Verbot zu halten.

Rishikesh liegt im indischen Uttarkhand zu Füßen des Himalaya. Es ist Ausgangsort vieler Pilgerreisen und auch selbst das Ziel unzähliger Pilger, die hierher an den Ufern des Ganges, der heiligen Mutter Mata Ganga, meditieren wollen. Die heilige Stadt Haridwar ist ganz in der Nähe und viele Pilger verbinden einen Besuch der beiden Orte miteinander. Es heißt, dass die Meditation in Rishikesh den Suchenden und nach Erlösung und Erkenntnis Strebenden der Befreiung ein großes Stück näher bringe, da der Ort selbst als heilig betrachtet wird und nicht zuletzt das Untertauchen in den heiligen Wassern des Ganges als zusätzliches kraftvolles Ritual ganz besonders viel reinigende und klärende Wirkung auf Körper, Geist und Seele besitze. Mata Ganga ist für gläubige Inder der Inbegriff göttlicher Energie, wie sie von Gott Shiva vom Himmel auf die Erde gebracht wurde. Das Wasser des Ganges ist für sie der Nektar der Unsterblichkeit.

Yoga ist in Rishikesh allgegenwärtig und mit den Namen der ganz großen Lehrer verbunden, wie etwa Vivekananda oder Sivananda. Viele Yogis und Sadhus leben hier oder ziehen sich in die umliegenden Wälder und Berge in ihre Einsiedeleien zurück, um dem berühmtem ,Tat tvam asi' (,Du bist das!') und seiner tiefgründigen Bedeutung näher zu kommen, um letztendlich zu erkennen, dass es keine Trennung zwischen Gott und dem eigenen Selbst gibt und alles in einer allumfassenden Einheit existiert, nichts getrennt davon und jegliche Dualität darin aufgehoben ist.

Die morgendliche Meditation, das Anstimmen und Meditieren mit der heiligen Silbe OM und der daran anschließende Yogaunterricht fallen heute für mich aus. Ich sehe neidisch meinen Mitstreitern auf dem Yogaweg nach, wie sie mit ihren Meditationskissen und Yogamatten, in indische Tücher gehüllt, den Weg zur Yogahalle antreten.

Ich bleibe mit meiner Tasse heißem Chai-Tee auf dem winzig kleinen Balkon sitzen, der sich vor meiner einfachen Klause befindet und den Blick auf den Fluss freigibt.

Ich ärgere mich immer noch über das Verbot, das mir den Zutritt verwehrt. Es ist kühl am Flussufer des Ganges am frühen Morgen. Ich halte mich an meiner heißen Tasse fest. Yoga, so bin ich überzeugt, wäre jetzt sehr viel besser für mich und meinen frierenden Körper als tatenlos nur hier herumzusitzen.

Die Sonne ist noch nicht über den Hügeln aufgegangen und Mata Ganga liegt in magische Nebel gehüllt. Als es Zeit ist für die Morgenmeditation höre ich, wie aus sämtlichen umliegenden Ashrams und Tempeln zeitgleich unendlich viele Gongs, Glocken und Zimbeln angestimmt werden. Es scheinen Hunderte zu sein und die unterschiedlichen Töne verbinden sich zu einem Klangteppich, den ich noch nie zuvor wahrgenommen hatte. Die Yogahalle, in der ich sonst um diese Zeit zu sitzen pflegte, ließ nur den Ton in ihren eigenen vier Wänden zu.

Der Klangteppich baut sich mehr und mehr auf und zu den Glockenklängen kommt aus allen Türen und Toren der unzähligen Tempel, der einzelnen Häuser, der Einsiedeleien und aus den Pilgerherbergen ein immer kräftiger werdendes OM. Es verbindet sich zu einem Strom von Klang, der mit dem Strom von Mata Ganga eins zu werden scheint und der sich immer tiefer und höher und in alle Dimensionen hinein ausdehnt. Das ganze Tal, der heilige Fluss, die Stimmen der Menschen, alles verbindet sich in diesem magischen Moment zu einer Einheit – getragen vom Klangteppich der heiligen Silbe OM.

In diesem Moment kommt der erste Lichtstrahl der aufgehenden Sonne langsam über die Hügel hinter den Ashrams von Rishikesh. Das zunehmende Licht taucht den Fluss und das Tal in eine zauberhafte Welt von Farben und Lichtspielen. Sie spiegeln sich im Wasser von Mata Ganga wider. Es entsteht ein faszinierendes Schauspiel, in dem der Fluss und die Menschen an seinen Ufern ihre Hingabe an das Göttliche zelebrieren. Die Sonnenstrahlen scheinen wie ein Fingerzeig des Himmels, als ob das Göttliche zurücklächelte und oben und unten, Himmel und Erde in diesem Moment gänzlich aufgehoben und zu einer Einheit verschmolzen wären.

Alles wächst zu einer magischen Komposition aus Licht und Klang an, bis die Stimmen verschallen, das OM langsam abebbt und die Sonnenstrahlen die Konturen des Tales und des Flusses deutlicher werden lassen.

Ich halte immer noch die Tasse in meinen Händen. Der Tee ist längst kalt. Aber das ist nicht mehr wichtig. Eine wohlige Wärme durchströmt meinen ganzen Körper. Ich fühle mich beseelt und ein tiefer Friede ist in mir.

Ich freue mich auf den nächsten Morgen und sehe das Verbot plötzlich mit anderen Augen. Ich bin froh, dass es mir den Raum eröffnet hat, an diesem morgendlichen Zauber teilhaben zu können. Ohne das Verbot hätte ich diese magischen Momente nicht erlebt. Am Ende meiner Reise waren sie es, die mich am tiefsten berührt hatten und mir am nachhaltigsten im Gedächtnis und in meiner Seele haften blieben.

Alles ist in allem enthalten.

Das Gute im Schlechten und das Schlechte im Guten.

Nichts ist nur eines davon. Alles ist immer beides.

Die Umleitung

*Die Meister lassen die Dinge
kommen und gehen.
Ihr Herz ist offen wie der Himmel.*

- Lao Tse

Ich befinde mich auf dem Rückflug von Bali und ein langer Nachtflug liegt noch vor mir. Nicht dass ich über diese Heimreise als solche besonders glücklich wäre. Nein. Eher im Gegenteil. Ich verlasse Bali überhaupt nicht gerne. Ich war über längere Zeit eingetaucht in diese ‚Insel der Götter', wie Bali auch genannt wird. Die täglichen Rituale der Balinesen, die Düfte der exotischen Vegetation, die Schönheit der Reisfelder, die Architektur der Tempel, der Genuss von indonesischem Essen, die schillernden Farben der Sarongs, das Rauschen des Meeres, die Rufe der Geckos – all das und so vieles andere macht mir den Abschied von Bali schwer. Bali ist Seelenbalsam. Ich fühle mich beheimatet in seinen Tempeln, den Reisfeldern und den Klängen des Gamelan.

Deshalb wundert es mich, warum ich so bestürzt und aufgeregt reagiere, als es aus dem Cockpit heißt, die Maschine müsse noch mal durchgecheckt werden und es gäbe deshalb eine Zwischenlandung in Singapur. Noch habe ich keine Ahnung, wie es von dort aus weitergeht.

Die Airline stellt aber erst einmal allen Fluggästen eine Hotelübernachtung zur Verfügung. Menschenmassen drängen sich um die Gepäckausgabe, Boarding-Pässe werden chaotisch verteilt, Hotel-Vouchers ausgegeben, ein paar betrunkene Touristen verlieren sich in den Gängen des Flughafens und ein geschultes Bodenpersonal tut sein Bestes, um alles in geordnete Bahnen zu lenken. Ich bin aufgeregt, übermüdet, ängstlich – und will jetzt ganz plötzlich ganz dringend nur noch nach Hause.

Ein Shuttle Service bringt mich zum Hotel, das sich als Riesenwolkenkratzer entpuppt. Ich bin im 58. Stock eingebucht. Es ist drei Uhr morgens. Ich bin erschöpft, und es kommt mir so vor, als sei ich seit Ewigkeiten unterwegs. Ich öffne die Tür zu meinem Zimmer. Mich empfängt eine geräumige Suite mit einem luxuriösen Marmorbad, einem einladenden Bett, einem exotischen Obstteller und der Duft von Franjipaniblüten. Angesichts dieser atemberaubenden Ästhetik fühle ich mich fast etwas beschämt ob meines Haderns mit dieser unerwünschten Umleitung.

Ich gehe zu den zugezogenen Vorhängen und entdecke erst nach einer geraumen Weile, wie sich die schweren kostbaren Stoffe bewegen lassen. Es ist, als ob ein Theatervorhang aus dunklem samtenem Brokat sich öffnet ... und da ist er: Der Blick vom 58. Stock auf Singapur! Mir stockt der Atem. Ich bin überwältigt. Ein grandioses Lichtermeer breitet sich vor mir aus. Die Fensterscheiben reichen bis auf den Boden, sodass mir fast schwindelig wird und ich im allerersten Moment das Gefühl habe, ich würde fliegen. Müdigkeit und Erschöpfung sind wie weggeblasen!

Der Blick auf die Skyline hält mich auf den Beinen. Ich wage nicht, mich hinzusetzen, ich würde so viele der Lichter einfach nicht mehr sehen können! Ein intensives Glücksgefühl durchströmt mich und ich möchte in diesem Augenblick um nichts in der Welt an irgendeinem anderen Ort sein. Es fühlt sich an wie ankommen, wie etwas wieder entdecken, wonach ich schon immer suchte. Ich verstehe es nicht wirklich, ich spüre nur. Es ist gut, mich dem Gefühl des Überwältigt-Seins zu überlassen und mich diesem magischen Moment hinzugeben. Ich weiß nicht, wie lange ich da stehe an diesem Fenster. Zeit spielt keine Rolle mehr.

Irgendwann entdecke ich dieses winzige bunte Gebäude, als ob es mir zu Füßen läge, 58 Stockwerke unter mir. Ein buntes kleines Etwas. Ich fühle mich hingezogen. Es ist so anders – verglichen mit all den klaren Linien der übrigen Skyline. Faszinierend. Verspielt. Geheimnisvoll. Und es ist mir, als ob es mich einladen würde.

Es kostet mich viel Überwindung und noch mehr Mut, mein Refugium und meine neu gefundene Heimat hier oben aufzugeben. Aber ich spüre deutlich, dass ich der Einladung folgen muss. Ich verlasse das Hotel, nachdem ich einem Manager versichert habe, dass ich bei Sinnen bin und einfach nur kurz frische Luft atmen möchte. Alle anderen gestrandeten Passagiere schlafen längst und die Straßen sind menschenleer.

Ich trete hinaus und atme zum ersten Mal die Luft Singapurs, nicht air-conditioned, mild und feucht. Es ist inzwischen vielleicht vier oder fünf Uhr morgens. Ich laufe die Straße entlang und entdecke in einer Seitenstraße das alte Gebäude, das mir aus meinem Zimmer erschien wie aus einer anderen Zeit oder einer anderen Welt, eine Art bunter Zuckerguss aus Stein. Ein uralt anmutender kleiner Hindutempel. Er war Ganesha gewidmet, dem Elefantengott, der alle Hindernisse überwindet und in Indien wohl die beliebteste aller göttlichen Manifestationen ist.

Ein buntes Kaleidoskop von Erinnerungen an all die vielen Tempelbesuche und Begegnungen mit Ganesha in Indien tut sich vor meinem inneren Auge auf. Ich fühle mich eingebettet in ein übergeordnetes Netzwerk aus Verbindungen, gewoben jenseits von Raum und Zeit. Ich bin Teil davon, stehe hier in Singapur und gleichzeitig fühle ich mich versetzt in den wie aus tausendundeiner Nacht anmutenden Zauber des alten Indien, das ich so sehr liebe.

Die Wahrnehmung von Zeit spielt immer weniger eine Rolle. Es wird wohl fünf oder sechs Uhr morgens sein und der Tempel füllt sich allmählich. Immer mehr Menschen tauchen auf, bringen ihre Gebete und Opfergaben dar, zünden Räucherstäbchen an, würdigen mich mit einer Geste von Respekt und einer Mischung aus Neugier und willkommen heißendem Lächeln. Ich bin die einzige westliche Frau im Tempel. Ich setze mich in die Nähe eines tanzenden Ganeshas. Seine Pose entspricht meinem Inneren und meiner unermesslichen Freude, hier zu sein. Der Tempel füllt sich und irgendwann bin ich umringt von Menschen, die ihren Tag mit einer Würdigung und Anrufung Ganeshas beginnen – immer verbunden mit der Bitte, Lord Ganesha möge alle Hindernisse aus dem Weg räumen.

Ich bin mir nicht sicher, ob ich Ganesha bitten sollte, das Flugzeug schnell zu richten. Irgendwie hat sich alles relativiert. Im Moment wüsste ich eigentlich nicht wirklich einen Platz auf der Welt, wo ich lieber sein würde, weder auf Bali noch zuhause. Ich bin hier und jetzt am richtigen Ort, so viel weiß ich. Und alles andere erscheint völlig unerheblich.

Es ist inzwischen vielleicht sechs oder sieben Uhr. Der Tag beginnt, die Pilger entschwinden in ihren Alltag. Ich gehe ganz langsam und wie in Zeitlupe zurück in mein Hotel. Ich setze mich mit der Schale exotischer Früchte vor mein Fenster auf den Boden. Allmählich werde ich etwas müde. Aber nicht müde genug, um in mein Bett zu gehen. Ich würde diesen Blick eintauschen müssen gegen die Bewusstlosigkeit des Schlafes. Welche Verschwendung wäre das!

Das Telefon klingelt. „Wir freuen uns, Sie darüber zu informieren, dass wir unseren Flug nach Frankfurt fortsetzen können. Wir hoffen, Sie hatten eine angenehme Nacht."

Erst viele Jahre später entdeckte ich Manhattan. Mit einem der unzähligen Taxis in Midtown anzukommen, erinnerte mich an meinen ersten Eindruck von Singapur und an das Gefühl von Vertrautheit, mich sofort heimisch fühlen, etwas wieder entdecken, als wäre ich seit Urzeiten auf dem Weg dahin gewesen. Singapur hatte mir offensichtlich ein erstes Bild dafür geliefert. Wie eine Art Blaupause. Ich verstand jetzt plötzlich die Worte von Meister Eckhart besser:

‚Wenn die Seele etwas erfahren möchte, dann wirft sie ein Bild der Erfahrung vor sich und tritt dann in ihr eigenes Bild ein.'

Ich war in einem winzig kleinen Dorf aufgewachsen und bis zu diesem Zeitpunkt waren Wolkenkratzer für mich eher eine monströse und völlig unattraktive Art von Architektur gewesen, der ich mich nie und nimmer hätte bewusst aussetzen wollen. Sie löste ein tiefes Unbehagen in mir aus und die Angst, mich angesichts ihrer gigantischen Ausmaße zu verlieren. Magische Momente in einer Metropole wie Singapur zu erleben, mich alleine nachts in ihren Straßen zwischen all den Hochhäusern zu bewegen, mich spontan in ihre Skyline oder viele Jahre später in die von Manhattan zu verlieben – all das schien mir absolut ausgeschlossen.

Diese Umleitung erlaubte mir nun, meine diesbezügliche Froschperspektive aufzugeben. Freiwillig hätte ich mir diese allerdings nicht nehmen lassen. Sie vermittelte mir eine gewisse Sicherheit, in der ich mich bis dahin längst niedergelassen und eingerichtet hatte.

Ist es nicht tatsächlich oft so, dass wir mit unseren Überzeugungen und Gewohnheiten identifiziert sind und wir sie für das einzig Richtige und Wahre erachten? Wir halten daran fest und verteidigen sie gegen Fremdes, Neues und Ungewohntes. Es fällt uns schwer, loszulassen und uns dem anzuvertrauen, was auf uns zukommt. Und seien es manche Umleitungen und auch all die vielen anderen unvorhersehbaren Ereignisse in unserem Leben. Der berühmte Satz von John Lennon kommt mir dabei unweigerlich in den Sinn: ‚Leben ist das, was passiert während du eifrig dabei bist, andere Pläne zu machen.'

Manchmal denken und handeln wir fast so, als seien wir geradezu im Krieg mit dem Leben selbst, dessen Natur es ist, ständig im Fluss zu sein und sich fortwährend zu wandeln. Als sähen wir Veränderung als einen Feind an, gegen den wir uns wappnen und verschanzen müssten. Dabei verbirgt sich hinter mancher der uneinsehbaren Flussbiegungen unseres Lebens eine noch unbekannte, vielleicht ganz zauberhafte Landschaft, und nicht immer eine zu vermeidende Gefahrenzone.

Wir wollen so geradlinig wie irgend möglich auf etwas zusteuern und unsere klug ausgedachten und geplanten Ziele so schnell wie möglich erreichen. Umleitungen, Verzögerungen oder Unvorhergesehenes stellen sich uns dabei vermeintlich immer nur kurvenreich und hinderlich in den Weg.

Oftmals aber verbirgt sich hinter mancher Umleitung in unserem Leben eine geheimnisvolle Choreografie, die uns zum Tanz mit der Magie in unserem Leben auffordert. Manchmal bringt sie uns näher an unseren eigentlichen Bestimmungsort, als wir zunächst wahrnehmen können. Manche unserer eng gesteckten Destinationen und Grenzen können wir dann getrost loslassen.

Im Vertrauen auf die Stimmigkeit ihres Taktes und der Harmonie ihrer Melodie können wir uns an der magischen Choreografie erfreuen und in ihrem Rhythmus durch unser Leben tanzen.

Die Prophezeiung

Man muss den Dingen die eigene, stille
ungestörte Entwicklung lassen,
die tief von innen kommt
und durch nichts gedrängt
oder beschleunigt werden kann;
alles ist Austragen –
und dann
Gebären...

- Rainer Maria Rilke

„Du wirst ein Buch schreiben!" Ich trete hinaus und blinzle benommen in die gleißende singalesische Mittagssonne. Ich komme eben aus einem abgedunkelten und etwas heruntergekommenen Raum im Hinterhof eines uralten Hauses in Colombo, das etwas an einen verlorenen Palast aus 1001 Nacht erinnert und seinen morbiden Charme verströmt. Die Temperatur wurde von ein paar knatternden Ventilatoren einigermaßen erträglich gehalten. Ich war unterwegs in Sri Lanka und hatte von der Existenz der Palmblattbibliotheken gehört. Dort werden seit Jahrtausenden Voraussagen gesammelt, erschaut von Rishis, von Sehern, die die Zukunft voraussehen und sie dann eben auf Palmblättern niederschreiben. Es wird gesagt, dass jeder, der eine solche Palmblattbibliothek aufsucht, mithilfe der dort arbeitenden Verwalter sein Palmblatt finden wird und so der Zukunft einige Geheimnisse entlocken kann.

Ich war natürlich skeptisch, denn das ist doch im Grunde eine ungeheure Aussage, die sich in keinster Weise rational erklären lässt. Wie sollte es möglich sein, dass in den Abertausenden dieser Palmblätter eines existieren sollte, das sich als ‚meines' identifizieren lassen könnte? Und welcher ‚Seher' sollte vor ewigen Zeiten erschaut haben, dass ich gerade mal durch Indien und Sri Lanka reise und aus einer Mischung aus profaner Neugier und auch wahrhaftig spiritueller Suche zufällig in diesem Hinterhof lande?

Sie fanden tatsächlich ‚mein' Palmblatt aufgrund mancherlei Fragen und mir nicht nachvollziehbaren Ritualen und Schlussfolgerungen. In manchen Aussagen konnte ich mich ganz gut wieder erkennen und in manch anderen weniger. Überhaupt nichts konnte ich allerdings damit anfangen, dass mein Palmblatt mir voraussagte, ich werde ein Buch schreiben.

Das war nun das Allerletzte, was auf meiner Agenda stand. Ich war total beschäftigt und auch erfüllt von meiner therapeutischen Arbeit, mit dem Leiten von Workshops, Seminaren und spirituellen Reisegruppen. Ich hatte noch nie auch nur einen einzigen Gedanken in diese Richtung verschwendet.

Schreiben? Worüber? Wozu? Eindeutig: nein! Das war nun überhaupt gar nicht meine Leidenschaft und auch nicht mein Medium. Diese Aussage meines Palmblattes fand in mir absolut keinerlei Echo und diese Tatsache stellte all die anderen für mich stimmigeren Aussagen sofort ebenfalls in ein recht zweifelhaftes Licht.

Ich war froh, mich in der grellen Sonne wiederzufinden. Ich fühlte mich zwar von ihr geblendet, aber dies schien mir doch realer als die ‚Verblendung' durch diese magischen Palmblätter. Die Welt hatte mich wieder. Und ich sie.

Ich setzte meine Reise fort, die hinüber in das benachbarte Indien führte, und das Erlebte und Gehörte trat mehr und mehr in den Hintergrund. Palmen, exotische Pflanzenparadiese und der indische Ozean berauschten meine Sinne. Ich bereiste den zauberhaften Süden des Landes und überließ mich dem indischen Treiben.

Das war vor sehr langer Zeit und all die Jahre hatte ich nie wieder daran gedacht – bis zu dem Tag, als ich anfing, dieses Buch zu schreiben.

Ausklang

Wenn wir die Welt nicht mit Worten und Etiketten zupflastern,
erwacht in unserem Leben wieder ein Sinn für das Wunderbare,
der vor langer Zeit verloren ging,
als die Menschheit vom Denken besessen wurde,
statt sich seiner zu bedienen.
Das Leben bekommt wieder Tiefe.
Die Dinge erhalten eine neue Frische.
Und das größte Wunder ist die Erfahrung des eigenen wahren Selbst...

Eckhart Tolle

Glossar

Akasha-Chronik

Das Wort leitet sich aus dem Sanskritwort für Äther oder Himmel ab (Akasha). Seit alters her beschäftigt Menschen die Idee, dass es eine Art Gedächtnis der Welt gibt, in dem alle Informationen und alles Wissen der gesamten Menschheit gespeichert ist. In den esoterischen Lehren der Theosophischen Gesellschaft wurde dieser Vorstellung große Bedeutung beigemessen, ebenso wie im Weltbild der Anthroposophie Rudolf Steiners. Demnach ist das ‚Lesen' in diesem übersinnlichen und allumfassenden Buch des Lebens für Menschen möglich, die über eine erweiterte Wahrnehmung verfügen, sei es in Form von Intuition, der Erfahrung kosmischen Bewusstseins oder auch der Erinnerung an frühere Inkarnationen. Sie können demnach sowohl die Vergangenheit als auch die Zukunft aus der Chronik entnehmen.

Ashram

Ist ein Wort aus dem Sanskrit und meint ‚Ort der Anstrengung'. Ein Ashram bietet Menschen, die auf der spirituellen Suche sind, einen Ort, an dem sie den Weg mit Gleichgesinnten teilen können und an dem sie Belehrung und Anleitung erfahren. Diese wird durch den spirituellen Leiter eines Ashrams erteilt, der als Guru, als Lehrer anerkannt wird.

Baba

Bedeutet in Sanskrit und Hindi ‚Vater' oder auch ‚Großvater'. Es wird entweder alleinstehend verwendet und dann oftmals für indische Asketen gebraucht, oder in Verbindung mit einem Namen, um Ehrerbietung und Respekt auszudrücken. Bekannte Babas sind Sathya Sai Baba, Neem Karoli Baba oder auch Babaji. Die Endung –ji ist im Indischen eine zusätzliche Form, um Hochachtung auszudrücken.

Bhajan

ist ein im Hinduismus angesiedeltes religiöses Lied in Versform, das von Gläubigen angestimmt wird, um der Liebe zu Gott Ausdruck zu verleihen. Ihre Hingabe (Bhakti) kommt darin zum Ausdruck. Es sind einfache und sich oft wiederholende Verse, die zu bestimmten Zeremonien gesungen werden. Ein bekanntes Bhajan ist zum Beispiel Om Namah Shivaja.

Bodhisattva

ist im Buddhismus ein Wesen, das nach Erleuchtung und Vollkommenheit strebt, um die daraus resultierenden Eigenschaften dem Wohle aller Menschen und Wesenheiten zukommen zu lassen. Dies findet im Boddhisattvagelübde seinen Ausdruck. Boddhisattvas sind sowohl Menschen, die von Mitgefühl getragen der gesamten Menschheit dienen als auch Wesenheiten, die von einer geistigen Ebene aus helfen. Bekannte Boddhisattvas sind Avalokiteshvara und die weibliche Tara.

Core Energetics

ist eine energie- und bewusstseinsorientierte Körpertherapie. Dieser tiefenpsychologisch fundierte und holistische Ansatz wurde von Dr. John Pierrakos (1921-2001) begründet. Bedeutsam für seine Arbeit waren neben Freud und Jung vor allem das Werk Wilhelm Reichs. John Pierrakos entwickelte gemeinsam mit Alexander Lowen die Bioenergetische Analyse. Er erweiterte diesen Ansatz dann um Erkenntnisse aus der neueren Physik, um Energiekonzepte östlicher Weisheitslehren und vor allem um die medialen Lesungen seiner Frau Eva Pierrakos, wie sie in den Lehren des Pathwork zum Ausdruck kommen. So entstand eine ganzheitliche Therapieform, die die physischen, emotionalen und spirituellen Dimensionen unseres Seins begreift und wieder zugänglich macht. Ziel ist es, der eigenen inneren Essenz, dem eigentlichen Wesenskern (core) von Liebe und Wahrheit wieder näher zu kommen und sein eigenes Potenzial zu verwirklichen.

Darshan

Als Darshan wird in Indien die persönliche Begegnung mit dem Göttlichen bezeichnet. Das Wort aus dem Sanskrit bedeutet ‚Sehen'. Da das Göttliche unendlich vielfältig ist, sind auch die Formen des Darshan ganz unterschiedlich. Amma zum Beispiel umarmt alle Menschen, die zu ihrem Darshan kommen, Mutter Meera schweigt und wirft für einen kurzen Moment einen tiefen Blick in die Seele der Menschen, Sathya Sai Baba materialisierte heilige Asche oder andere Gegenstände, Anandamayi Ma gab Darshan, indem sie in Stille saß und meditierte oder auch Fragen beantwortete.

Devotee

Ein Devotee ist ein Mensch, der sich in Hingabe (engl.: devotion) an einen Meister oder eine Lehre übt und über den Weg dieser Hingabe (Bhakti-Yoga) spirituelle Erkenntnis und Verwirklichung anstrebt.

Gompa

Eine Gompa ist ein budddhistisches Kloster. Manchmal wird als Gompa auch die zentral gelegene Meditationshalle innerhalb des gesamten Klosterbereichs bezeichnet.

Guru

bedeutet im Indischen ‚Lehrer'. Dabei sind die Inhalte des Gelehrten beliebig. Meistens wird der Begriff des Gurus jedoch in spirituell-religiösen Leben verstanden als der geistige Lehrer, der ‚die Schleier der Dunkelheit lüftet', und der seinen Schüler auf dem Weg zu letzter Erkenntnis und Erlösung führt. Auch im Buddhismus ist der Begriff des Gurus im Sinne eines spirituellen Lehrers gängig. Im tibetischen ist hierfür der Begriff ‚Lama' gebräuchlich.

Katak

ist in der tibetischen Tradition ein weißer Schal, auf dem tibetische Mantren oder tibetische Glücksymbole eingewebt sind. Kataks werden als Zeichen der Ehrerbietung sowohl bei familiären als auch bei offiziellen und religiösen Anlässen überreicht. In tibetischen Klöstern werden auch Buddhastatuen mit Kataks geschmückt. Wenn hohe Würdenträger den ihnen mitgebrachten Katak wieder zurückgeben, wird dies als Segen und besondere Ehre empfunden.

Kalachakra

kommt aus dem Sanskrit und wird mit ‚Rad der Zeit' übersetzt. Es stellt ein komplexes Lehrsystem aus dem tibetischen Buddhismus dar, das Meditationspraktiken, tibetische Astrologie und Weltsicht beinhaltet. Einweihungen in das Kalachakra-Tantra werden von allen großen Lehrern aller tibetisch-buddhistischen Schulen gegeben, unter anderem vom Dalai Lama.

Kundun

Bedeutet im tibetischen so viel wie ‚eine verehrungswürdige Anwesenheit'. Kundun ist einer der Ehrentitel des 14. Dalai Lama. Es ist außerdem der Titel eines Filmes, den der US-amerikanische Regisseur Martin Scorsese 1997 gedreht hat. Er zeigt das Leben des Dalai Lama in beeindruckenden Bildern, untermalt von der Musik Phillip Glass'.

Lama

ist der tibetische Begriff für einen spirituellen Lehrer. Er entspricht im Sanskrit dem des Guru.

Mantra

Ein Mantra wird sowohl im Hinduismus als auch im Buddhismus verwendet, um die eigene Meditation zu vertiefen oder auch um eine Gottheit anzurufen und sich mit ihrer Präsenz zu verbinden.

Es können kurze, formelhafte Worte oder auch längere Verse sein, die entweder sprechend oder geistig rezitiert werden. Ein bekanntes tibetisches Mantra ist Om mani padme hum, das dem Bodhisattva Avalokiteshvara geweiht ist und Mitgefühl zum Ausdruck bringt. Im Hinduismus ist das Gayatri Mantra sehr bekannt, das viele Inder wie ein tägliches Gebet rezitieren und das der Sonne als Ausdruck des Höchsten gewidmet ist. Jede tibetische und hinduistische Gottheit hat ihr eigenes Mantra. Das bedeutendste aller Mantren ist die heilige Silbe OM.

Momo

ist eine gefüllte Teigtasche, die im tibetischen Kulturkreis zur traditionellen Küche gehört. Momos gibt es in vielen Varianten: Vegetarisch oder auch mit Fleischfüllung und mit unterschiedlichen Gewürzen verfeinert. Sie sind sehr beliebt und stellen in der oft einfachen Nahrung ein besonderes Festmahl dar.

Mudra

ist eine spezifische Stellung der Hände oder Finger, die eine religiöse Symbolik widerspiegelt und in der Praxis des Buddhismus eine große Rolle spielt. Ein Mudra ist hier in Verbindung mit einem Mantra ein wesentlicher Teil der Meditationspraxis. Mudras werden auch innerhalb der Yogapraxis angewandt: Bestimmte Stellungen der Finger und Hände beeinflussen den Energiefluss im Körper positiv.

Om

Die Silbe Om wird im Hinduismus als das heiligste aller Mantren betrachtet. Sie steht für den Ursprung allen Seins und symbolisiert das Absolute und die Einheit, aus der heraus alles entstanden ist. Auf Om zu meditieren gilt als der Königsweg, die Wahrheit hinter den Schleiern der Illusion zu erfassen und Erleuchtung zu erlangen. In seiner anderen Form als Aum verkörpert es Brahma, Vishnu und Shiva, die drei Hauptgottheiten des hinduistischen

Pantheons. Auch im Buddhismus ist die Silbe Om Bestandteil eines jeden Mantra.

Parikrama

bedeutet aus dem Sanskrit kommend die Umrundung eines heiligen Ortes. Dies kann ein Tempel, ein heiliger Schrein, eine Statue, ein Berg wie der Kailash oder ein Fluss wie Narmada sein. Das als heilig erachtete Objekt wird als Zeichen der Hingabe und Ehrerbietung umrundet. Sowohl im Hinduismus als auch im Buddhismus dient eine Parikrama der persönlichen Läuterung und ist Bestandteil tief verwurzelter religiöser Rituale.

Pathwork

ist ein spiritueller Weg der persönlichen Transformation. Grundlage für die Anleitung in diesem tief greifenden Prozess sind die von Eva Pierrakos (1915-1979) gechannelten Botschaften, die als Guide-Lectures bekannt wurden. In diesen 258 Lesungen, die ihr über einen Zeitraum von über dreißig Jahren aus einer geistigen Ebene in tiefer Trance übermittelt wurden, werden auf eine einzigartige und tiefgründige Art und Weise psychologische und spirituelle Weisheiten zu einer fruchtbaren Synthese vereint. Die Pathwork Lectures sind wesentlicher Bestandteil des ganzheitlichen therapeutischen Konzeptes von Core-Energetics.

Phowa

beschreibt eine tibetisch-buddhistische Meditationspraxis, die der bewusstseinsmäßigen Vorbereitung auf den Zeitpunkt des Todes dient. Der Praktizierende will mit der Praxis des Phowa erreichen, dass eine Öffnung auf dem Mittelpunkt des Scheitels, der Fontanelle entsteht. Diese dient beim Sterbeprozess als Austrittspunkt des Bewusstseins.

Puja

Eine Puja ist eine Zeremonie, die oft von Gesängen, Mantren oder rituellen Handlungen begleitet wird. Im Hinduismus kommt der Feuerzeremonie besondere Bedeutung zu. Dabei werden die Elemente aufgerufen und gereinigt. Im Buddhismus werden während den Pujas Gottheiten oder auch Schützer angerufen, um sich mit den sie verkörpernden Energien zu verbinden.

Rinpoche

kommt aus dem Tibetischen und bedeutet kostbarer Lehrer. Es ist die Bezeichnung für einen Würdenträger, der im tibetischen Buddhismus als Wiedergeburt anerkannt wurde oder auch für einen Lehrer, der sich durch besondere Verdienste oder Weisheit auszeichnet.

Rishi

Ein Rishi ist ein Seher und ein Weiser. Rishis leben in der Regel weitab vom geschäftigen Treiben der Welt in Einsiedeleien. Sie haben besondere Fähigkeiten, können Wunder wirken und heilen. Die Gabe des Sehens ist ihnen über Visionen gegeben, die sie in einer Art inneren Schau empfangen. Die Rishis waren die Übermittler der Veden, einer Sammlung religiöser Texte.

Tulku

Ein Tulku ist im tibetischen Buddhismus die anerkannte Wiedergeburt eines früheren Lehrers oder Meisters. Das System der Tulkus gibt es in Tibet seit vielen Jahrhunderten. Die bekanntesten Tulkus sind zum Beispiel der 14. Dalai Lama und der 17. Karmapa.

Tummo

Ist tibetisch und bedeutet ‚innere Hitze'. Es ist eine Meditationstechnik, bei der der Meditierende mittels Mantren, Atemtechniken, Mudras und Visualisation seine Körpertemperatur stark erhöhen kann. Sie dient der Stärkung geistiger Disziplin und dem ‚Verbrennen' negativer Gefühle und Haltungen.

Sadhu

Sadhus gelten als die heiligen Männer Indiens. Sie haben allem Weltlichen entsagt und widmen sich ausschließlich ihrer spirituellen Praxis. Sie genießen hohes Ansehen, da viele Menschen aus ihrer Askese persönliche Inspiration beziehen. Sadhus leben oft abgeschieden, sind manchmal nur spärlich bekleidet und mit Asche eingerieben.

Saka Dawa

ist einer der bedeutendsten Festtage in der buddhistischen Welt. Am Tag des Vollmondes von Saka Dawa wird Buddhas Geburt, seine Erleuchtung und sein Eingang ins Parinirvana (Tod) zelebriert. Der genaue Termin richtet sich nach dem Mondkalender und fällt für gewöhnlich auf einen Tag im Mai oder Juni.

Swami

kommt aus dem Sanskrit und bedeutet Meister. Ein Swami ist ein Mann, der sich einem spirituellen Leben verschrieben hat und der Weisheit angesammelt hat. Er lehrt und ist im hinduistischen Leben eine angesehene Persönlichkeit. Viele Yogis tragen diesen Titel, wie zum Beispiel Swami Sivananda oder Swami Yogananda.

Shambhala

ist ein sagenumwobenes Königreich, in dem keinerlei Mangel herrscht und an dem negative menschliche Eigenschaften, wie Gier, Hass und Verblendung transformiert sind. Es ist eine Art Paradies, an dem Frieden herrscht. Der Mythos von Shambhala ist eng verwoben mit den Lehren des Kalachakra-Tantra. Viele Sucher auf dem spirituellen Weg machten sich schon auf, um in den Höhen des Himalaya oder in versteckten Tälern Shambhala zu finden. Es gibt in den alten Schriften Reiseführer dahin. Durch alle

Jahrhunderte hindurch wurde debattiert, ob diese Reiseführer die innere Reise in ein erleuchtetes Bewusstsein beschreiben, oder ob Shambhala ein real existierender Ort sei.

Thukpa

ist Nudeleintopf mit Gemüse und ein beliebtes tibetisches Gericht.

Tsampa

ist Vollkornmehl aus gerösteter Gerste und im tibetischen Kulturkreis die bevorzugte Nahrungsgrundlage. Tsampa wird entweder mit Buttertee angerührt oder als Teigkugel verzehrt.

Vibuthi

Als Vibuthi wird im Hinduismus jene heilige Asche bezeichnet, die aus dem Feuer von Opfergaben besteht, oder aber von einem Avatar, einer Inkarnation des Göttlichen, materialisiert wird. Die Asche wird oft mit dem Gott Shiva in Verbindung gebracht. Sie soll besondere Kräfte, Segnungen oder Heilkräfte besitzen. Yogis tragen die Asche auf ihrer Stirn oder auf den ganzen Körper auf, um sich zu reinigen und sich mit der Energie Shivas zu verbinden.

Yogi

ist ein Mensch, der dem spirituellen Weg des Yoga folgt. In Indien sind Yogis oft einer asketischen Lebensweise verpflichtet, praktizieren religiöse Rituale und Yoga.

Wayang Kulit

ist ein traditionelles indonesisches Schattenspiel. Dabei werden meist Geschichten aus dem Ramayana gezeigt. Seine filigranen Figuren sind mit Stabpuppen vergleichbar und kunstvoll aus Büffelhaut gefertigt.

Zum Weiterlesen

Aurobindo, Sri: Vorbote eines Neuen Zeitalters, Aquamarin, Grafing 1991

Amritatma Chaitanya: Mata Amritanandamayi. Mutter der unsterblichen Glückseligkeit. Leben und Lehre einer jungen indischen Weisen der heutigen Zeit, Ansata, München 1989

Balaschus, Bernd: Yoga-Geschichten. Wege zur Weisheit, Schirner, Darmstadt 2011

Balsekar, Ramesh: Wo Nichts ist, kann auch nichts fehlen: Wozu die ganze Aufregung um Erleuchtung? Lotos, München 2008

Bhagwan Shree Rajneesh: Die verborgene Harmonie. Vorträge über die Fragmente des Heraklit, Sannyas, Margarethenried 1979

Bernbaum, Edwin: Der Weg nach Shambhala. Auf der Suche nach dem sagenhaften Königreich im Himalaya, Bauer, Freiburg im Breisgau 1988

Brennan, Barbara Ann: Licht-Arbeit. Das große Handbuch der Heilung mit körpereigenen Energiefeldern, Goldmann, München 1989

Brennan, Barbara Ann: Licht-Heilung. Der Prozess der Genesung auf allen Ebenen von Körper, Gefühl und Geist, Goldmann, München 1993

Caddy, Eileen: Herzenstüren öffnen, Greuthof, Gutach 1989

Chandravali Schang: Leben und Weisheit der Glückseligen Mutter Anandamayi Ma, Pomaska-Brand 2011

Chopra, Deepak: Die göttliche Kraft. Sie sieben Stufen der spirituellen Erkenntnis, Lübbe, Bergisch-Gladbach 2000

Dalai Lama: Der Weg zum Glück. Sinn im Leben finden, Herder, Freiburg im Breisgau 2002

Dürr, Hans-Peter: Die Rückkehr des Imaginären. Märchen, Magie, Mystik, Mythos. Anfänge einer anderen Politik, München 1981

Dürr, Hans-Peter: Geist, Kosmos und Physik. Gedanken über die Einheit des Lebens, Crotona, Amerang 2010

Dürr, Hans-Peter (Hrsg.): Die großen Physiker unserer Zeit über ihre Begegnung mit dem Wunderbaren, Driediger, Ibbenbüren 2010

Ein Kurs in Wundern, Greuthof, Gutach 1994

Hasselmann, Varda/ Schmolke, Frank: Archetypen der Seele. Die seelischen Grundmuster – Eine Anleitung zur Erkundung der Matrix, Arkana, München 1999

Kornfield, Jack: Frag den Buddha – und geh den Weg des Herzens, Kösel, München 1995

Mata Amritanandamayi: Der Weg der Weisheit und Liebe, Theseus Bielefeld 2002

O'Donohue, John: Echo der Seele. Von der Sehnsucht nach Geborgenheit, dtv, München 1999

Paramahansa Yogananda: Autobiografie eines Yogi, Knaur, München 1992

Paramahansa Yogananda: Die ewige Suche des Menschen. Schöpfung, Geist und Meditation, O.W. Barth, München 1995

Pierrakos, Eva: Der Pfad der Wandlung, Synthesis, Essen 1994

Pierrakos, Eva: Bereit sein für die Liebe. Das weibliche und männliche Prinzip und die Illusion der Getrenntheit, Synthesis, Essen 1997

Pierrakos, Eva: Fürchte Dich nicht vor dem Bösen. Die Transformation unserer negativen Gefühle, Synthesis, Essen 2001

Pierrakos, John: Core Energetik. Zentrum Deiner Lebenskraft, Synthesis, Essen 1987

Ramana Maharshi: Sei, was Du bist! O.W. Barth, München 2001

Ricard Matthieu, Trinh Xuan Thuan: Quantum und Lotus: Vom Urknall zur Erleuchtung, Goldmann, München 2008

Thesenga, Susan: In Offenheit leben. Der Pfad zur spirituellen Ganzheit, Synthesis, Essen 1999

Tolle, Eckhart: Die Einheit allen Lebens. Inspirierende Texte aus ‚Eine neue Erde', Goldmann Arkana, München 2010

Williamson, Marianne: Rückkehr zur Liebe: Harmonie, Lebenssinn und Glück durch ‚Ein Kurs in Wundern', Goldmann, München 1993

Yongey Mingyur Rinpoche: Buddha und die Wissenschaft vom Glück. Ein tibetischer Meister zeigt, wie Meditation den Körper und das Bewusstsein verändert. Goldmann Arkana, München 2007

Wilber, Ken: Halbzeit der Evolution. Eine interdisziplinäre Darstellung der Entwicklung des menschlichen Geistes, Scherz, München 1984

Wilber, Ken: Eros Kosmos Logos. Eine Jahrtausend-Vision, Fischer, Frankfurt 2011

Wilber, Ken: Das Atman-Projekt. Streben der Seele nach Einheit, G.P. Probst, Lichtenau 2012

Über die Autorin

Nach dem Studium der Pädagogik und Psychologie führte der persönliche und berufliche Weg von Evelyn Stierle in die Erfahrung und tiefere Erforschung neuerer ganzheitlicher Therapie – und Bewusstseinskonzepte. Prägend waren dabei für sie neben vielen anderen Einflüssen vor allem die Begegnung mit John Pierrakos und Core Energetics, sowie die medialen Durchgaben der Pathwork Lectures durch Eva Pierrakos.

Ausgedehnte Reisen und Aufenthalte in Asien und New York City und die daraus resultierende intensive Beschäftigung mit östlichen und westlichen Weisheitslehren gaben ihr zudem wertvolle Impulse, deren Essenz in ihr Leben und ihre Arbeit zu integrieren.

Die Autorin hat zahlreiche spirituelle Reise- und Selbsterfahrungsgruppen nach Indien und Tibet geleitet. Sie ist Therapeutin und Lehrerin für Core Energetics, Pathwork, Lichtarbeit und Meditation. Sie begleitet Menschen auf dem Weg in die Erfahrung des eigenen persönlichen Potenzials und dessen spiritueller Dimension.

www.evelynstierle.com

Sean Esbjörn-Hargens & Michael Zimmerman

Integrale Ökologie

Es gibt heute eine Vielzahl von unterschiedlichen Perspektiven zu Ökologie, Natur und der drohenden Klimakatastrophe, die sich nicht selten grundlegend widersprechen. Doch wie können wir all diese wertvollen Ansichten auf die natürliche Welt - formuliert von vielen Wissenschaftlern, Ökologen, Aktivisten und Philosophen - vereinen und zu einer umfassenden Perspektive kommen, um unsere Umweltprobleme effektiv in den Griff zu bekommen und in einem angemessenen Einklang mit unserer natürlichen Umwelt zu leben?
Integrale Ökologie wendet die Integrale Theorie Ken Wilbers auf unsere Umwelt und unser Verständnis der Natur an, und integriert damit all die unterschiedliche Theorien, Ansätze und wertvollen Einsichten in einem umfassenden Modell, welches unmittelbar umgesetzt werden kann.

Esbjörn-Hargens/Zimmerman: Integrale Ökologie, 560 Seiten
ISBN 978-3943194555

Jonas Liebeskind

Der starke Mensch

Jonas Liebeskind wagt sich in den Bereich jenseits aller Theorie und fragt: Wie sieht er den eigentlich in der Praxis aus, jener ideale Mensch, zu dem wir kollektiv und individuell streben, wenn wir die jüngsten Ansätze von Philosophie und Psychologie ernst nehmen? Dem Menschen, der geistig reif, emotional gesund und voll in der Welt (und doch nicht von der Welt) steht, dem Menschen, der sich in steter Entwicklung befindet? Liebeskind öffnet sich dem kollektiven Unbewussten und bringt eine Vision hervor, der wir uns nicht verschließen können, ohne uns gleichzeitig auch uns selbst zu verschließen. Denn wir, die wir stets zu etwas hinstreben - und zu mehr Ganzheit, Integration, Gesundheit, Klarheit und Liebesfülle - wir können dies nur im Hinblick auf ihn tun: Den starken Menschen.

Jonas Liebeskind: Der starke Mensch, 96 Seiten
ISBN 978-3943194-562